前田芳信●安井利一●米畑有理 編著

マウスガード製作マニュアル

―スポーツ歯学への誘い―

クインテッセンス出版株式会社
Tokyo, Chicago, Berlin, London, Paris, Barcelona,
São Paulo, Moscow, Prague, and Warsaw   2001

■目次

第Ⅰ章 スポーツ歯学　9

1. 歯科保健医療におけるマウスガード
　―スポーツ歯科医療の意義と展望―　　　　10
2. 顎顔面口腔領域におけるスポーツ外傷の発生状況　23

第Ⅱ章 マウスガードの基礎知識　29

1. マウスガード使用の現状　30
2. マウスガードの種類　39
3. マウスガード材料の基礎知識　55

第Ⅲ章 マウスガード製作の実際①初診　61

1. 診査、問診　62
2. 印象採得　64
3. 咬合採得　65

第Ⅳ章 マウスガード製作の実際② マウスガードのデザイン　69

1. マウスガードデザインの考え方　70
2. スポーツとマウスガード　79

3．混合歯列期のマウスガード（小児歯科におけるマウスガード）　88

4．矯正患者のマウスガード　90

5．義歯装着者のマウスガード　91

第Ⅴ章　マウスガード製作の実際③ 技工操作　93

1．EVAシート圧接法─吸引型─　94

2．EVAシート圧接法─加圧型─　112

3．ラミネートマウスガードの製作方法　121

4．ワックスアップ法　132

第Ⅵ章　マウスガード製作の実際④ 装着時の調整、指導　141

1．口腔内での調整　142

2．装着方法などの指導　145

3．装着時の診査、記録　148

第Ⅶ章　メインテナンス　151

1．メインテナンス時期の決定　152

2．調整、メインテナンスの内容と記録　153

3. トラブルシューティング　　　　　　　　　　　　　　*154*

第Ⅷ章　マウスガード普及のための様々な方法　　**167**

1. マウスフォームドタイプの上手なつくり方　　　　　*168*

2. ポスターやパンフレットの利用　　　　　　　　　　*174*

3. ネーム入れ　　　　　　　　　　　　　　　　　　　*179*

第Ⅸ章　マウスガード使用による効果、影響　　**183**

1. マウスガードの効果は？　　　　　　　　　　　　　*184*

2. マウスガードで外傷予防は可能ですか？　　　　　　*184*

3. マウスガードを使用すると力が出ますか？
   運動能力は向上しますか？　　　　　　　　　　　　*186*

4. マウスガードで脳震盪を予防できますか？　　　　　*189*

5. マウスガードの顎関節への影響はありますか？　　　*190*

6. マウスガードに副作用はありますか？　　　　　　　*191*

第Ⅹ章　マウスガードの可能性 スポーツ以外への広がり　**193**

1. マウスガードと同様にソフトシートを用いて製作するもの、
   または製作する場合があるもの　　　　　　　　　　*194*

2. マウスガード成型技術を応用し、
　　ハードシートを用いて製作するもの　　　　　　　　　　　　　　*197*

付章　スポーツ外傷の救急処置の基本とマウスガード　**201**

1. マウスガードと緊急対応　　　　　　　　　　　　　　　　　　　**202**

2. 顔面外傷への対応　　　　　　　　　　　　　　　　　　　　　　**203**

3. 外傷歯への対応　　　　　　　　　　　　　　　　　　　　　　　**206**

付表　　　　　　　　　　　　　　　　　　　　　　　　　　　　**211**

さくいん　　　　　　　　　　　　　　　　　　　　　　　　　　**219**

コラム・豆知識
- ◆学校管理下におけるスポーツ歯牙外傷 ───── *26*
- ◆シドニーオリンピックとスポーツ歯科医 ───── *27*
- ◆日本オリンピック委員会とスポーツ歯科 ───── *28*
- ◆マウスガードは上顎につけるもの？ ───── *37*
- ◆ラミネートマウスガードはType 4か？ ───── *49*
- ◆自分好みの組み合わせを楽しむカスタムメイドシート ───── *50*
- ◆スキューバダイビングのカスタムメイドタイプマウスピース ───── *87*
- ◆Dorneyの提案するデザイン ───── *125*
- ◆ラミネートマウスガードを製作できる成型器 ───── *130*
- ◆マウスガードの耐久性は？　マウスガードの交換時期は？ ───── *149*
- ◆マウスフォームドタイプマウスガードのつくり方（マニュアルA、B） ───── *170*

トレース：スタジオ・トップス／イラスト：小笠原久美子

まえがきとして

スポーツの進化と歯科医師の役割〜歯科医師はフィールドに出よう！〜

　歯科医師の社会における存在は、ややもすれば診療施設内に限定される。しかし、存在感は、単に生活の糧を得る場での働きのみではなく、それ以外の空間と時間における活動の仕方にも関わるのではないだろうか。

　とくにスポーツの現場では、今まで歯科医師が役に立った例は少なかった。しかし、マウスガードの登場で、現場でプレーする人たちと意思の疎通を図る機会が増えてきた。

　フィールドでの活動は、個人の公的、私的活動範囲を拡大するのみならず、歯科のマーケットを拡大することでもある。とかく医療費の分配で不満が述べられ、それも事実であることは否めないが、一方で自分たちの手でマーケットそのものを拡大させる努力も必要であろう。

　スポーツの現場では競技に精通した専門知識も必要であり、それを備えているに越したことはない。しかし、歯科医師は歯科の専門的知識に加え、生物科学者としての知識を備えている必要があり、スポーツの将来に正しい指針を示す役割をも担わなければならない。

　なかでも、生物の進化を語らずしてスポーツを論じることはできない。なぜならば、生物とくに動物は「生きるため＝食べるため」に進化を繰り返してきたからである。体の構造は、食物を摂取（口腔機能を最大限に発揮）するために最適化を目指しているといって過言ではない。われわれの体は細部に至るまで、機能と知恵で満たされている。したがって、体の無限の可能性は、スポーツにおける潜在運動能力と無関係ではない。

　ならば、組織化されて、「食べるため」に直接に行動を起こさないわれわれにとって、スポーツは潜在する「生きるため＝食べるため」の行動意欲の発露であろうか？　あるいは、スポーツのプレーは様々な「選択」の「結果」を瞬時に表現しているゆえに、自分の体の内を通り過ぎていく長い時間の変化である「進化」を、スポーツで瞬間的に体感しているのかも知れない。

　スポーツの語源は、スペイン語の"et port（港の外に出る）"、すなわち、「日常生活からの脱出」を意味したといわれている。今、スポーツが日常生活化していることを考えると、スポーツそのものを問い直しつつ参加しなくてはならない。

平成13年2月

前田　憲昭

編著者

前田芳信　（大阪大学歯学部附属病院口腔総合診療部　教授）
安井利一　（明海大学歯学部口腔衛生学講座　教授）
米畑有理　（大阪大学歯学部附属病院口腔総合診療部）

著者

竹内正敏　（京都府開業、大阪大学歯学部附属病院口腔総合診療部　非常勤講師）
前田憲昭　（大阪府開業、ラグビーフットボール協会メディカルコミッティ委員）
Ray Padilla　（米国・ロスアンゼルス市開業、IOC歯科委員）
Brett Dorney　（オーストラリア・ピンボール市開業、IOC歯科委員）
町　博之　（大阪大学歯学部附属技工士学校　講師）
松田信介　（大阪大学歯学部附属病院技工部）

執筆協力者

月星光博　（愛知県開業、大阪大学歯学部附属病院口腔総合診療部　非常勤講師）
石島　勉　（北海道医療大学歯学部歯科補綴学第一講座　助教授）
松田成俊　（兵庫県開業、関西学院大学体育会アメリカンフットボール部メディカルコーディネーター）
久保憲昭　（大阪府開業、大阪府学校歯科医会　常務理事）
佐藤華子　（大阪大学歯学部附属病院口腔総合診療部）
菅原久留美　（大阪大学歯学部附属病院口腔総合診療部）
山田純子　（大阪大学歯学部附属病院口腔総合診療部）

第Ⅰ章
スポーツ歯学

1. 歯科保健医療におけるマウスガード
―スポーツ歯科医学の意義と展望―

はじめに

　近年のわが国は、疾病構造が変化して感染症（結核や肺炎など）の時代から、いわゆる生活習慣病といわれる慢性疾患を中心とした疾病が問題となる時代になっている。一方では、寿命の延長が著しく、今や世界トップレベルの長寿国としての地位を確固たるものにしている。そのような時代背景のなかで、国民のもつ最大の関心事のひとつは健康問題であり、国民の生活の質は国民各自が創り出す健康のレベルによって、大きく左右されるようになっていることも事実である。健康そのものについても、ただ単に疾病に罹患していないということだけではなく、人生においての質的向上すなわちQuality of Life(QOL)を指向する「積極的な健康」を意味するようになってきたといえよう。わが国は、国民の健康の保持増進を目指して1988年（昭和63年）から第2次国民健康づくり対策「アクティブ80ヘルスプラン」を実施してきたが、この対策も、一人ひとりが80歳になっても身のまわりのことができ、社会参加もできるような生き生きした生活を送ることにより、明るく生き生きした社会を形成しようというものであった[1]。これに続いて、2000年からの実施となる「健康日本21」総合戦略においても、生活習慣病予防対策を中心として健康づくり対策が実施される方向にあるが、基本的には生活習慣の健康シフトであり、適切な食生活と栄養、適切な運動、そして休養の指導は必要不可欠なものであろうと推察する[2]。

　歯科保健医療が国民の健康づくりの基盤を形成している重要な実践科学であるとするならば、歯科医師は歯科医学の立場からこの三者との関わりを明らかにし、具体的な国民の健康づくりに資する必要がある。しかしながら、運動に関しては、これまでわが国においてはまったくといっていいほど歯科医学的なアプローチがなされていなかった。それは基本的な運動の最初の出会いである学校体育、国民の健康づくりの立場である生涯スポーツにおいても、あるいは記録に挑戦していく競技スポーツの場においても同様であった。競技スポーツにおいて、優秀な選手を育成していくためには様々な条件があろう。素質をもった若者が「心・技・体」を備えて一流の選手に育っていくと考えれば、素質をもった若者がその素質を十分に出せる状態が必要である。いったい、歯がガタガタで噛み合わせが悪く、食べ物も軟らかいものしか食べられず、好き嫌いのあるような状態でその素質が出るのだろうか、立派な体がつくれるのだろうか。前歯をスポーツ外傷で失い恐怖心のついた若者が十分な技の力を平常心で出せるのだろうか。様々なことを考えていくと、人生を豊かに過ごすためのスポーツであっても、競技で記録に挑戦するスポーツであっても、歯科医学的にスポーツをする人達を支援できることがありそうである。

　米国のオリンピック委員会においては、スポーツ医学の目標として「スポーツ選手に最適な健康状態と、より優れた競技力を達成すること」をあげている[3]。

　スポーツ歯科医学においても同じことであるが、学校体育、生涯スポーツ並びに競技スポーツの三者を対象としてさらに広く具体的に考えると、次のような3つの項目があげられよう[4]。

① スポーツ外傷を予防するためのサポート
② スポーツによる健康づくりに対するサポート
③ スポーツ競技力を維持・向上させるためのサポート

　これらのサポートを歯科保健医療管理のなかに位置づけて、口腔の形態と機能の有機的な結合を図り、スポーツ科学の一分野として国民の健康で有為な生活を確保することがスポーツ歯科医学の目標といえよう。

■参考文献
1) 厚生統計協会：国民衛生の動向，45：92，1998．
2) 厚生統計協会：国民衛生の動向，46：88-89，1999．
3) Lawrence Kerr ： Dental problems in athletes, Clinics in Sports Medicine, 2：115-122, 1983.
4) 安井利一：スポーツ歯学とは，トレーニングジャーナル，10：47，1991．

2）スポーツ口腔外傷とマウスガード

　平成11年度の日本体育・学校健康センターの報告によれば[5]、平成10年度の学校管理下における障害見舞金の給付の約33.4％が「歯牙障害」であり、年々減少傾向にあって望ましいとはいえ、障害種別では依然として最大であった。これらのすべてが体育やスポーツ競技によって発生したものではないにしろ、スポーツに関連した障害はマウスガードによってある程度は予防可能であり、歯科医師が援助することによってこの数値を減少させることもできよう。また、一流になればなるほど、スポーツ選手にとっての外傷は、最悪の場合、選手生命に影響を及ぼすこともある重大な問題のひとつであろう。顎・顔面・口腔領域の外傷には、歯牙の破折や脱臼、軟組織損傷、あるいは顎骨骨折などがある。スポーツ外傷全体からするとその発生率は高いものではないが、頭部外傷の特性からして戦意喪失などのダメージは大きい。

　マウスガードは、19世紀初頭に英国のボクシング選手が最初に使用したといわれている。ボクシング選手は、激しいパンチで軟組織損傷ばかりでなく、歯の外傷（破折、脱臼等）、顎骨骨折、あるいは脳震盪やひどいときには死を招くこともあった。そのため、馬蹄型のゴムを上下の歯の間に挟み込んで、これを噛みしめることにより外傷を防ごうとした。スポーツと歯科との関わりを歴史的にみると、最初の出会いはマウスピースであったといえる。そして、「スポーツ歯科医学の始まりはボクシング選手のマウスピースであった」と聞けば、多くの人たちは「最初に外傷予防の装置をボクサーに装着させた歯科医師は偉いものだ」と思うであろう。事実はそうではなく反対であった。すなわち、最悪のケースでは死亡するというほどの激しいスポーツの魅力に取り付かれた英国のボクサーが、自分たちでこのようなダメージを防ぎ、生命を守るために歯科医師に頼んで作製してもらったというのが真実のようである。歴史的な事実から推しても、本質的にマウスガードはスポーツ選手にとって必要な防具であるといえる。ボクサーが歯科医師に依頼して作製してもらったこのゴムの小片をマウスピース（mouthpiece）と呼んだので、現在でもボクシングではマウスピースという呼称を使用している。

　一方、その他のスポーツにおいては「外傷を防ぎ口腔を守る」という意味合いから、マウスガード（mouthguard）とかマウスプロテクター（mouthprotector）という呼称が使用されている。米

第Ⅰ章　スポーツ歯学

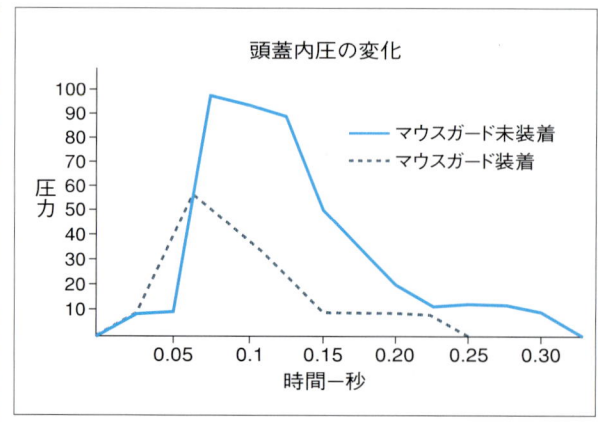

図 I-1：マウスガード装着・未装着での頭蓋内圧の差（文献6より引用）。

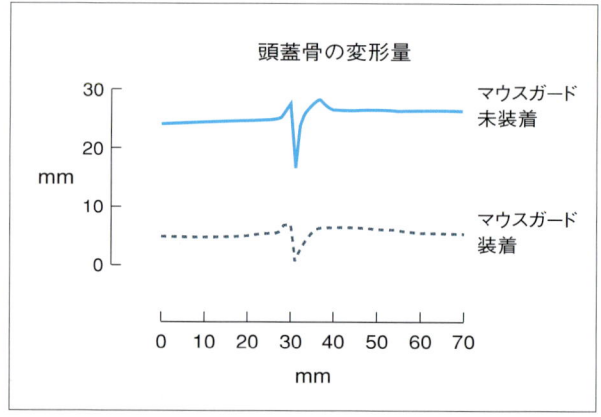

図 I-2：マウスガード装着・未装着での頭蓋骨変型量（文献6より引用）。

国ではマウスガードが一般的であるので、ここではマウスガードと呼ぶことにする。

　コンタクトスポーツでの顎・顔面・口腔領域の外傷は頻度が高いといわれ、ラグビー選手やアメリカンフットボール選手への安全対策が考えられている。しかし、実際には、バスケットボール選手では相手の肘で歯牙の破折や軟組織の損傷を経験している者が多いし、アイスホッケー選手ではパックやスティックで前歯部を破折・喪失していることがある。さらに、サッカー選手でもヘディング時に他の選手とぶつかり前歯部を喪失していることもある。ボクシングのように早くから外傷を予測してマウスピースを装着している競技以外に、実はもっと多くの競技でマウスガードと呼ばれるプロテクターの装着が望ましいと考えられる。米国では、危険性があれば当たり前にそれを予防しようとして、各種のスポーツ選手がマウスガードを使用しているのに比べ、わが国ではまだまだ普及しているとはいいがたいし、一流のアマチュアボクシング選手が既成の適合の悪い製品をただ安価であるというだけの理由で選んでいるのも、スポーツ歯科医学のサポートが遅れている現状をみせつけられている気がする。さらに、今後の問題として、選手自身が相手の歯によって傷つけられたときの感染の危険性も考えていかなくてはならない。ウイルスによる肝炎などの危険性から選手を守るためにも、マウスガードはこれからのスポーツにおける重要な課題といえる。

　マウスガードは、その作製方法から①ストックタイプ、②マウスフォームドタイプ、そして、③カスタムメイドタイプの3種類に分けられている。ストックタイプのマウスガードは、大中小の大きさがあり、使用する人は自分の口の大きさに合った物を選んでくることになるが、わが国では普及しておらず入手は困難である。主として、わが国で普及しているのは、マウスフォームドタイプとカスタムメイドタイプである。マウスフォームドタイプは、スポーツ店で販売しており、お湯に浸けて軟化したマウスガードを口腔内で直接圧接して作製するタイプ（熱可塑性型）と、外側のシェルに軟性樹脂を流し込み口腔内で圧接するタイプ（シェルライナータイプ）の2種がある。一方、カスタムメイドタイプは歯科医師による印象から作製した石膏模型上で加熱したマウスガードシートを吸引圧接するタイプ、あるいは咬合器上でワックス形成を行った後に重合作製するタイプなどであり、もっとも適合がよく、違和感が少ない。米国においては、マウスガード

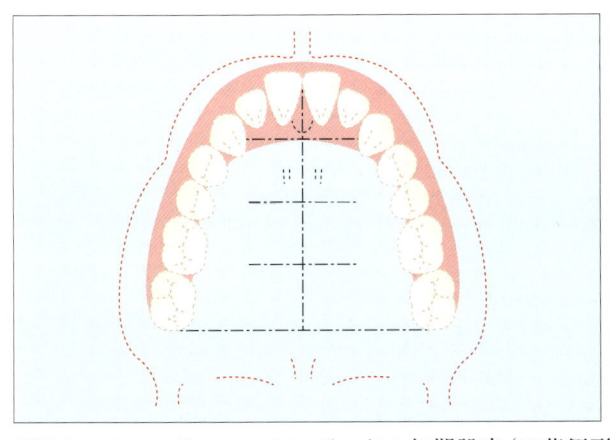 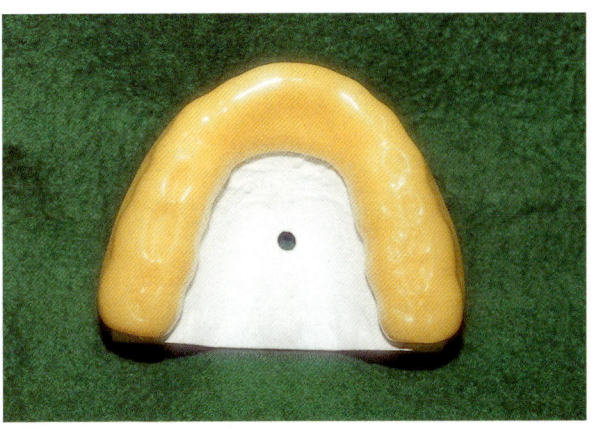

図 I-3a、b：スポーツマウスガードの初期設定（口蓋側形態）。

は単に歯や口腔外傷を予防するという観点からではなく、脳を守る目的にも使用されている。図 I-1 および図 I-2 は、マウスガードの装着と未装着の状態で、オトガイ部に衝撃を与え、頭蓋内圧の変化を調べた研究結果である[6]。図 I-1 からわかるように、マウスガード未装着の場合には最大で約100mmHgの頭蓋内圧がかかってくるが、マウスガード装着により、その50%の約50mmHgの頭蓋内圧に減少している。また、図 I-2 は、衝撃を加えたときの頭蓋骨の変形量を示しているが、マウスガード装着時と未装着時では約2倍の差が認められている。

このように、マウスガードは人間にとってもっとも重要な器官である脳を保護する効果があるとして、その装着が進んでいる。

マウスガードは、前方からの外力に対して前歯部の外傷を予防するために装着する防具の一種である。そのため、コンタクトスポーツの選手を始め、多くのスポーツ愛好者や児童・生徒に装着が推奨される。しかし、マウスガードには発音障害、嘔吐感の出現、違和感、唾液の貯留等、多くの問題点がある。このように違和感のあるマウスガードを装着していると競技力の低下を招くことが知られているので、マウスガード作製と装着には歯科医師の関与が望まれるわけである。

一般に、違和感や発音障害はマウスガードの口蓋側形態に起因することが多い。そこで、これらの違和感を最小にするマウスガードの初期形態について検討を行った研究によれば[7]、発音障害を最低に抑え、また嘔吐感を最小になるように調整したマウスガードの形態は図 I-3 に示した形態であり、これを「マウスガードの初期形態設定」としている。この形態でも違和感やサ行、タ行あるいはラ行の発音障害が若干残るが、装着対象者個々に微調整を行いながら、一方で十分な保健指導を実施することが望ましい。

■参考文献
5) 日本体育・学校健康センター：平成11年度学校安全・災害共済給付要覧, 東京, 1999.
6) Jodson C, Hickey et al：The relation of mouth protectors to cranial pressure and deformation.JADA,74：735-740, 1967.
7) 安井利一：スポーツマウスガードの規格化, 日本歯科医学会雑誌, 15：52-57, 1996.

3）マウスガードの普及啓発の推進―学齢期からの展開の必要性―

　マウスガードの必要性が徐々に理解されている現状においても、その普及は一挙に広がるわけではない。そこには、次に記すような解決すべきいくつかの課題が存在している。
① マウスガードそのものを知る機会がないこと。
② マウスガードの入手がまだ容易でないこと。
③ 歯・口腔への意識が、齲蝕や歯周病などの疾病対象であること。
④ 歯学部教育において確立されていないこと。
⑤ 安全に対する意識が十分でないこと。

　このような課題は容易に短期間で解決することは困難であろうが、今後の方向性を斟酌すると、歯科医師への情報提供と、学齢期からの発達年代に順じたマウスガード安全教育の実施がキーポイントであると思われる。とくに、学校歯科保健は児童・生徒の積極的な健康づくりの姿勢を促し成果をあげてきたが、歯を失う原因は齲蝕や歯周疾患だけではない。学校歯科保健活動などの結果として、齲蝕は減少し軽症化してきたが、アクシデントである外傷で健全歯を失ってしまっては元も子もないということがひとつのポイントである。もうひとつのポイントは、学校歯科保健活動で得られた成果に引き続き、「病気ばかりでなくアクシデントとしての外傷に対しても、自らの身体を守る」という習慣や態度を養う学校歯科保健・安全活動の展開が期待できるということである。これまでの学校安全は、主に交通事故に対する対策が中心であり、また、学校環境の整備が主体であったために、児童・生徒が自らの問題として学習しにくい点もあったと推察される。その点、マウスガードは、自らのスポーツ外傷を防ぎたいという自己認識が生まれれば、具体的にマウスガード装着という行動をとることが可能であるため、安全教育・安全管理の評価としても利用できるわけである。わが国で現在もっとも頻用されているマウスガードはマウスフォームドタイプのマウスガードであろう。それは、入手や成型の容易性あるいは価格が大きな理由と考えられている。しかし、マウスガードは最初に装着するときが肝要であり、その後のマウスガードの使用に対する意志決定に大きな影響をもつと考えられるので、とくに、小学校から高等学校までを3段階に分けて啓発する必要がある。

　　第一段階／小学生：マウスガードという防具があることがわかる
　　　　　　　　　　→　マウスフォームドタイプ適応
　　第二段階／中学生：マウスガードを使用することができる
　　　　　　　　　　→　マウスフォームドタイプ、カスタムメイドタイプ適応
　　第三段階／高校生：自ら進んでマウスガードを使用することができる
　　　　　　　　　　→　マウスフォームドタイプ、カスタムメイドタイプ適応

　ところで、マウスガードの普及において重要な位置を占めると考えられる中学生の状況についてみてみよう[8]。中学校のクラブ活動において顎顔面口腔領域のスポーツ外傷経験のある生徒は約25％であったが、スポーツの種類によっても当然この値は異なってくる。スポーツ外傷は、その原因が自分自身に帰することもあるだろうが、学校安全が安全教育と安全指導からなるように、

1. 歯科保健医療におけるマウスガード

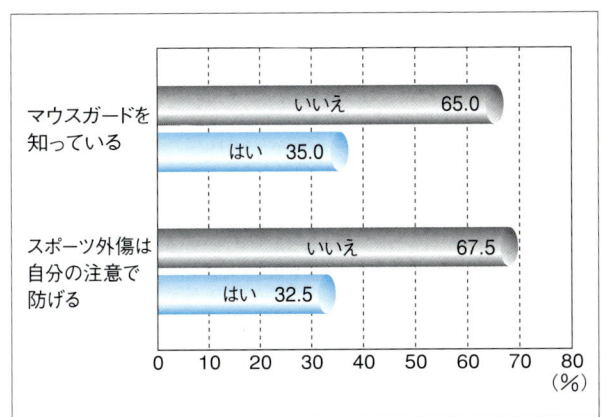
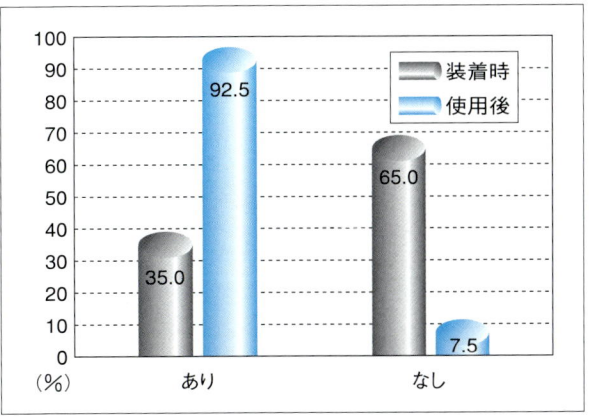
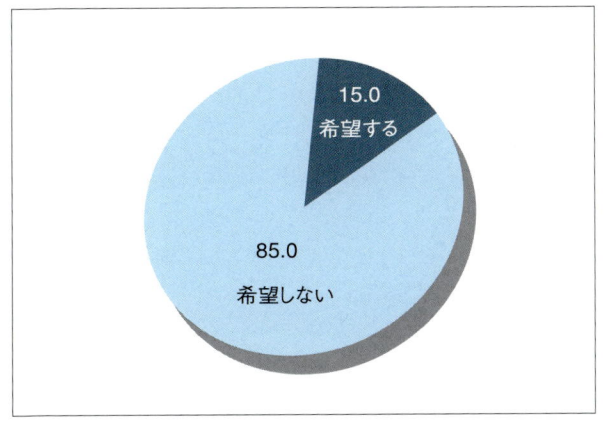

図I-4（上左）：スポーツ外傷の意識。
図I-5（上右）：熱可塑性マウスガードの違和感。
図I-6（右）　：熱可塑性マウスガードの今後の使用希望
―使用後（中学生）。（以上、文献8より引用）

　必要な知識と習慣や態度が培われていることが必要であり、その点では生徒を取り巻く環境整備と支援対策が急務であるといえる。図I-4に示したように、マウスガードを知っている生徒は35％、スポーツ外傷が自分の注意で防げると考えている生徒は32.5％であった。学校でマウスガードの学習を行っていないにも関わらず、運動系クラブに所属している生徒では約3割の生徒がマウスガードを認識していたことになる。しかし、これまでに装着した経験のある生徒は皆無であった。ところで、熱可塑性マウスガードを自分で作製し、装着した時点で生徒はどのような感覚をもったのか、そして使用した後に、その感覚は変化したのかは興味のあるところである。
　図I-5は、作製して装着した時点と、使用してみた結果のマウスガードに対する違和感の比較である。装着当初は違和感を訴えた生徒はわずかに35％であったが、使用してみた結果では実に92.5％の生徒が違和感を訴えるようになった。そして、この熱可塑性マウスガードを今後とも使用したいと考えている生徒は、わずかに15％と減少した（図I-6）。装着時に感じた違和感と実際に使用してみた後に出現した違和感とでは、図I-7と図I-8に示すように、当初は「外れやすい」と感じていたものが、実際にはあまり外れるような事態は起こらなかったものの、違和感が強くなり、装着時には感じなかった「呼吸しづらい」、「話しづらい」、「集中できない」、「顎が疲れる」など具体的な問題点が指摘されるようになった。このような症状は、マウスガードの外形、大きさ、厚さ、下顎の安定（インプリントの付与）など、歯科医師が調整を図ればすぐに改善できる内容と考えられる。

15

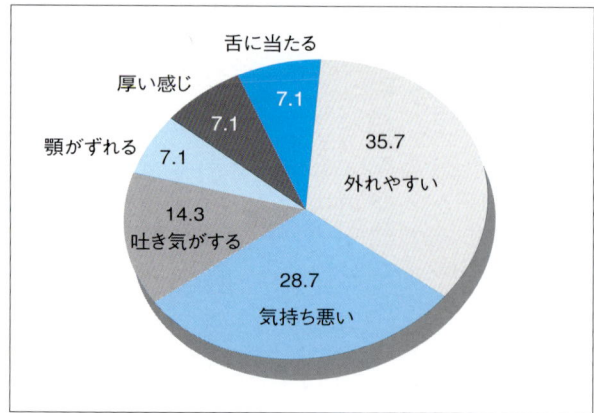
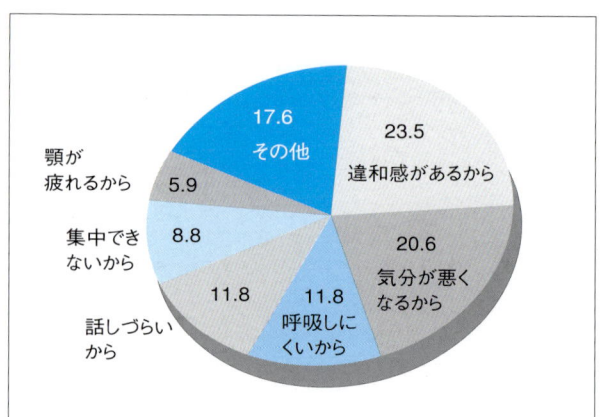
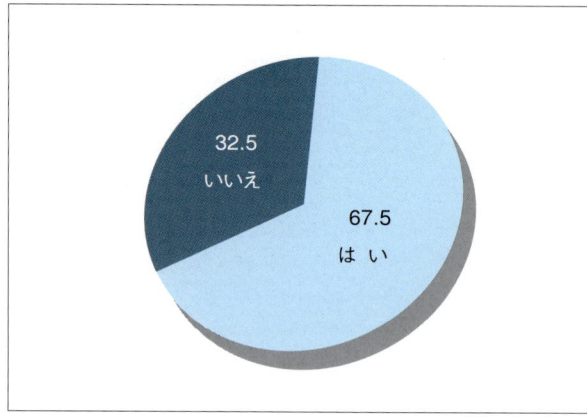

図 I-7（上左）：熱可塑性マウスガード装着時の違和感（中学生）。「ある」35％の内訳。
図 I-8（上右）：熱可塑性マウスガードの使用後（中学生）。「使用したくない」85％の内訳。
図 I-9（左）：熱可塑性マウスガードの装着はケガの予防になると思う―使用後（中学生）。
（以上、文献8より引用）

　熱可塑性マウスガードは、先に述べたように入手の容易さ、作製の容易さ、価格の手ごろさなどの点で、スポーツに熱心な中学生では学校での教育や指導により、今後かなりの普及が見込まれるマウスガードである。しかしながら、今回紹介したように、指導者がなく、自分たちだけで作製したマウスガードでは、継続して使用したいと思うものが極端に少なくなってしまうことが推察される。しかし、生徒は図 I-9 に示すように違和感があり、使用したくないと思っていても、67.5％の生徒は「マウスガードがスポーツ外傷の予防になる」と考えている。装着時の違和感など改善できれば装着していたいという気持ちはもっているのだと推察できよう。それゆえに、かかりつけの歯科医師あるいは学校歯科医としては、生徒にもっとも身近でもっとも信頼されている専門家として、マウスガードを装着しようという前向きな自律的な生徒を支援してあげる必要があるのではないかと強く感じられる。

　さらに、学校関係者に対する啓発や家庭に対する情報提供が必要であり、学校保健あるいは学校体育関係者の十分な協力が得られるように基盤整備をすることも、学校歯科医としての責務と考えられる。埼玉県の中学校と高等学校の養護教諭を対象にしてマウスガードに対する質問調査を実施したところ[9]、「名称を知っている」と回答した養護教諭は、中学校で81.6％、高等学校で85.8％を示し、ほとんどの養護教諭はマウスガードという名称を理解していると思われた。

　しかし、実際に「装着経験のある者」は457人中わずかに2人という状況であった。また、養護教諭の養成課程で「マウスガードの講義を受けた者」も3人という状況であった。ただし、生徒が

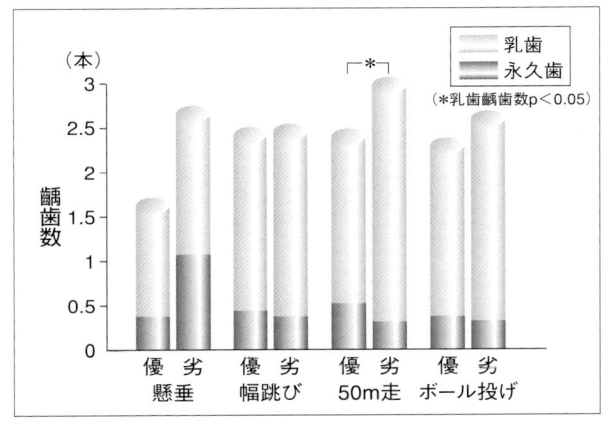

図I-10：小学生の齲歯数と運動能力（文献10より引用）。

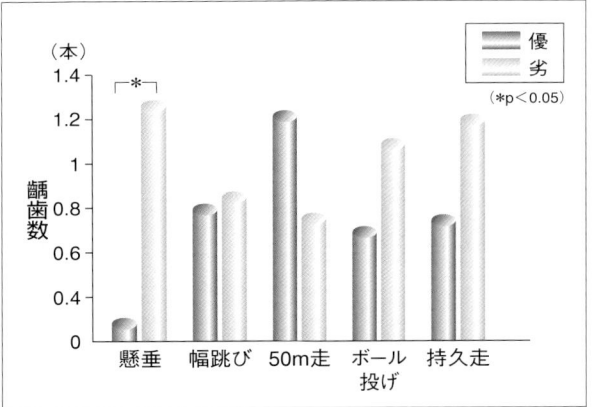

図I-11：中学生男子の齲歯数と運動能力（文献10より引用）。

マウスガードの装着を希望した場合には、約90％の養護教諭が装着を認めるという判断をしていることから、学校保健あるいは学校体育関係者の十分な協力が得られるように、基盤整備をする必要がある。マウスガードに対する児童生徒への教育では、次のようなポイントを押さえておく必要があろう。

① スポーツにより歯や口腔に外傷を受ける機会があり、場合によっては、歯の喪失や顎骨の骨折あるいは軟組織の障害をもたらす可能性が常に存在すること。
② マウスガードを装着することで、その危険性を低下させることができること。
③ マウスガードの装着により、嘔吐感、発音障害発生の可能性があること。
④ 発音障害は、サ行、タ行、ラ行などで発生するが、ある程度は調整できること。
⑤ ①〜④の違和感は、使用するなかで徐々に改善されること。
⑥ 齲蝕や歯周疾患は装着前に治療を完了しておくこと。
⑦ 定期的（1年に2回程度）に来院してチェックを受けること。
⑧ 使用頻度、発育途上にある年齢かどうかなどの要因で作り替える期間が異なること。

■参考文献
8) 安井利一：学校歯科医とマウスガード　−その2．熱可塑性マウスガード−，日本学校歯科医会雑誌，82：43-45, 1999.
9) 安井利一，吉田瑩一郎：中学校・高等学校での口腔外傷調査結果について，学校保健研究，39．Suppl：246-247, 1997.

4）スポーツによる健康づくりとスポーツ歯科医学

これからの日本社会の活性化を考えると、高齢になっても、自分の身のまわりのことはもちろんのこと、社会生活に進んで参加できるような体力が必要になってくると思われる。このような背景において、運動については、小児期からの運動習慣や小児を取り巻く環境の良し悪しによって、成人期以降の運動習慣にも影響が出ることは予測されるところであるが、安井[10-12]や松本ら[13]の報告によって、口腔内の状態、とくに咬合状態によって運動習慣等に影響の出ることが指摘さ

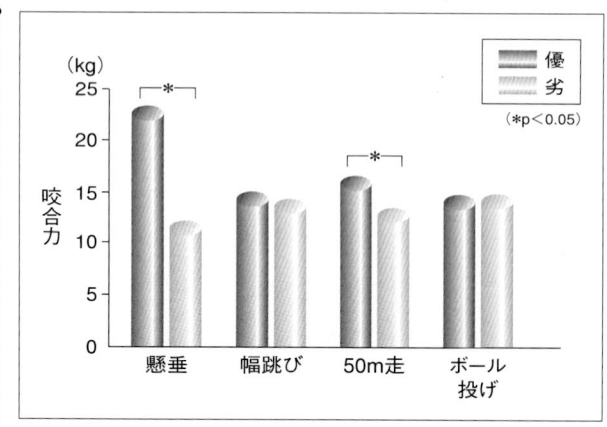
図 I-12：小学生臼歯咬合力と運動能力（文献10より引用）。

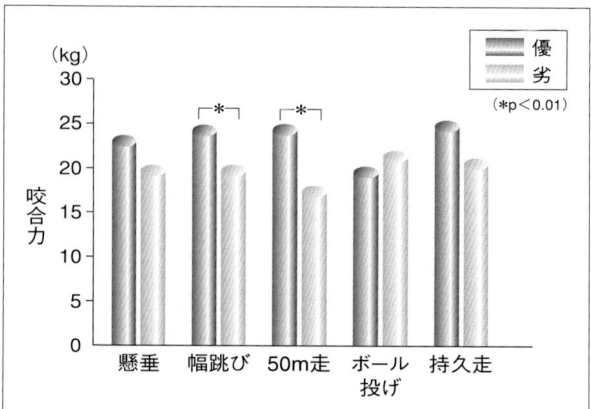
図 I-13：中学生男子臼歯咬合力と運動能力（文献10より引用）。

れている。

（1）学齢期のスポーツ歯科医学

　運動習慣は小児期の運動経験によっても左右されることが知られている。そこで、小学生や中学生を対象として、学校で実施されている運動能力テストやスポーツテストの結果と、齲蝕や咬合状態の関係について解析を行った報告がある。その結果から、図 I-10 には小学生の齲歯数と運動能力の関係を、図 I-11 には中学生の齲歯数と運動能力の関係を示した。小学生と中学生で多少の差異は認められるが、重症の齲蝕を放置することは運動能力の低下に関係することが推察される。また、小学生と中学生の臼歯の咬合状態について比較をしたものが図 I-12 と図 I-13 である。運動能力に優れた児童・生徒において咬合力も大きい値を示していることが示されている。

　スポーツにおいて、頭の位置がきわめて重要であることはよく知られていることである。人の頭は約8kgといわれるほどの重さがある。したがって、頭の位置が少しでも変わると、それにつれて体全体の様態も変化してくる。頭位は、また咀嚼筋群を中心とした筋肉のバランスで均衡が保たれているといってもよく、その咀嚼筋群は正常な噛み合わせで十分に咀嚼することによって発達してくるわけである。そのため、スポーツ選手のように正しいフォームが基礎となるような場合には幼少の時から正しい噛み合わせでよく噛むことが大切といえるかも知れない。スポーツ歯科医学でもっとも重要なことは、本来この部分であるともいえる。つまりは、齲蝕を予防し、正しい噛み合わせで、正常かつ十分な筋の発達を促し、少年少女の誰もがトップアスリートになるための素質にマイナスの要因をつくらないことなのである。

（2）スポーツ選手のスポーツ歯科医学

　一流のスポーツ選手では、一般の人の2倍から3倍の噛み合わせの力がある[14]。重量挙げの選手を始めとして、ボート競技選手の噛み合わせのよさ、あるいはライフル射撃の選手のしっかりした噛み合わせは、頭位の安定性に大いに貢献しているものと思われてならない。一般に、重量挙げの選手は噛みしめ力が強いと思われているが、単位面積あたりの咬合力は決して大きくはなく、

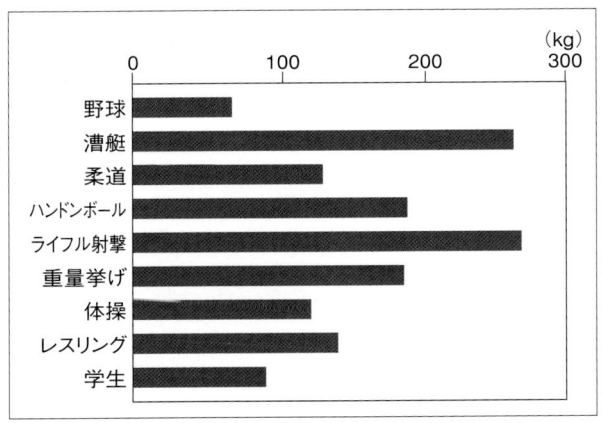
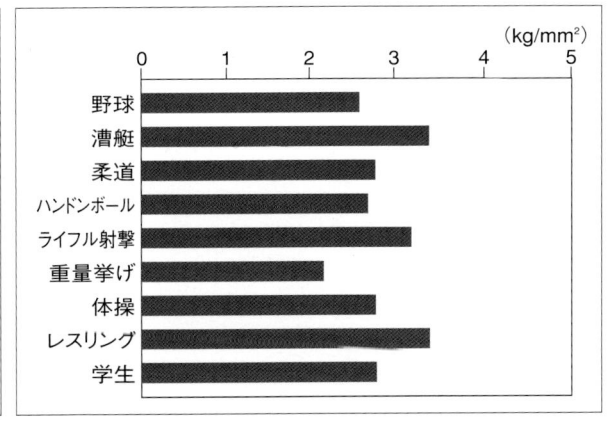
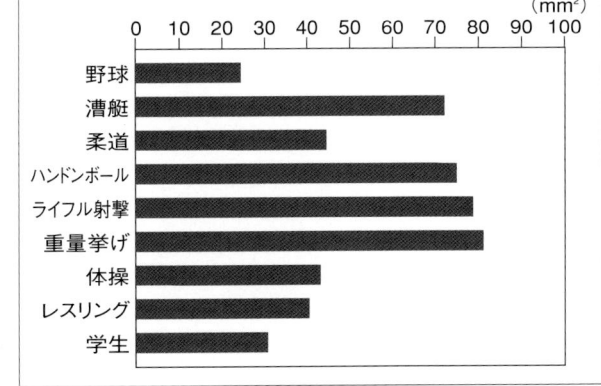

図I-14（上左）：男子スポーツ選手の総咬合力の比較。
図I-15（上右）：男子スポーツ選手の平均咬合力の比較。
図I-16（右）：男子スポーツ選手の咬合接触面積の比較。
（以上、文献14より引用）

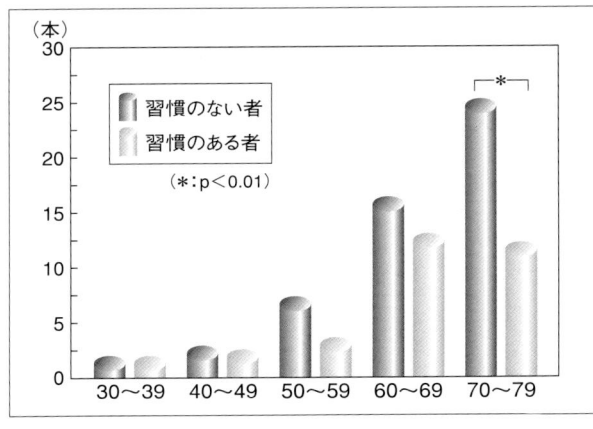
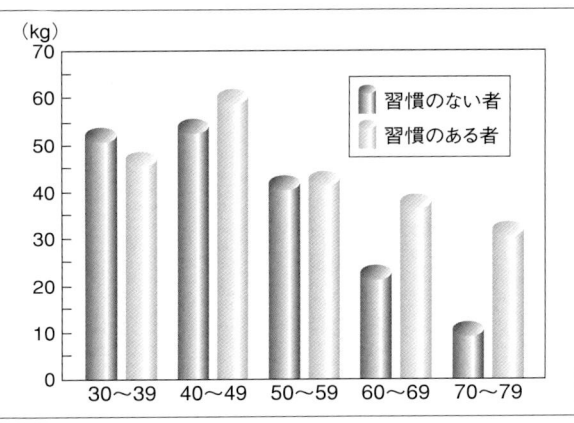

図I-17：喪失歯数と運動習慣の関係（文献13より引用）。　図I-18：咬合力と運動習慣の関係（文献13より引用）。

接触面積の広さが特徴的なのである。このことは、重量挙げ選手の体軸の安定性に直結していると考えられる（図I-14～16）。一方、競技力の維持についてであるが、先にも少し触れたように、スポーツ選手は競技種目によっては一般人の3倍にも及ぶ噛み合わせの力をもっている。いかに歯が硬く、また歯を支える骨が堅牢であっても、過剰な力が作用すれば歯が欠けるか歯を支える骨が吸収を起こす。このような症状は時に競技力の低下につながる。一流の優秀な選手に長期に活躍してもらうためには、歯の保護も考えなくてはいけない。わが国のトップアスリートではあ

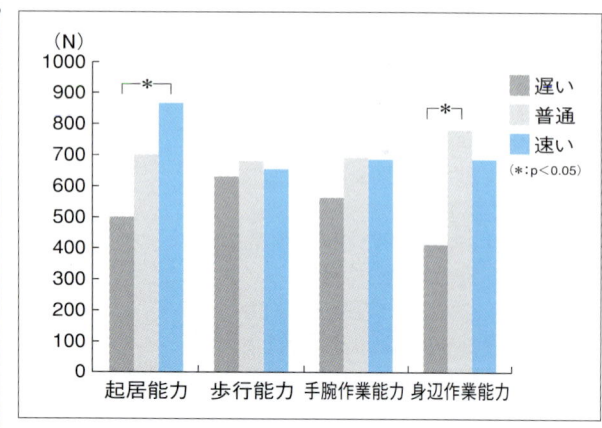

図 I-19：生活活動動作能力別の総咬合力の比較（文献16より引用）。

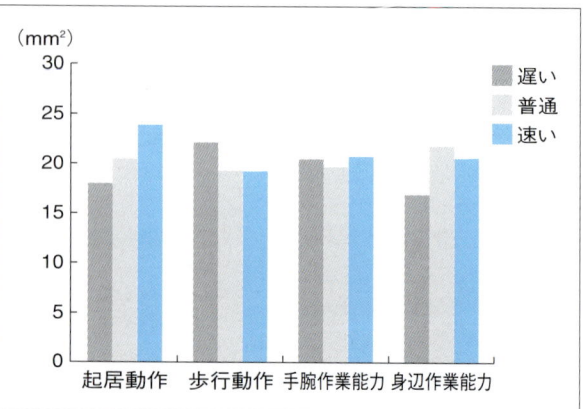

図 I-20：生活活動動作能力別の接触面積の比較（文献16より引用）。

まり経験していないが、米国では選手自身の噛み合わせの力で歯が破折しトラブルを起こすケースが多いといわれている。

（3）成人・老人のスポーツ歯科医学

スポーツが健康の保持と増進に大きく貢献していることはいうまでもないことで、血圧を正常レベルに保つ、体重のコントロールと体脂肪の減少、動脈硬化の予防、血清コレステロール値の抑制、心拍出量の増大など種々の利点があげられている。国民がスポーツを通じて健康増進に目を向けてくれることは誠に望ましいことであるが、スポーツというのは体の諸器官がある程度正常に機能していることが必要であり、口腔の機能もそのひとつの重要な器官機能である。

スポーツを実践するためには、口腔の形態や機能をそれなりに整えてあげなくてはいけないのだと感じているし、生涯スポーツの立場からして、スポーツ歯科医学にとっての重要な課題であろう。図 I-17 は成人・老人の運動習慣の有無と喪失歯数の関係について示したものである[13]。

運動が習慣化するためには、多くの要因が関与していることはいうまでもないことであるが、この図からは、喪失歯数と運動習慣の間には高齢になるにつれて影響が現れているように推察できる。同様に、図 I-18 には咬合力と運動習慣の関係について解析した結果を示したが、運動習慣のある者において咬合力が高いことが示されている。

さて、スポーツ歯科医学の領域には、運動・スポーツの実践活動を容易にするための歯科医学的サポートがあるが、日常生活を遂行するための身体的活動能力も運動機能と考えることができる。そこで、スポーツ歯科医学の立場から、身体的活動能力の指標としての生活動作と、咬合状態とを比較検討し、咬合状態が人間の動作にどのような影響を与えるのかを明らかにした報告[15]から成人・老人のスポーツを考えてみたい。

生活体力については、種田ら[16]の報告に従い起居能力、歩行能力、手腕作業能力および身辺作業能力について測定を行った。

① 生活体力と総咬合力との関係

図 I-19 に示したのは、生活体力の各指標において「遅い、普通、速い」と分類された各群に

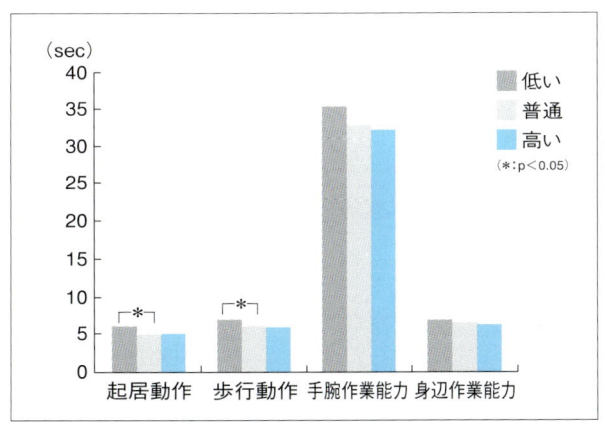
図I-21：総咬合力の段階と生活活動動作時間の比較。

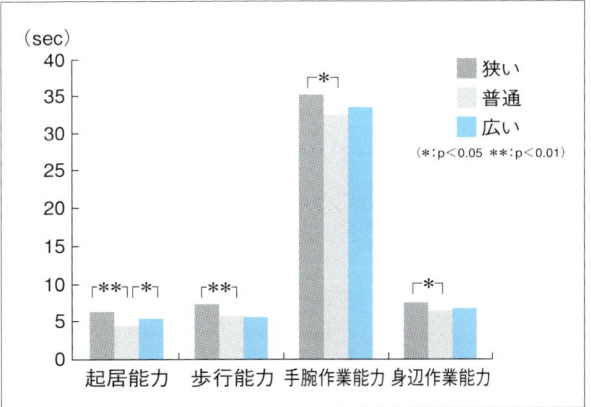
図I-22：接触面積の段階と生活活動動作時間の比較。

おける総咬合力の値である。起居能力においては、速い者は平均867.5Nであり、遅い者では平均500.3Nであり、両者の間に約367Nの差を認め、起居能力の速い者が明らかに総咬合力が大きいという結果を示した。また、身辺作業能力においても同様の傾向が認められ、遅い者では平均409.1Nであったのに対して普通の者は平均787.8Nであり、約379Nの差を認めた。その他の歩行能力や手腕作業能力についても統計学的な有意差は得られなかったものの、遅い者が普通や速い者に対して総咬合力が低い傾向が示された。

② 生活体力と咬合接触面積との関係

図I-20には、生活体力の各指標において「遅い、普通、速い」と分類された各群における咬合接触面積の値を示した。統計学的な有意差を認めることはできなかったが、起居能力や身辺作業能力において普通あるいは速い群に属している者では、遅い群に属している者よりも大きな咬合接触面積を有していることが判明した。ただし、歩行能力や手腕作業能力では差を認めることができなかった。

次に、咬合状態からみた生活体力について考えてみる。咬合状態の評価指標として使用した、総咬合力、平均咬合力、咬合接触面積を平均値と標準偏差から算出した値によって3群に分類した。

③ 総咬合力と生活体力との比較

図I-21には、総咬合力において「低い、普通、高い」と分類したときの生活体力の各指標の作業時間を示した。起居能力においては低い群で平均5.88秒、普通の群で平均4.78秒、高い群で平均4.91秒であり、低い群と普通の群との間で有意な差がみられた。歩行能力においても、低い群で平均6.89秒、普通の群で平均5.89秒、高い群で平均5.88秒であり、低い群と普通の群との間で有意な差がみられた。手腕作業能力および身辺作業能力においては有意な差はみられなかったが、低い群と比較して高い群では作業時間が短縮されている傾向を示した。

④ 咬合接触面積と生活体力との比較

図I-22には、咬合接触面積において「広い、普通、狭い」と分類した場合の生活体力の各指標の作業時間を示した。起居能力においては広い群で平均5.50秒、普通の群で平均4.54秒、狭い

群で平均6.25秒であり、広い群と普通の群との間で、また狭い群と普通の群との間で有意な差がみられた。歩行能力では、広い群で平均6.10秒、普通の群で平均5.75秒、狭い群で平均7.20秒であり、狭い群と普通の群との間で有意な差がみられた。手腕作業能力では、広い群で平均33.42秒、普通の群で平均32.33秒、狭い群で平均35.19秒であり、狭い群と普通の群との間で有意な差がみられた。また、身辺作業能力においても、広い群で平均7.00秒、普通の群で平均6.19秒、狭い群で平均7.31秒であり、狭い群と普通の群との間で有意な差がみられた。

成人期以降における生活習慣病の予防あるいは健康増進対策としてスポーツの利用が推進されている。スポーツを生涯スポーツとして、生活のなかで習慣化するためには多くの要因が関与しているであろうことは論を待たない。また、高齢者のQOLを考えると生活体力としての身体活動能力の重要性が指摘される。

森本[17]は、高齢者においても運動習慣のある者は体力的に優れており、運動習慣の有無が重要であると指摘している。また、宮原ら[18]も人間が運動時に無意識に行う、「噛む」という動作は、運動機能に変化をもたらしていることが明らかであると報告している。

生活のなかでの基本的動作の評価基準として策定されている生活体力という考え方から、起居能力、歩行能力、手腕作業能力ならびに身辺作業能力と咬合状態としての総咬合力、平均咬合力、咬合接触面積の関係について比較を行った。その結果、総咬合力において生活体力の指標との関係がもっとも明確であり、生活体力の各指標においては速い者が遅い者より総咬合力が大きい傾向を示し、総咬合力が低い者は生活体力が劣っていることを示していた。とくに起居能力においてはこの傾向が強く現れていた。身辺作業能力においても普通の者が遅い者より総咬合力が大きく、総咬合力が低下するに従い身辺作業能力も低い値を示す傾向であった。起居能力や身辺作業能力は、その測定の性質上、全身を使った運動能力の評価法であるので、総咬合力と全身運動との間に関連があるものと思われた。

ところで、起居動作については「寝ている状態から起き上がる動作」には適切な咬合力が必要なのではないかと推察された。一方、身辺作業能力をみると、「ロープを片足ずつ踏み越える」動作には適切な接触面積が必要かと推察された。また、歩行能力においては、接触面積がその速さに関係すると推察された。手腕作業能力についても接触面積や咬合力がそれぞれ関与している可能性があるが、この点についてはさらなる検討が必要である。

■参考文献
10) 安井利一，中尾俊一：口腔の状態および機能と運動能力との関連について（その1）小・中学生における解析，口腔衛生学会誌，40：422-423，1990．
11) 安井利一，松本　勝，中尾俊一：口腔の状態および機能と運動能力との関連について（その2）高校生における解析，口腔衛生学会誌，42：446-447，1992．
12) 安井利一：成人・老人の運動能力と歯科保健，トレーニングジャーナル，4：86-88，1992．
13) 松本　勝，安井利一，他：成人期からの運動習慣と歯科保健状態に関する研究，明海大歯学誌，23(1)：70-756，1994．
14) 安井利一：スポーツ選手の咬合状態に関する解析，J.J. of Sports Science，371-374，1992．
15) 松本　勝，安井利一，他：成人期の咬合状態と生活体力に関する研究，スポーツ歯学，1：9-15，1998．
16) 種田行男，荒尾　孝，他：高齢者の身体的活動能力（生活体力）の測定法の開発，日本公衛誌，43：196-207，1996．
17) 森本武利：高齢者の体力－スポーツ医学の今日的課題－，日本医学会誌，1：36-40，1990．
18) 宮原隆雄，大山喬史，他：噛むことと運動能力，歯科ジャーナル，36：547-555，1992．

5）QOL向上を担うマウスガード

　わが国の歯科保健医療は、歴史的にみて、膨大な齲蝕との戦いであった。齲蝕については、歯科医師の懸命な努力によって明らかに治療効果があがり、また保健指導による啓発も手伝って解決されてきた。その後、平成元年に出された8020運動の提唱によって、成人期の歯周疾患コントロールが重要な位置を占めるようになってきた。歯科医学は、高い有病率を有する齲蝕と歯周疾患が眼前にあり、「疾病」中心に展開されてきたが、これまでの時代は国民の健康な生活を確保するという歯科医師の任務からみて、有効な展開方法であったと考える。しかし、時代はQOLを追及するように変遷してきている。8020運動も然りである。歯・口腔・咬合は、豊かな人生を創造するために基本的に重要な価値を有しているのであるが、国民は歯科医療機関を「疾病治療の場」として捉えており、自分たちの「QOL向上を支援してくれる場」とは考えてくれていない。

　したがって、国民は疾病がなければ歯科医療機関を訪れることはないし、歯科医師も地域とコンタクトする術が少ないともいえる。スポーツは老若男女を問わず多くの国民が関与している。スポーツあるいは運動は、健康の保持増進の観点からはいうまでもないことであるが、余暇としてQOLの向上にも大いに効果をあげている。歯科医師が、スポーツと歯や咬合の関係、あるいはスポーツ口腔外傷予防のためのマウスガードを普及啓発することは、ある意味で、国民に歯科保健医療の新しい意義を発見してもらうことにつながるのではないかと期待できる。

　マウスガードは、顎・顔面・口腔領域を専門とする歯科医師にとって、数多くの将来性を秘めているといえよう。

2. 顎顔面口腔領域におけるスポーツ外傷の発生状況

1）スポーツ外傷の発生

　現在、スポーツには、プロフェッショナルあるいはアマチュアとしての競技として行うものから、日常にレクリエーションとして行うもの、学校での体育の授業やクラブ活動の一環として行われるもの、そして健康維持のために行われるものまで様々である。その種目も、ラグビーやアメリカンフットボールに代表されるような団体競技、射撃やアーチェリーなどのような個人競技に分かれる。他にも、相手の身体との接触がある、いわゆるコンタクトスポーツ、ネットなどを介していて相手との直接接触がないノンコンタクトスポーツとに分けることができる。当然のことではあるが、コンタクトスポーツにおいて外傷の発生頻度は高くなる。だが、注意しておかなければならないことは、ノンコンタクトスポーツにおいてもチームメイトとの接触や、コートあるいは器具との接触で外傷は発生する可能性があるということである。

　スポーツ外傷の発症部位は、頭部顔面、胸部、腹部、上肢、下肢が多く、部位別で発症する頻

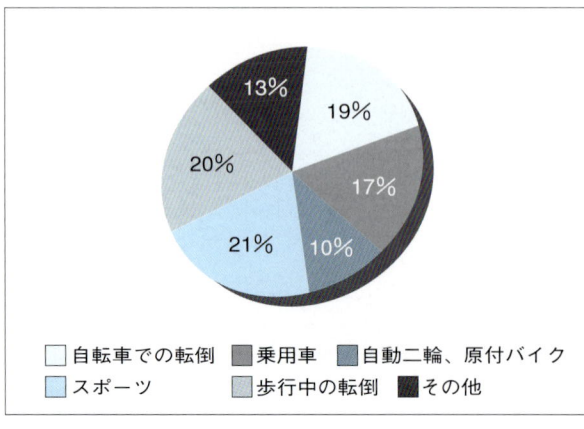

図 I-23：顎顔面口腔領域での外傷来院患者126名中の内訳（文献26より改変して引用）。

度の高い外傷としては
- 頭部顔面：骨折、打撲（眼球の損傷、歯の損傷を伴う）、裂傷、擦過傷、脳震盪
- 胸部：打撲、肋骨骨折、胸鎖骨関節脱、胸骨骨折、胸部震盪
- 腹部：皮下出血、腹筋断裂、内臓破裂、挫傷
- 上肢：骨折、関節脱臼、靱帯損傷
- 下肢：骨折、関節脱臼、靱帯損傷、半月損傷、アキレス腱断裂

などがあげられる。

一般的にこれらのスポーツ外傷を防ぐには、選手自身の自己管理に加え、用具や場所の環境の整備、集中力、ウオーミングアップとクーリングダウンの必要性が唱えられている[19]。

2）顎顔面口腔領域におけるスポーツ外傷

顎顔面口腔領域に発生する外傷のなかで、スポーツが原因のものはどの程度あるのだろうか。各大学病院、歯科口腔外科において処置された顎顔面口腔領域の外傷を原因別にまとめると[20〜25]、いずれの施設においても交通事故、転倒、転落に次いで10〜20％前後の高い頻度でスポーツの際に外傷が起こっていることがわかる（図 I-23）。

しかし、交通事故による顎顔面口腔領域の外傷は減少傾向にあり、今後さらに減少していくことが予想される。これはシートベルトの着用ならびにエアバックの装備によって、事故発生時に運転者、同乗者がハンドルやフロントガラスに顎顔面あるいは頭部を強打することが少なくなりつつあるからである。このことによって相対的に、それ以外の原因による外傷の発症頻度が高くなることが考えられる[26]。スポーツもその例外ではない。

スポーツによる外傷が増加する傾向にある原因は他にも考えられる。それは、若年者の骨格構造の脆弱化である。このことにより、とくに児童・生徒における体育活動において、外傷の頻度が高くなっていると考えられる。また、運動能力の低下も原因のひとつである。ある大学において入学者に対して実施している体力測定においても、年々基礎体力が低下していることが示されている。また、足立らの報告[26]においては、16歳以下での発症率をみた場合、転倒や転落による

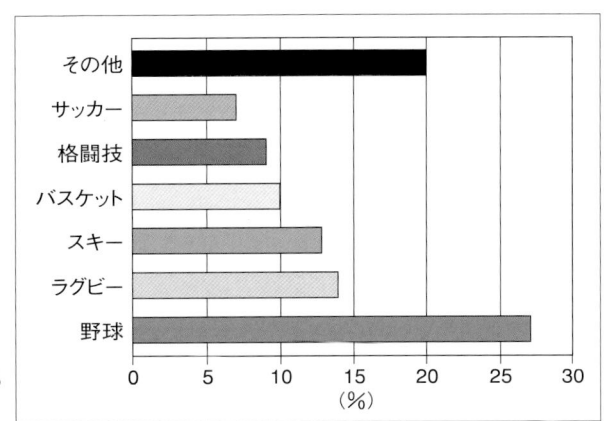

図I-24：スポーツ種目別の外傷の発生頻度（文献20〜25のデータから要約作成）。

外傷が多いとされている。このように、骨格が脆弱でかつ基礎体力のない選手が、少し激しい運動を行ったり、試合に出た場合にはその結果は容易に察しがつく。

3）スポーツの種類と発生しやすい口腔外傷

前述のように頭部顔面領域での外傷としては、骨折、打撲（眼球の損傷、歯の損傷を伴う）、裂傷、擦過傷、脳震盪が考えられる。これらの原因となっているスポーツをまとめてみると結果は多岐にわたっている[20〜25]。その多くはいわゆるコンタクトスポーツであるが、一般的にはコンタクトスポーツと考えられていない野球またはソフトボール、バスケットボール、バレーボールなどでの発生も意外に多い。

とくに野球やソフトボールでの受傷頻度が高いことはわが国における特徴で、競技人口が多いことが大きな要因になっている。また、傷害の程度も高く、シートノックがイレギュラーしたものを直接前歯部に受けるケースが多いとされている[27]。1989年にMcNuttらが米国の学生に対して行った調査[28]では、アメリカンフットボール、バスケットボールの次に位置している。北米のリトルリーグではフェイスガードのついたヘルメットを使用してプレーすることが多く、外傷に対する予防意識が高いといえる。

コンタクトスポーツの代表とされるラグビーでは、軟組織の裂傷や歯の破折が主な要因であるが、同時に脳震盪も多発している[29〜31]。石島らの調査結果でも歯の破折、歯の脱臼の他、修復物の脱離、顎顔面部骨折、下顎の脱臼が報告されている[32]。

アメリカンフットボールおいても軟組織の裂傷が多い[28, 33]。その他は歯の破折、歯の脱臼、下顎の脱臼、顎骨骨折の順になっているが、その発症がラグビーよりも低いのは、ヘルメットやマウスガードが義務化されていることによると考えられる。

このように、ラグビーやアメリカンフットボールでは圧倒的に軟組織の裂傷が多いのであるが、その際にマウスガードを使用していない者が多かったことからわかるように、相手プレーヤーとの接触時に自分自身の歯で頬や、口唇、舌などを傷つけている可能性が高いことが明らかである。

バスケットボールにおいても外傷は発生しやすい[34, 35]。大頭によれば[27]、とくにボールの奪い

合いの際に、相手プレーヤーの肘、膝、頭などが歯とぶつかることで受傷している。また、いわゆるダンクシュートの際にゴールと接触して重傷を負った例も報告されている。

バレーボールの場合には、レシーブの際にコートに顔面を強打して受傷するケースが多い。また、ジャンプ後の着地の際にチームメイトの頭と接触して受傷したケースもあるとされている[27]。

サッカーも例外ではない。1986年から1990年までの学校管理下における外傷としては、全身をみても野球に次ぐ発生件数があり、その41%が14級以上の歯牙傷害（コラム「学校管理下におけるスポーツ歯牙外傷」参照）であったとされている[28]。そして、その多くはヘディング時に他の選手の頭部と接触したことが原因としてあげられている。

ラクロスやホッケーあるいはアイスホッケーも外傷を生じやすいスポーツである。これらの競技では、他の選手のスティックとの接触による受傷が多い。

水球もまたコンタクトの生じやすいスポーツであり、とくにボールの奪い合いやドリブルの際に相手の肘や腕で顔面を打撲し、その際に自分の歯で軟組織を傷つけることが多い。

4）どのレベルの選手に発生しやすいか、いつ発生しやすいか

スポーツ外傷としては、試合中の受傷が注目されがちであるが、実際には練習中の発生頻度がかなり高い。その原因としてはヘルメット、フェイスガード、マウスガードなどの十分なプロテクションをせずに練習を行うことや、疲れからくる集中力の欠如などが考えられる。

また、パフォーマンスのレベルからは、練習を積んだ運動能力の高い選手の方が受傷する確率は低い。これは相手との接触を事前に予測して素早く回避するか、あるいは防護の姿勢をとって接触することが可能となるためである。これに対して、初心者や練習が十分でない選手は回避や防護が不十分となり、受傷しやすくなるといえる。

◆学校管理下におけるスポーツ歯牙外傷◆

児童・生徒については、日本体育・学校健康センターが事故、災害防止、学校安全の一環として、学校管理下での災害への見舞い金を給付している。歯牙外傷への給付対象は2歯欠損または3歯以上に補綴を行った場合（14級）のものからである。給付額は欠損や補綴歯数が増加すると等級が上がって増加し、5,000円以上の処置の場合には治療費が支給される。また、地区によっては見舞金の対象をさらに広げている場合もある[36]。神戸市学校安全互助会の例では中切歯、側切歯の1/2以上の破折および完全欠損（永久歯）が給付対象になっている。

［日本体育・学校健康センター　TEL：03-5410-9124］

◆シドニーオリンピックとスポーツ歯科医◆

　スポーツの祭典とされるオリンピックはスポーツデンティストの活躍の場でもある。
　2000年9月にオーストラリアのシドニーで開催された第27回オリンピックにおいては、Dorney B、Paddilla R、Pacinini Pらが中心となって選手村にクリニックを仮設して、選手ならびに関係者の治療にあたるとともに、マウスガード・プログラムを展開した。Paddillaらの報告[37]によると、期間中のクリニックの利用者は1,500人以上に達したとされている。
　シドニー入り直前にTMJの症状が出て競技出場が危ぶまれた女子柔道選手に対して、診査、診断ならびに医師とのコンサルテーションの上、スプリントやマウスガードが製作されて装着され、出場が可能になった例などが紹介されている(Paddilla, Dorneyの資料提供による)。

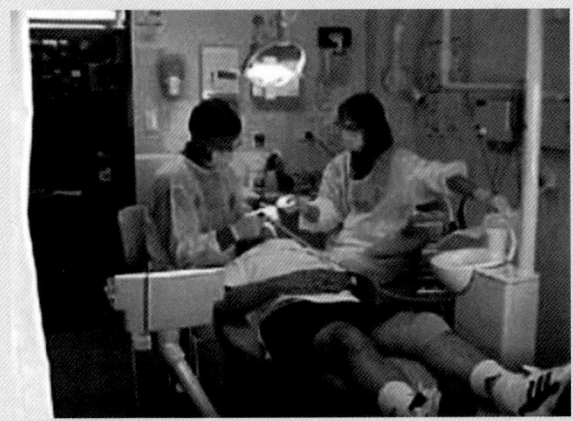
図I-26：選手村のクリニック。

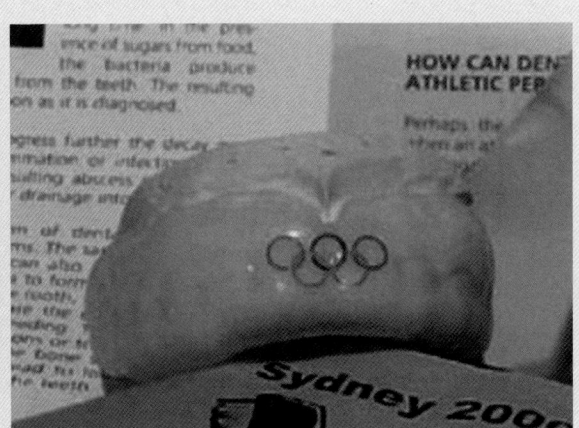
図I-27：シドニーオリンピックで作製されたマウスガードの例。

■参考文献
19) 作山正美,足澤輝夫,小笠原義文編：選手のためのスポーツ医・科学サポートハンドブック，98-103,（財）岩手県体育協会，2000.
20) 林　昭宏,大月佳代子,石部孝二,他：当科を受信したスポーツによる顎顔面外傷例の検討，第6回スポーツ歯学研究会論文集，71-73，1995.
21) 岡本康伸,福多一雅,高野昌士,他：スポーツ事故による顎顔面外傷の臨床的検討，第6回スポーツ歯学研究会論文集，65-67，1995.
22) 貝塚幸恵,高木律男,松本文男,他：当科におけるスポーツ外傷の臨床統計的検討，第6回スポーツ歯学研究会論文集，69，1995.
23) 二宮史浩,増田純久,窪田泰孝,他：スポーツ外傷の現況について，第6回スポーツ歯学研究会論文集，61-64，1995.
24) 高力佐知子,白土雄司,大部一成,他：小児口腔顔面領域におけるスポーツ外傷の臨床的検討，第6回スポーツ歯学研究会論文集，75-78，1995.
25) 前田憲昭,村田保男,片野　清,他：口腔外科領域におけるスポーツ外傷の疫学調査，日口外誌，31：568-572,1985.
26) 足立　実,額田純一郎,道澤雅裕,他：外傷永久歯478歯の臨床的検討，16歳以上の症例について，阪大歯学誌，4：24-28, 2000.12.20
27) 大頭孝三：学校管理下におけるスポーツ歯牙外傷の現状，日本歯科医師会雑誌，47：839-844, 1994.

◆日本オリンピック委員会とスポーツ歯科◆

　オリンピックの開催国は開催期間中に医科・歯科の診療室を開設する。最近では，アジア大会やユニバーシアード大会でも開催国は診療室を開設している。日本においても昭和39年（1964年）の東京オリンピックにおいて歯科診療室を開設していたので、これをスポーツ歯科というのなら歴史は古い。平成10年（1998年）の長野オリンピックにおいても選手村のなかに歯科診療室が開設されており、多くの競技参加者等が治療に訪れている。長野の場合もそうであるが、医療対策は組織委員会が実施している。日本オリンピック委員会が他国のオリンピック委員会と異なることは、1987年以来、オリンピック強化指定選手を始め国際大会に参加するすべての選手に医科・歯科の健康診断を実施していることと、選手強化本部医科学・情報専門委員会医学サポート部会に歯科委員の席があり、選手の健康管理の基本的な策定に参画していることである。

　最近になっていくつかの国においても歯科医師がオリンピック委員会に席を置くようになったが、日本オリンピック委員会の影響を受けてのことのようである。

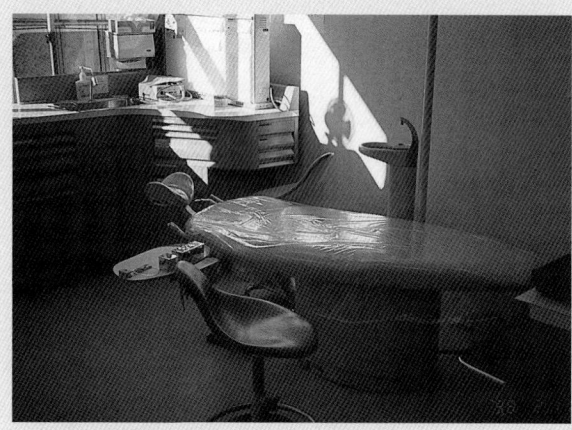

図I-28：選手村歯科診療室の内部。

28) McNutt T, Shannon SW, Wright JT, Feinstein RA : Oral trauma in adolesecnet athletes : a study of mouth protectors, Pediatric Dent 11 : 209-213, 1989.
29) Jennings DC: injuries sustained by users and non-users of gum shield in local rugy union, Brit. J. Sports Med, 24(3) : 159-165, 1990.
30) Blignaut JB, Carstens IL, Lombard CJ: Injuries sustained in rugby by wearers and non-wearers of mouthguards, Brit.J.Sports Med, 21(2) : 5-7, 1987.
31) Chapman PJ , Nasser BP: Prevalence of orofacial injuries and use of mouthguards in high school Rugby Union, Aust. Dent.J, 41 : 252-255, 1996.
32) 石島　勉，斉藤　実，朝比奈義明，他：口腔領域のスポーツ外傷とマウスガードに関する調査，愛院大歯誌，27：673-686, 1988.
33) 石島　勉，山口敏樹，月村雅史，他：マウスガードの使用とその防止効果－北海道学生アメリカンフットボール選手における調査－，東日本歯学雑誌，10：85-94, 1991.
34) Maestrello-deMoya MG and Primosch RE: Orofacial trauma and mouth-protector wear among high school varsity basketball players, J Dent J Child, 56(1) : 36-39, 1989.
35) Yamada T, Ohnai I, Ueda M : Oral injury and use of mouth guards-soccer, rugby, basketball player in Japanese high school-Jpn. J.Phys. Fitness Sports Med, 46 : 87-92, 1997.
36) 日本体育学校健康センター災害給付法規集より
37) Paddilla R: Olympic report from Sydney. personal communication, 2000.

第II章
マウスガードの基礎知識

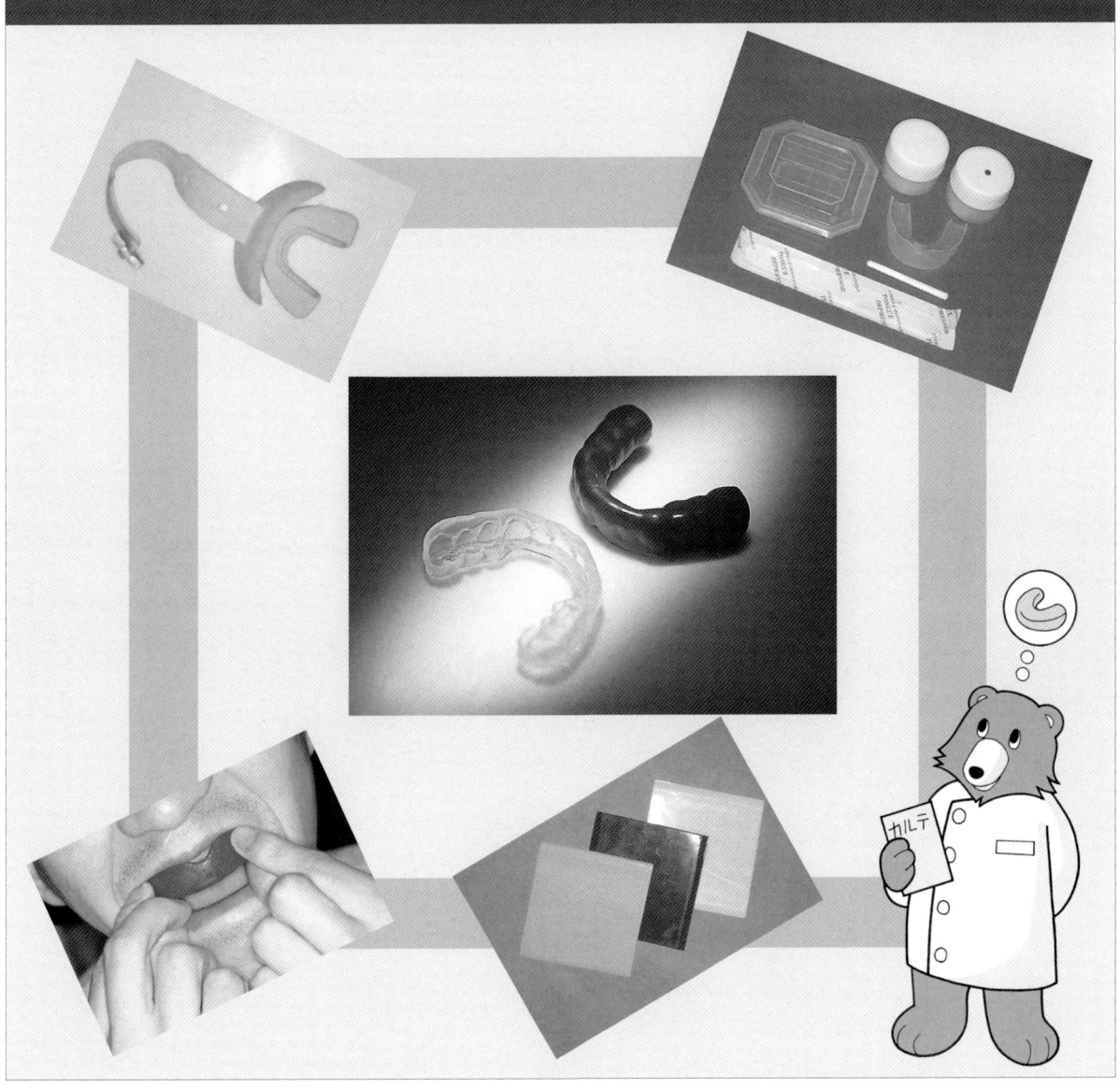

　カスタムメイドタイプマウスガードの製作に入る前に、マウスガードの基礎知識を身につけよう。まずは、スポーツにおけるマウスガード、マウスガードの定義について知り、マウスガードの位置づけを明確にするとともに、マウスガードを取り巻く状況をみていく。次に、カスタムメイドタイプを含めたマウスガードの種類や市販品、市販材料をまとめて紹介する。最後に、マウスガード材料の基礎知識として、とくにEVA樹脂（エチレン酢酸ビニル共重合樹脂）の科学的性質、物理的性質に触れる。

第Ⅱ章　マウスガードの基礎知識

1．マウスガード使用の現状

はじめに

　マウスガードが外傷を予防する効果が高いことは、すでに明らかになっている。ここではマウスガード使用の現状ならびに普及への取り組みについて以下の項目について解説する。
　1）マウスガードとスポーツ
　　（1）マウスガードの装着が義務づけられているスポーツ
　　（2）マウスガードが使用されているスポーツ
　2）"マウスガード"とは
　　（1）マウスガードの定義
　　　　［マウスガード、マウスプロテクター、マウスピース］
　　（2）マウスガードと類似しているが使用目的の異なる装置
　　　　［ナイトガード、スプリント、バイトプレーンとマウスガード］
　3）マウスガード普及への取り組み
　　（1）オーストラリアの場合
　　（2）米国の場合
　　（3）日本の場合
　4）スポーツ歯学、マウスガードに関する情報の入手方法

1）マウスガードとスポーツ

　マウスガードを装着する目的としては、第一に顎口腔領域における外傷の予防、第二に脳震盪の予防があげられる。接触が多く、顎口腔領域での外傷や脳震盪の可能性が高いスポーツでは、マウスガード装着が義務づけられているものがある。しかしながら、マウスガードの有効性は認められているものの、装着義務がないために装着率が低いスポーツも多く、今後の課題と考えられる。

（1）マウスガードの装着が義務づけられているスポーツ

　マウスガード装着が義務づけられているスポーツがある。ヘルメットなどの防具と並んで、「プレー時に必要な装具」として公式規則に明記されていることが多い。これらの競技では、マウスガードを装着していないと試合に出ることができない。2000年4月現在、日本でマウスガード装着義務が確認されているスポーツには、以下のようなものがある。
　ボクシング、キックボクシング、K-1、アメリカンフットボール、ラクロス（女子のみ）、インラインホッケー（20歳以下のみ）、空手（流派、試合による）、ラグビー（関東医歯薬リーグのみ）。

1. マウスガード使用の現状

図II-1：マウスガードが使われているスポーツ。これらは装着が義務づけられている。

　ボクシングは、歴史的にマウスガードが使用されるようになった最初のスポーツとされている。マウスガードを使用したことがない人、マウスガードを知らない人でも、「ボクシング選手がはめているマウスピース」と説明すればすぐにわかることが多い。最近では、テレビで大々的に放送されるK-1の試合で、カラフルなマウスガードを装着する選手も登場し、一般での認識も高いと思われる。

　空手のなかでも、メンホーという頭に装着する防具を使用する流派ではマウスガードの装着は義務化されていない。空手には多くの流派が存在し、流派によってスタイルが異なる。したがって、マウスガード装着義務も流派によって異なる。また、試合や大会ごとに規定も異なるので、全日本空手道連盟としても把握しきれないとのことである。

　アメリカンフットボールでは、公式規則として「口の内部に入れ、すべての上顎歯を覆うマウスピース。色は白色以外の見た目にわかりやすいものでなければならない」と、色についてまで規定がある。また、マウスガードを装着していなかった場合には、装具の不備として「その所属チームにチームタイムアウトが課せられる。また、そのプレーヤーは装具がすべての点に適合するまで、プレーに参加してはならない」とされている。

　一方、ラグビーは激しいコンタクトスポーツであり、外国のチームではマウスガード装着は常識とされているが、日本における装着率は高いとはいえない。1999年度にようやく関東医歯薬ラグビーリーグにおいてのみ、マウスガード装着の義務化がなされた。ラグビーはアメリカンフットボールのような防具を着用していないため、顎口腔領域における外傷を負う可能性は高い。今

第Ⅱ章 マウスガードの基礎知識

表 II-1：各種競技におけるマウスガード装着義務 　　　　　　　　　　　　（2000年4月現在）

競技種目	義務化	問い合わせ競技団体	備考
ボクシング	○	日本アマチュアボクシング連盟	
アメリカンフットボール	○	日本社会人アメリカンフットボール協会	
キックボクシング	○	新日本キックボクシング協会	
ラクロス	△	日本ラクロス協会大阪支部	女子のみ
インラインホッケー	△	日本アイスホッケー連盟	20歳以下
空手	△	全日本空手道連盟	流派、試合による
ラグビー	△	日本ラグビーフットボール協会	関東医歯薬リーグ
柔道	×	全日本柔道連盟	
サッカー	×	日本サッカー協会	
スキー	×	全日本スキー連盟	
アイスホッケー	×	日本アイスホッケー連盟	

○：義務化されている　△：一部義務化されている　×：義務化されていない

後、さらに広範囲での義務化が進んでいくことを期待するとともに、ラグビー選手自身に外傷の危険性とマウスガードの有効性の認識を広めていくことはわれわれの仕事だと考える。

　ラクロスは比較的新しく大学生を中心に広まっているスポーツである。競技場の大きさはサッカーグラウンドとほぼ同じで、棒の先に網のついたスティックを用いて、テニスボール大のゴム製のボールをパスし合いながらゴールを狙う競技である。男子は、ヘルメット、パット、グローブなどの防具を着用するが、マウスガード装着義務はない。女子は、ボディチェックが禁止されており、ユニフォームはポロシャツにミニスカートというスタイルでマウスガード装着が義務づけられている。

　マウスガードを普及させるには、公式規則で義務化されることがもっとも効果的である。顎口腔領域での外傷発生頻度の高いスポーツでは、マウスガード装着の義務化を推進すべきである。しかしながら、マウスガード装着が義務化されているスポーツでは、選手が形だけのマウスガード、つまり口腔に適合していないマウスガードを装着していることがあり、これは新たな弊害を生む結果となる。マウスガード装着が義務化されているスポーツにおいても、マウスガード装着義務が望まれるスポーツにおいても、外傷の危険性とマウスガードの有効性の認識、そして正しいマウスガードの認識を普及させることが必要である。

　最後に2000年4月現在のマウスガード装着義務に関する調査結果を*表 II-1* に示しておく。

（2）マウスガードが使用されているスポーツ

　マウスガード装着が義務づけられているスポーツ以外には、どんなスポーツにおいてマウスガ

図 II-2：マウスガードが有効なスポーツ。

ードは使われているのだろうか。スポーツの例としては、（1）にあげたスポーツを除いて以下のものがあげられる。

　水球、バスケットボール、競技スキー、（アイス）ホッケー、柔道、相撲、自転車、綱引き、ウェイトリフティング、など。

　マウスガードが有効であるスポーツは、主に格闘技や接触（コンタクト）の多いスポーツである。たとえば、水球では他の選手の手が当たるなど接触の頻度が非常に高く、骨折などの重傷は稀なものの、軟組織の裂傷が高頻度で発生する。よって、薄いマウスガードで歯を覆っただけでも外傷を予防、軽減する効果は高い。バスケットボールは、とくに男子ではマンツーマンで激しい接触がたびたび起こる。

　前述のように、マウスガードは顎口腔領域の外傷や脳震盪の防止、軽減を主な目的として装着することが多い。一方、パワーアップを目的に装着されることもある（例：綱引き、ウェイトリフティング、など）。この点に関しては、科学的な証明がほとんどなく、テンプレートなどと混同されていることもあるので、慎重に対応せねばならない。また、ソフトな素材を口腔内に適用することは、副作用を引き起こす可能性があることも忘れてはならない（第IX章『マウスガード使用による効果、影響』参照）。

　マウスガードの有効性は、スポーツの性質（接触の多さ、使用する用具、マウスガード以外の防具の有無）はもちろんのこと、選手個人のプレースタイル（ポジション）や、口腔内状態などによっても異なってくる。これらを考慮してマウスガードをすすめたり、デザインを考えたりせねばならない。

2）"マウスガード"とは

（1）マウスガードの定義
　　　［マウスガード、マウスプロテクター、マウスピース］

　Journal of Prosthodonticsに掲載されているThe glossary of prosthodontic terms 7th edition (JPD81：1)[1]において、マウスガードは次のように定義されている。

　　　Mouthguard: a resilient intraoral device useful in reducing mouth injuries and protecting the teeth and surrounding structures from injury「マウスガード：口腔内に装着する弾性を有した装置であり口腔での外傷を減少させ歯ならびに周囲組織を外傷から保護するもの」

　一方マウスプロテクター(mouthprotector)はどうかといえば、Mouthprotector : see mouth guardとあり、またマウスピース(mouthpiece)では記述はみられない。

　しかし文献的には、Medlineでは2000年10月現在で、1965年までの範囲での検索でmouthgurad 645編、mouthprotecor 637編、mouthpiece 143編である。しかしながら、このなかにはスポーツには関係しない医科領域のものも含まれている。

　米国歯科医師会(American Dental Association：ADA)の文章においてもマウスガード、マウスプロテクターのいずれもが用いられている。

　一方、米国スポーツ歯科医学会(Academy for Sports Dentistry：ASD)では、マウスガードという言葉を用いており、マウスガードの種類を、stock(ストック)、boil and bite(マウスフォームド)、vacuum custom made(カスタムメイド)、pressure laminated custom made(ラミネート)の4種に分けて説明している(内容については後述)。また学会が各大学の歯学部やADAに向けて出している提言においても「マウスガード」という用語を用いている。わが国においても、スポーツ歯科医学会において「マウスガード」という用語がもっとも多く使用されている。

（2）マウスガードと類似しているが使用目的の異なる装置
　　　［ナイトガード、スプリント、バイトプレーンとマウスガード］

　The glossary of prosthodontic terms 7thにおいてこれらの言葉の定義を調べてみると、ナイトガードならびにスプリントについては、see occlusal deviceとある。

　　　Occlusal device : any removable artificial occlusal surface used for diagnosis or therapy affecting the relationship of the mandible to maxillae. It may be used for occlusal stabilization, for treatment of temporomandibular disorders, or to prevent wear of the dentition「咬合装置：可撤性の人工的な咬合面を有する装置であり上下顎関係を変化させて診断、治療を行うもの。咬合の安定、顎関節症の治療、歯の磨耗の予防などを目的とする」

　先のマウスガードなどの場合と異なり、外傷の予防は当然目的として含まれていない。

　これらを使用する材料の性質から分けると、一般にはナイトガードとマウスガードは軟らかく

弾性を有する材料を用いるものであり、スプリントあるいはバイトプレーンは硬い材料を用いるものと考えられていることが多い。

マウスガードにおいて弾性を有する材料を用いるのは、衝撃の分散ならびに吸収が目的であり、その効果が期待できる。反面、弾性を有する材料であるため、歯列弓内での咬合力の分布が天然歯やハードスプリントとは異なり均等化する(前田ら、1990)[2]。このことは、弾性が噛みしめ時の顎位の変化を許容することとあいまって、顆頭位に影響を及ぼす可能性がある(Yonehataら、1999)[3]。

このため、マウスガードを長時間装着することは顎関節に何らかの問題を生じる恐れがあり、すすめられない。同様に、弾性材料をナイトガードとして使用することも注意しなければならない。Okesonの報告(1987)[4]においても、ハードタイプスプリントを装着した場合には10名中8名で筋活動の減少がみられたのに対して、ソフトタイプでは逆に5名で筋活動の増加が認められたとしている。

■参考文献
1) The glossary of prosthodontic terms 7th edition (JPD81：1).
2) 前田芳信,他：マウスガードの装着が咬合力の分布に与える影響,阪大歯誌,35：557-563,1990.
3) Yonehata Y, Maeda Y, Murakami S: Condyle displacement resultingfrom soft splint/mouthguard placement : A radiographic and biomechanical analysis, ICP (1999).
4) Okeson JP: The effect of hard and soft occlusal splints on nontural bruxism, JADA 114 : 788-791, 1987.

3) マウスガード普及への取り組み

外傷の予防、軽減の効果が期待できるマウスガードではあるが、まだマウスガードの装着率は低い。その原因としては、

① マウスガードに関する一般市民の認識が不足している。
② マウスガードに関する親、コーチ、トレーナー、選手の認識が不足している。
③ ルールによってマウスガードの装着を義務としている競技種目が限られている
④ 使用されているマウスガードの多くがスポーツ用品店で入手可能な半既成品であり、選手自ら口腔内に適合させるため、適合不良となりやすい。このことが違和感などにつながり、使用されない原因となっている。
⑤ マウスガードの製作を希望して歯科医院を訪れても、正しく製作あるいは装着、調整がなされていない場合がある(これは現在の歯学教育ではスポーツ歯学の講義、実習が含まれないことが多いためと考えられる)。
⑥ 小児、矯正患者に対応するマウスガードについて、十分な考慮がされていない。

などが考えられる。

このような状況に対して、これまでにもマウスガードの装着率を改善するために様々な普及活動が実施されてきている。

(1) オーストラリアの場合

　マウスガード普及における取り組み方の姿勢は各国で異なっている。なかでももっとも積極的なのが、ラグビーの盛んなオーストラリアならびにニュージーランドである。そこで、2000年のシドニーオリンピックで歯科サービスの中心的な役割を果たしたDr.Droneyから得られた資料の一部を紹介する。

「マウスガードに関する声明」：オーストラリア歯科医師会
　　　「歯列模型上以外で製作されたマウスガードは受け入れられない。それらは飲み込む危険性があり、維持の乏しさから単一の歯の接触につながり効果的な予防法として適していない」

「頭ならびに脳に対するスポーツ外傷に関する声明」：オーストラリアスポーツ医学会
　　　「すべてのコンタクトスポーツに参加する選手は、顎口腔の外傷ばかりでなく脳震盪の発症を減少させる効果が立証されている、歯科医師によって製作調整されたマウスガードを装着することが推奨される」

「カスタムメイドタイプマウスガードの定義」：オーストラリアならびにニュージーランド
　　　「目的に適した材料を使用して、片顎あるいは上下顎の模型を用いて製作したマウスガード」

　1997年には、オーストラリアならびにニュージーランド共同の委員会が構成されマウスガードに関する基準を設定している。そこにはマウスガードの使用目的、定義（前述）、デザイン、使用材料の必要条件が記されている（Australia / New Zealand Standard Mouthguards Part1：Custom-fabricated mouthguards 1997）。

(2) 米国の場合

　米国では、ASD（図 II-3）が中心とななって普及活動を行っており、以下のような提言を行うとともに、各地でマウスガードの義務化を含む普及プログラムを展開している。

「スポーツ歯学とは」（ASD、1999/2/6）
　　　―スポーツ歯学とは、スポーツ活動時の顎顔面口腔領域の外傷ならびに関連する病変の治療と、これらの障害に関する情報の収集と広報を行うとともに、それらの予防のための研究を援助することである。

「歯学教育について」（ASD、1999/2/6）
　　　―正確に適合したマウスガード（Properly fitted mouthguards）、すなわち良好な適合を有したマウスガードを提供するためには教育と人材が重要である。1989年に行った調査では全米の歯学部のわずか3分の1でしかマウスガードの製作に関する教育は行われていなかった。ASDは歯学部のカリキュラムのなかに正確な適合を有したマウスガードの製作（講義と実習）に関連する項目を含むことを支援するものである。ASDはAASD（全米歯学部連盟）ならびにADAの歯科教育部会が、スポーツ歯学のカリキュラムガイドラインを、卒前教育に採用することを推奨するものである。

図 II-3：米国スポーツ歯科医学会（Academy for Sports Dentistry：ASD）のマーク。

　なお、最新のNCAA（National Collegiate Athletic Association：全米大学スポーツ協会）のルールブックにおいては、単なるマウスガードの装着ではなく、正確に適合したマウスガード（Properly fitted mouthguards）の装着を提唱している。具体的な活動としては、1965年に、アメリカンフットボール（大学生のレベル）でマウスガードを義務化している。イリノイ州ではKumamotoらを中心に、またカリフォルニア州では歯科医師会（California Dental Association：CDA）により1992年からマウスガードプログラムが進められている。CDAのマウスガードプログラムは、
① CDAが口腔顔面の防具（マウスガード、フェイスガード）の使用を支持する
② CDAの会員が地域の青少年のスポーツ団体に参加して防具の使用をすすめる
③ 地域の保健当局に、正式な政策として運動選手に防具の装着をすすめさせる
ことにより運動選手ばかりでなく、親、コーチ、行政当局、スポーツ団体の役員をもターゲットにして、口腔顎面領域の外傷の危険性の認識、カスタムメイドタイプマウスガードの使用頻度を高めるとともに、義務化を促進することを目的としている。また、普及活動のためのスライドやビデオテープを作製し提供している（www.sprotsdentistry.com）。
　ミネソタ州では、Kvittemらが地域の高校生のアメリカンフットボールプレーヤーを対象にプログラムを実践し、その結果を通して一般開業医に対する提言をまとめている。

豆知識①　　　　　◆マウスガードは上顎につけるもの？◆

　外傷発生頻度が高いのは上顎前歯部であるので、マウスガードは通常、上顎に装着するのが一般的である。ちなみに、アメリカンフットボールの公式規則には「口の内部に入れ、すべての上顎歯を覆うマウスピース」と記載されている。
　上下顎に装着するマウスガード（バイマキシラリータイプ）の報告もあるが、プレー中は常に咬合しているとは限らず、呼吸・発音障害も大きいと考えられる。
　用途、目的、によって下顎タイプ、上下顎タイプも可能であるが、その効用と障害をよく考慮して適用しなければならない。

第Ⅱ章　マウスガードの基礎知識

「開業医への提言」(Kvittemら、ミネソタ州)
① すべての来院患者に対して患者がスポーツをするか、またどのようなスポーツなのかを聞く
② スポーツ時には口腔内外に外傷を起こす可能性があることを伝える
③ マウスガードの使用をすすめる
④ 外傷を受けた場合にはスポーツを再開する際のコンサルタントとなる
⑤ カスタムメイドタイプのマウスガードをすすめる

(3) 日本の場合

　わが国においても、各地でスポーツ歯学への取り組みがなされ始めている。なかでも愛知県歯科医師会[1]の取り組みは積極的であり、スポーツ・健康づくり歯学協議会ならびにスポーツ歯科医学研究所歯科室が設立され、年1回の研究会を始め、会員に対するマウスガード作製の講習などを行っている。また、岩手県歯科医師会[2]においてもマウスガードの普及活動が開始され、さらに福岡県ではマウスガード製作のネットワークづくり[3]が始まっている。同様な試みは各地でも始まっており、今後さらにこのような活動が盛んになるものと考えられる。

　また大阪では、マウスガード(MG)カンファレンス[4]が1999年より開かれ、スポーツ歯学、マウスガードに関する情報の交換とネットワークづくりが始まっている。

■連絡先
　① 社団法人愛知県歯科医師会　　TEL：052-962-8020
　② 社団法人岩手県歯科医師会　　TEL：019-652-1451
　③ 福岡スポーツマウスガード研究会　北川歯科医院　TEL，FAX：092-851-4178
　④ MGカンファレンス事務局(大阪大学歯学部附属病院口腔総合診療部)　TEL：06-6879-2386，FAX：06-6879-2387

4) スポーツ歯学、マウスガードに関する情報の入手方法

　現在、スポーツ歯学ならびにマウスガードに関する最新の情報は、以下の各学会および研究会に参加することで得ることができる。

① 米国スポーツ歯科医学会(Academy for Sports Dentistry：ASD)[5]
　　1983年に設立された学会で年1回のミーティングが開かれる。
② スポーツ歯科医学会[6]
　　1985年にスポーツ歯学研究会として発足し、2000年よりスポーツ歯科医学会と改称した。年1回の学会を開催すると同時に機関誌(スポーツ歯学誌)を発行している。
③ マウスガードカンファレンス(MGカンファレンス)[7]
　　1999年から年1回大阪で開催しているスポーツ歯学、マウスガードに関する情報交換を目的とした研究会。とくにマウスガードの製作などの実際に重点を置いている。

■連絡先
　⑤ Academy for Sports Dentistry(ASD)：875 N. Michigan Ave, Suite 404 Chicago, Illinois 60611-1901 USA、Phone：(217)-824-4990
　⑥ 東京医科歯科大学大学院スポーツ医歯学分野　TEL：03-5803-5867
　⑦ 大阪大学歯学部附属病院口腔総合診療部　TEL：06-6879-2386，FAX：06-6879-2387

2. マウスガードの種類

　マウスガードは、ボクシング競技において使用されたのが最初といわれる。マウスガードの原型となるものは1900年以前に存在し、1920年以前に歯型上でのマウスガード製作を行っていた歯科医師がいたようである。しかし、製作法が文献として登場するのは1930年のことである。当時のマウスガードはゴム製であった。現在、もっとも一般的な材料はEVA樹脂（エチレン酢酸ビニル共重合樹脂）である。EVAは熱可塑性の軟質材料であるため、成型しやすいことから広く使用されているようである。口腔内に使用する材料であるから、無毒であるというのも不可欠な条件であるが、反面、新しい材料を開発する上での足枷ともなっている。

　なお、マウスガードは、製作法によって次のように分類される。

① ストックタイプ（図II-4a、b）
② マウスフォームドタイプ（図II-5、6）
　1. Boil&Biteタイプ
　2. シェルライナータイプ
③ カスタムメイドタイプ
　1. シート圧接法
　2. ワックスアップ法

　ストックタイプは、既成のものをそのまま装着するタイプで、マウスフォームドタイプは、選手自身が口腔内で成型するものである。ストックタイプ、マウスフォームドタイプともにスポーツ用品店などでの購入が可能である。しかし、現在ストックタイプは非常に稀であり、マウスフォームドタイプ、とくにBoil&Biteタイプが一般的となっている。Boil&Biteタイプとは、その名のとおり、熱湯に浸けて軟化したものを口腔内で噛んで成型するものである。

　マウスフォームドタイプしか使用したことがない選手は、マウスガードは気持ち悪い、しゃべりにくい、外れやすい、と悪いイメージをもっている場合が多い。そのため、マウスガードの装着を敬遠しがちになり、これがマウスガードが定着しない一因となっている。マウスフォームドタイプでも、適切な方法で行えば多少の改善は可能である（第VIII章「1．マウスフォームドタイプの上手なつくり方」参照）。しかし、もちろんカスタムメイドタイプにはかなわない。

　一方、カスタムメイドタイプは、個々の歯列模型上で製作するものである。当然、適合性はマウスフォームドタイプに比べ良好であるため、維持力があり、装着感がよい（表II-2）。また、外傷予防効果にも優れるとされる。歯科医師による細部のデザイン、調整が可能であり、選手がマウスガードに対してもつ不満（表II-3）を、消失あるいは軽減させることができる。

表 II-2：マウスフォームドタイプとカスタムメイドタイプ

	マウスフォームドタイプ	カスタムメイドタイプ
入手場所	スポーツ用品店等	歯科医院
製作方法	使用者自身で成型	印象採得し模型上で製作
調整	不可or難	可
適合性	×	○
維持力	×	○
装着感	×	○
外傷予防効果	△	○
入手の容易さ	○	△

表 II-3：選手のマウスガードへの不満

- 異物感が強い、気持ちが悪い
- しゃべりにくい
- 呼吸しにくい
- 外れやすい

1）マウスフォームドタイプ

（1）Boil&Bite タイプ（図 II-4a～11）

　熱可塑性ともいう。既製品を湯に浸けて軟化し、口腔内で成型するタイプである。スポーツ用品店で手に入るものとしてもっとも一般的である。一度体験してみるとわかるが、熱湯で軟化した熱々のマウスガードを口腔内に挿入するには少々勇気が必要で、軽い火傷をする選手も少なくない。また、上手に成型するのは非常に難しい。辺縁が浮いてしまい、内面もぴったりとは合わず、少し開口するだけで外れてしまう場合もある。

　マウスガード装着義務のあるスポーツ（マウスガードを装着しないと試合、競技に参加できない）の選手にはポピュラーなようである。容易に手に入り、安価なためである。このタイプのマウスガードを使用している者のなかには、カスタムメイドタイプの存在を知らない者もおり、マウスガードのイメージを悪いものとしている場合（表 II-3 参照）がある。

　シンプルなもの（図 II-7、8）から、ストラップがついているもの（図 II-9）、厚みが確保できるようビーズが封入してあるもの（図 II-10）、衝撃吸収や呼吸のための工夫を凝らしてあるもの（図 II-11）まで、様々な商品がある。

2. マウスガードの種類

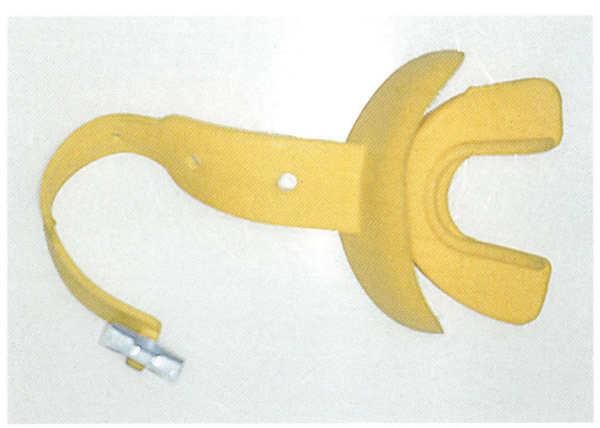

図 II-4a、b：ストックタイプマウスガードの一例。馬蹄形のプレートの部分を噛んで保持するようになっている。口腔外に位置するリップガードとストラップがついている。

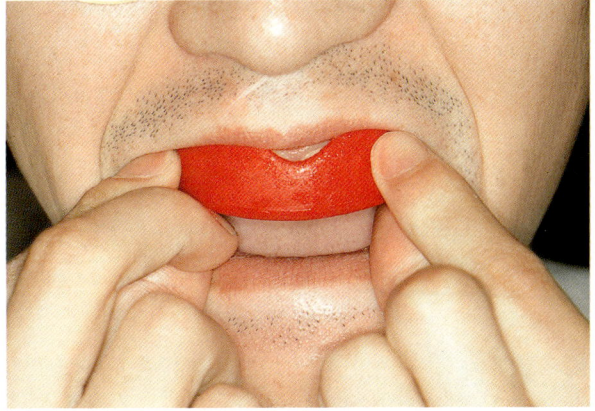

図 II-5：マウスフォームドタイプ。熱湯に浸けて軟化する。

図 II-6：軟化したらすぐに口腔内で成型する。

図 II-7：Boil&Biteタイプ。シンプルな例(ウィニング社)。

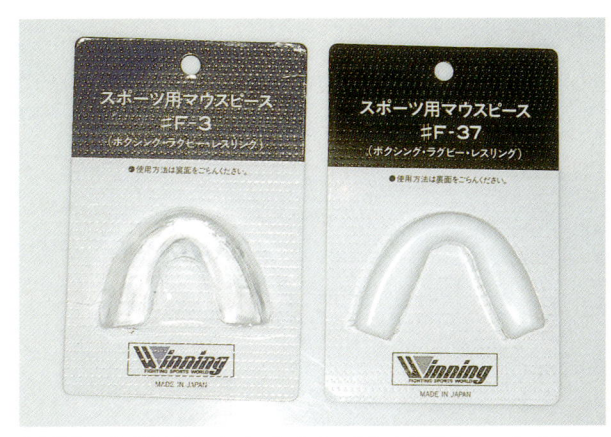

図 II-8：Boil&Biteタイプ。マウスガードが2個、ケースが1個入っている(マルチスポーツマウスガード；メッカ社)。

(2) シェルライナータイプ (図 II-12〜15)

シェルに練ったシリコーンを盛り、口腔内に圧接、硬化させることで内面を適合させるタイプ。

第Ⅱ章　マウスガードの基礎知識

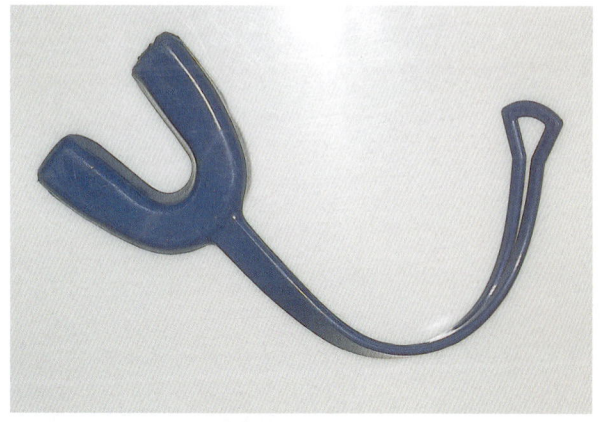

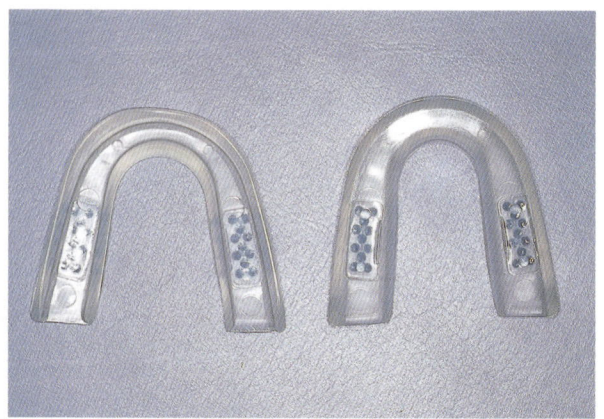

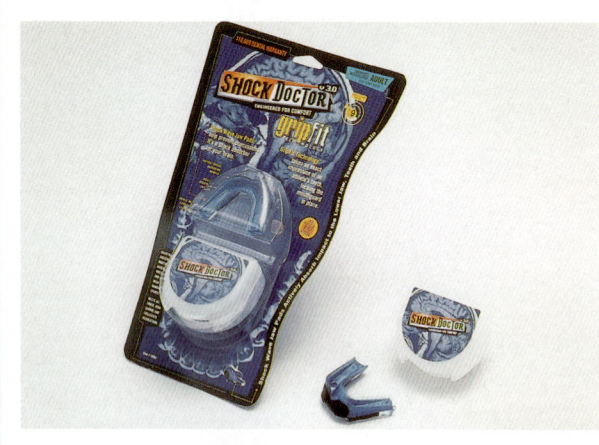

図 II-9（上左）：Boil&Biteタイプ。ストラップ付き。
図 II-10（上右）：Boil&Biteタイプ。ビーズ状のバイトアップリテーナーにより厚みがキープできる（モルテクター1；モルテンメディカル社）。
図 II-11（左）：Boil&Biteタイプ。衝撃吸収、呼吸のための様々な工夫が凝らされている。本当に効果があるかは不明。ケース付き（ショックドクター・バージョン3；メッカ社）。

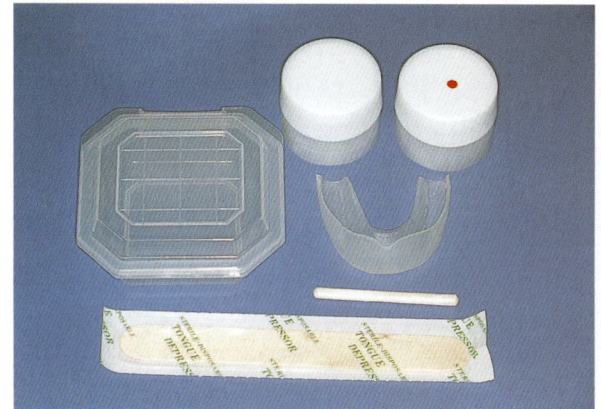

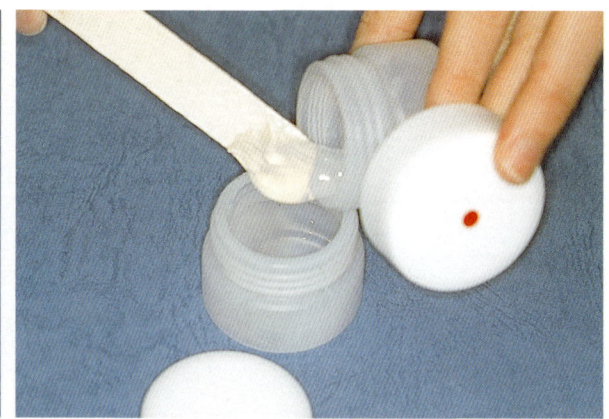

図 II-12：シェルライナータイプ。シリコーン、シェル、練和用スティック、ヘラ、ケースがセットになっている（ウィニング社）。　*図 II-13*：2種のペーストを練和する（ウィニング社）。

内面の適合はよいため維持力は高いが、咬合面の調整、厚みの調整ができず、かなりかさばる感じになる。比較的高価である。

2）カスタムメイドタイプ

　カスタムメイドタイプの製作法で共通しているのは、印象採得し作業模型を製作することであ

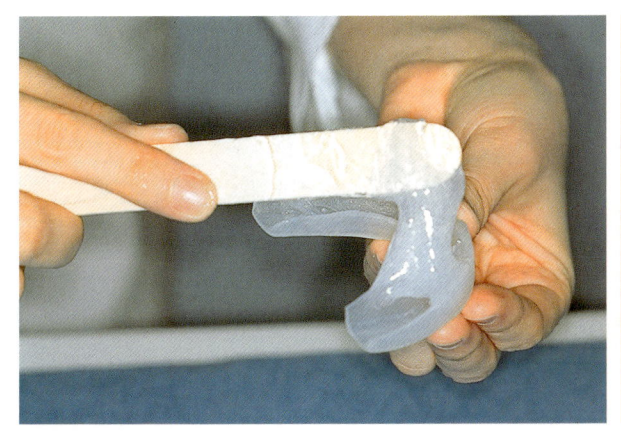

図 II-14：シェルライナータイプ。シェルにペーストを盛る（ウィニング社）。

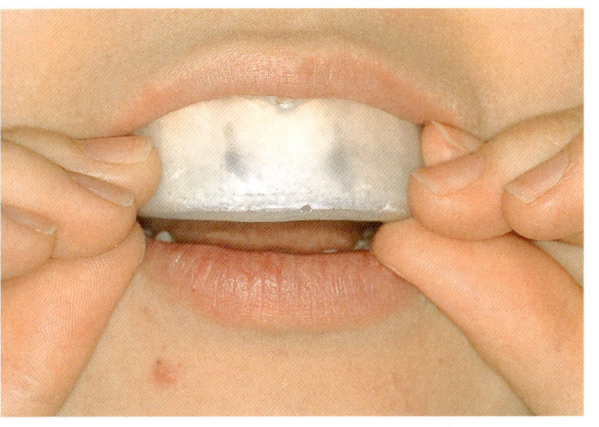

図 II-15：ペーストを盛ったシェルを歯列に圧接する。ある程度硬化すれば、最終硬化は湯に浸けて行う（ウィニング社）。

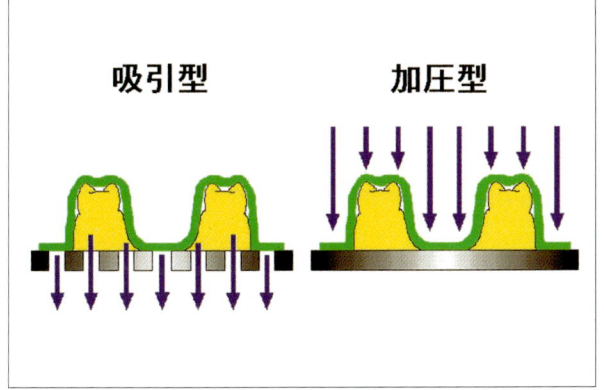

図 II-16：EVAシート成型器：吸引型、加圧型のシェーマ。圧接した瞬間にシートと作業模型の間に入ってしまう空気を、吸引型では模型の下部より模型を通して陰圧で引き、加圧型ではシートの上部より陽圧（2～8気圧）で押さえ付ける。

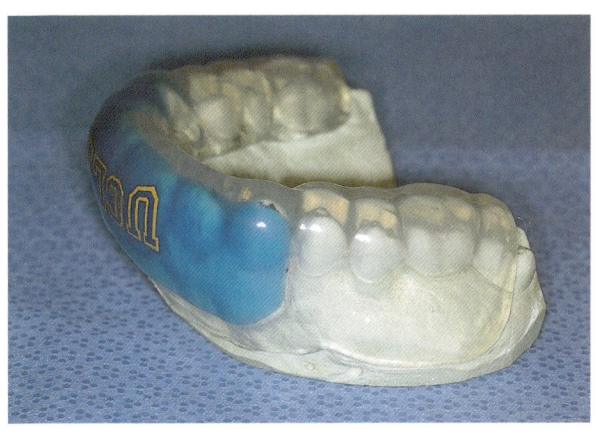

図 II-17：ラミネートマウスガード。シートを何層か重ねて成型していく。層と層の間にシールを封入することにより、名前や模様を入れることができる。加圧型シート圧接器を用いる。

る。主要なものとしては、(1) シート圧接法：加熱軟化したEVAシートを石膏模型に圧接する方法と、(2) ワックスアップ法：模型上でワックスアップし、埋没、塡入する方法、の2種類がある。操作が簡便であることから、現在ではシート圧接法が一般的であり、様々なシート成型器が市販されている。

(1) シート圧接法(図 II-16、17)

加熱軟化したEVAシートを石膏模型に圧接、成型する方法である。シート成型器は、シートを加熱軟化するためのヒーターと、軟化したシートとを圧接する機構からなっている。圧接機構の違いにより、模型の下部から陰圧で吸引するタイプ（吸引型）と、シートの上から加圧するタイ

第Ⅱ章　マウスガードの基礎知識

図 II-18：円形シート。主に加圧型シート成型器で使用する。

図 II-19：角形シート。主に吸引型シート成型器で使用する。

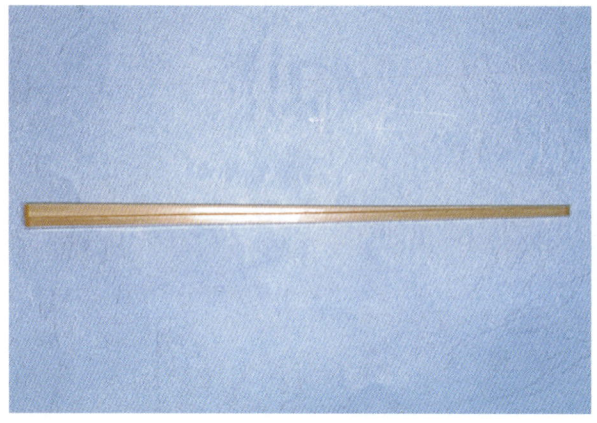

図 II-20：マウスガードシート。臼歯部〜前歯部への厚みの変化を想定し、2.0〜5.0mmの勾配がついている（サンスター）。

図 II-21：歯列の形態に合わせて前歯部（5.0mm）〜臼歯部（4.0mm）に厚みの勾配がついている。プラットフォームシート（モルテンメディカル社）。

図 II-22：模様のあるシート。ドゥルフォソフト　トリカラー（ドレーブ社）。

図 II-23：模様のあるシート。フィットガード（マートリーダー社）。

プ（加圧型）の2タイプの器械がある（図II-16）。
　加圧型では、2〜8気圧という高圧で圧接するため、吸引型よりも適合性が良好であるとされる。

2．マウスガードの種類

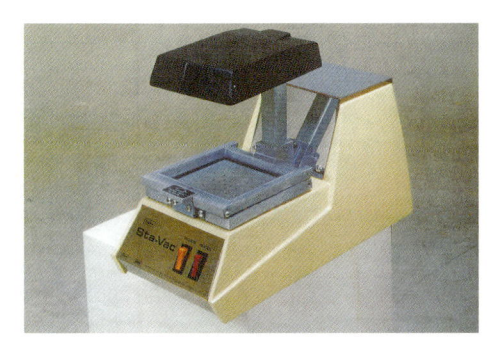

図 II-24（上）：吸引型シート成型器。スターバック（バッファロー社）。
図 II-25（中央）：吸引型シート成型器。バキュームフォーマー（T&S社）。
図 II-26（右）：吸引型シート成型器。バキュームフォーマー（プロフォーム社）。

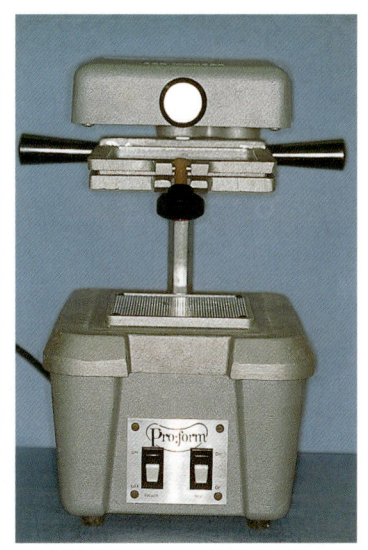

しかし、吸引型を用いてもポイントさえ押さえればマウスガードに十分な適合を得ることは可能である。それよりも加圧型の大きな特徴は、ラミネートマウスガード（第V章「3．ラミネートマウスガードの製作方法」）を製作できる点にある。加圧型では、成型したシートの上にさらにシートを重ねてシートを成型すること（＝ラミネート）ができるのである（*図 II-17*）。

詳しい製作法については後の章で述べる。ここでは、EVAシート圧接法で用いる市販材料（EVAシート）と市販器械（シート成型器）を紹介する。

シート材料
① EVAシート（*図 II-18〜23*）

器械によりフレームが円形のものと正方形のものがある。色や厚みは様々なものがある。
● 形：円形（主に加圧型シート成型器で使用する）と角形（主に吸引型シート圧接機で使用する）がある。角形シートには、前後的に厚みに勾配がついているものもある。
● 厚み：4mm前後のものが多いが、様々な厚みのものがある。成型時に延ばされ薄くなることを考慮して厚みを選択する。前述のように厚みに勾配のついている製品もある。厚みに勾配があるシートは均一な軟化が難しい。
● 色：クリアがもっとも多いが、他にも様々な色がある。単色ではなく、2〜3色の模様になっているものもある。

シート成型器
① 吸引型シート成型器（*図 II-24〜26*）

上部のヒーター、シートを保持するフレーム、下部の吸引モーター部からなるシンプルな機構である。シートが圧接されていく様子が目で確認できる。価格は5万円台からあり手頃である。作業模型の下部からの吸引であるので、模型の通気性がマウスガードの適合性を得るためのキーポイントとなる。

② 加圧型シート成型器（*図 II-27〜29*）

シートを加熱軟化するヒータ部とシートを加圧圧接する機構よりなる。器械により操作が

第Ⅱ章　マウスガードの基礎知識

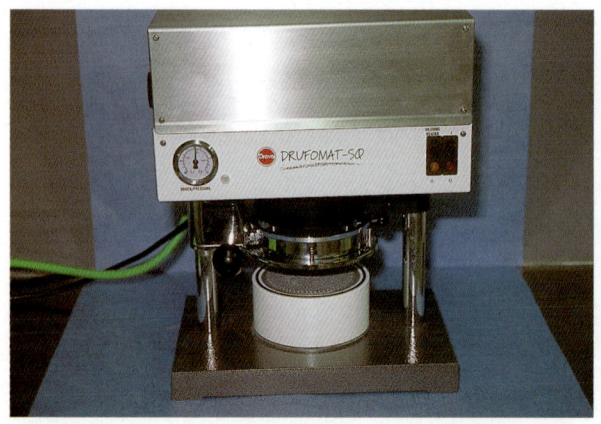

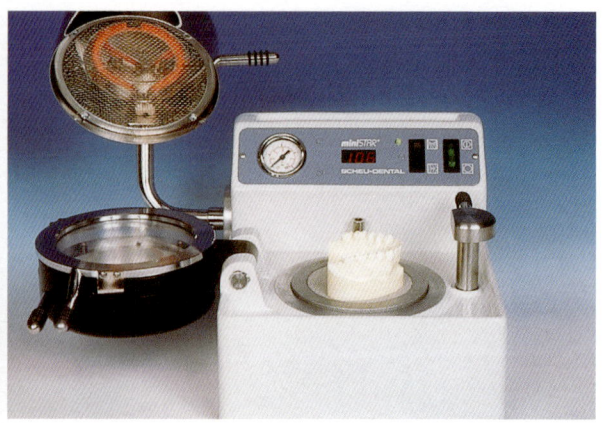

図 *II-27*（上左）：加圧型シート成型器。ドゥルフォマット（ドレーブ社）。

図 *II-28*（上右）：加圧型シート成型器。ミニスター（ショイデンタル社）。

図 *II-29*（左）：加圧型シート成型器。エルコプレス（エルコデント社）。

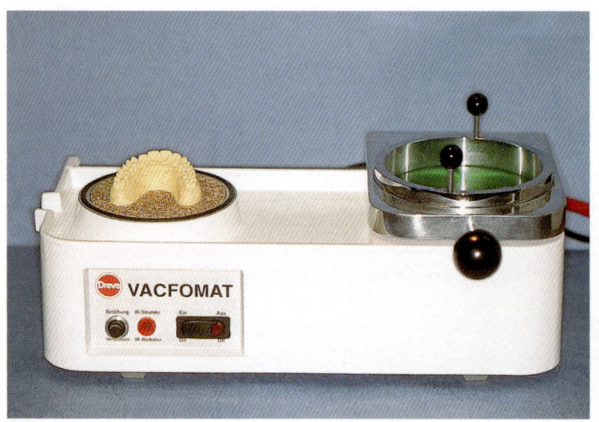

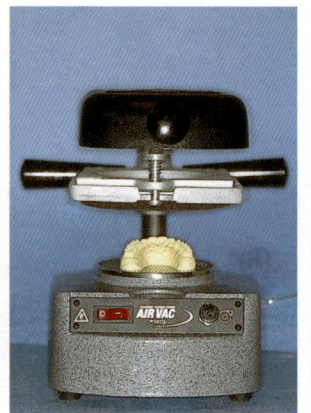

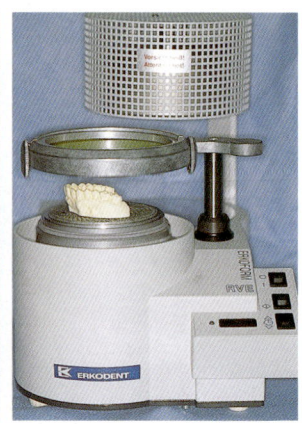

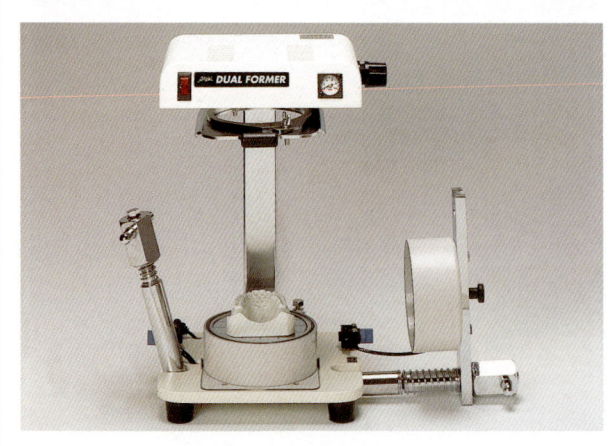

図 *II-30*（上左）：改良吸引型シート成型器。バキュフォマット（ドレーブ社）。

図 *II-31*（上中）：改良吸引型シート成型器。エアバック（ミジー社）。

図 *II-32*（上右）：改良吸引型シート成型器。エルコフォーム（エルコデント社）。

図 *II-33*（左）：吸引加圧両用型シート成型器。デュアルフォーマー（大榮歯科産業）。

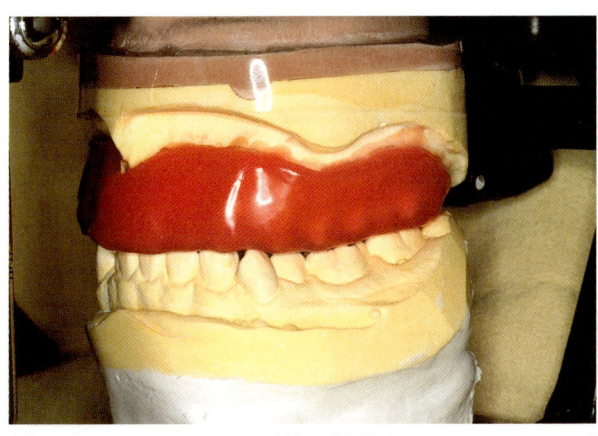

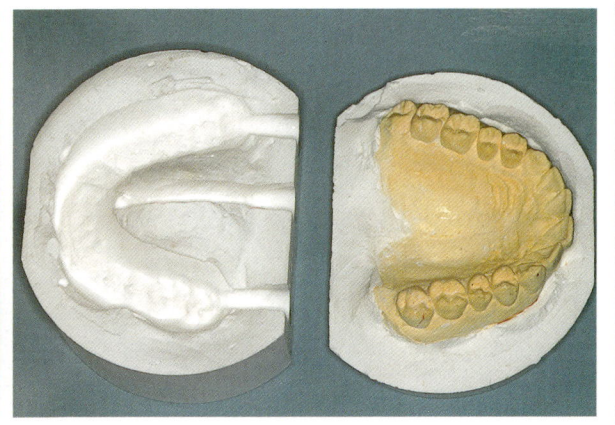

図 II-34：ワックスアップ法。模型上でワックスアップを行う。

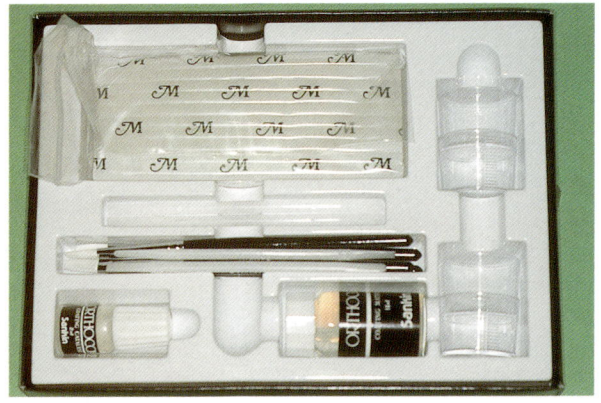

図 II-35：ワックスアップ法。義歯と同様に埋没を行う。

図 II-36：ワックスアップ法。モルテノ（モルテンメディカル社）。

図 II-37：ワックスアップ法。オーソコン（三金工業）。

異なる。価格は40万円前後と高価で、別にエアコンプレッサーが必要である。シート上部から加圧するため、ラミネートが可能であり、模型の通気性については吸引型ほどの配慮は必要ない。

シート成型器のタイプは、前述のように、吸引型と加圧型の2タイプに分類される。しかし最近、従来の吸引型とは一線を画する吸引型が発売され始めている。最新の器械であり、それぞれの特徴の評価にはまだしばらくの時間を要するため、ここでは「改良吸引型」として別に紹介する。改良吸引型には、従来の吸引型→加圧型→改良吸引型という変遷をたどってきたことをうかがわせる様々な工夫が見受けられる。

また、吸引圧接にも加圧圧接にも使用できるという吸引加圧両用型シート成型器もここで紹介しておく。

● 改良吸引型シート成型器（図 II-30〜32）

"模型の下部からの吸引でシートを圧接する"という点では、紛れもない吸引型なのであるが、吸引力が強い、円形シートを使用する（あるいは、使用できる）、ラミネートマウスガード

第Ⅱ章　マウスガードの基礎知識

図 II-38：簡易吸引型圧接器。バキュームパックキットⅡ（松風）。

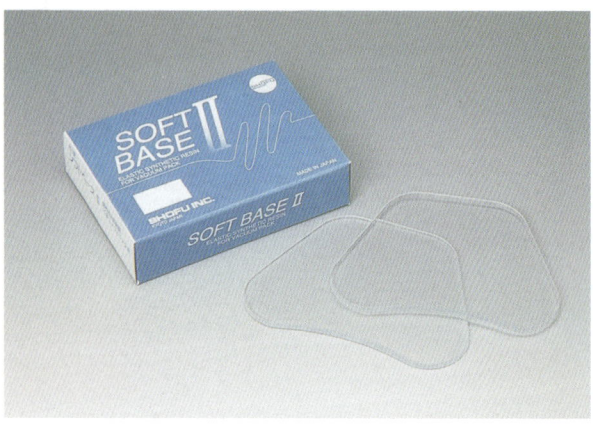

図 II-39：松風ソフトベースⅡ。バキュームパックに使用するシート（松風）。

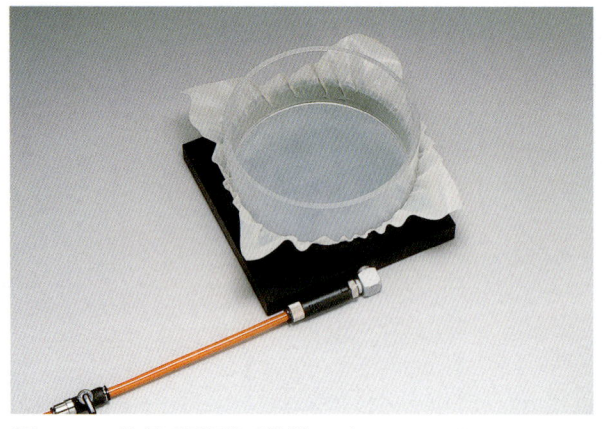

図 II-40：簡易吸引型圧接器。ジーシーバキュームフォーマー（ジーシー社）。

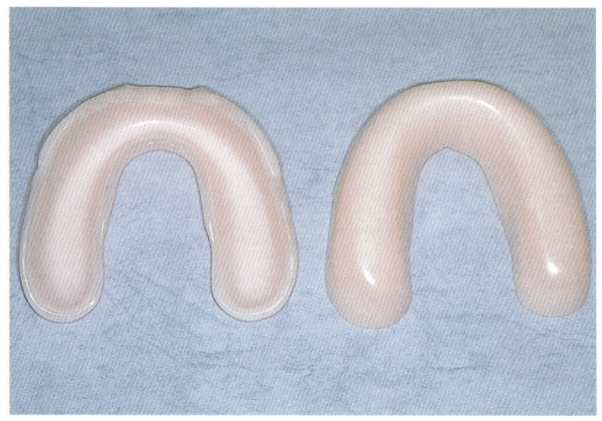

図 II-41：簡易吸引型用シート。ジーシーマウスプロテクター（ジーシー社）。もともと馬蹄形をしている。これを軟化し、ジーシーバキュームフォーマー（図 I-61）にて吸引圧接する。

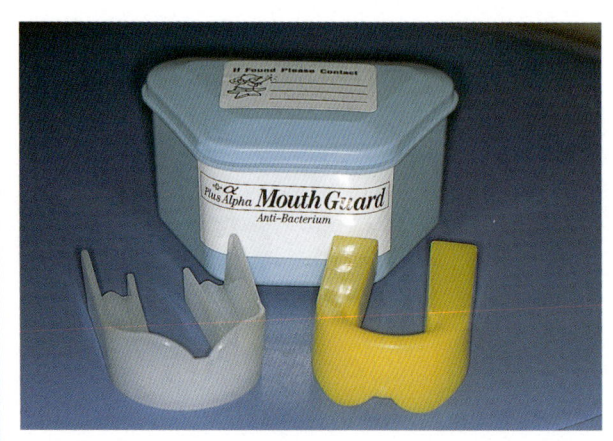

図 II-42：半既成型簡易圧接型。＋αマウスガード（サンメディカル社）。

を製作できる、など、明らかに従来の吸引型とは異なる特徴をもっている。

●吸引加圧両用型シート成型器（図 II-33）

　吸引型としても、加圧型としても使用できる成型器である。このようなタイプは珍しい。

（2）ワックスアップ法 (図 II-1-33〜37)

　模型上でワックスアップし、埋没、重合する方法（第Ⅴ章「4．ワックスアップ法」参照）。ワックスアップにより厚みや形態の細かなデザインが可能である。しかし、シート圧接法と比較すると操作が煩雑であることが難点である。

（3）簡易吸引型圧接器 (図 II-1-38〜41)

　シートを軟化するヒーターはついていない。圧接のみを吸引で行う器械で、価格は2万円台である。シートはそれぞれのシステムのものを使用しなければならない。

（4）半既製型簡易圧接型 (図 II-42)

　Boil & Biteタイプ用の馬蹄形のシートを加熱軟化し、歯列模型に指で圧接して成型するもの。

豆知識②　　　　　　　◆ラミネートマウスガードはType 4か？◆

　ADA（米国歯科医師会）では次のように分類されている。
Type 1：ストックタイプ
Type 2：マウスフォームドタイプ、ボイルアンドバイトタイプ
Type 3：吸引型カスタムメイドタイプ
Type 4：加圧型ラミネートタイプ（カスタムメイドで数枚のシートを積層して製作するタイプ、第Ⅴ章「3．ラミネートマウスガードの製作方法」参照）
　カスタムメイドタイプの1種であるラミネートタイプを1つのタイプとして独立させている。ラミネートタイプでは、数枚のシートを重ねること、部分的な厚みの変化を付与することが可能である。しかし、もともと数枚のシートが重ね合わされた成型用シートが市販されているし、ワックスアップタイプでは厚みの変化は自由自在である。ゆえに、ラミネートタイプを別タイプとして分類することに対して異論を唱える者もいる。ただし、ラミネートタイプには硬度、色の異なるシートを積層することにより多様なデザインが容易であること、名前や模様の入ったシールを挿入することができることなど、他にも利点が多いことは事実である。

第Ⅱ章　マウスガードの基礎知識

豆知識③　　　◆自分好みの組み合わせを楽しむカスタムメイドシート◆

　シート圧接法で使用するシートの色は、目立たないようにとクリアを選択する場合も多いが、逆に好きな色やチームカラーを使用しファッション性を楽しむこともできる。そこがマウスガードのおもしろい点のひとつであるが、実際、市販されているシートは様々な色があるものの、1色のものがほとんどである。2～3色の模様の入ったものはあるが、組み合わせは限られている。そこで、ここでは好きな色の組み合わせができるカスタムメイドシートを紹介しよう。図Ⅱ-43 のようなオーダーフォーム（日機装）に色の組み合わせを書き込みオーダーすることができる。チームで色の組み合わせを決めれば、チームの連帯感も深まり、マウスガード装着のモチベーションにもなると考えられる。

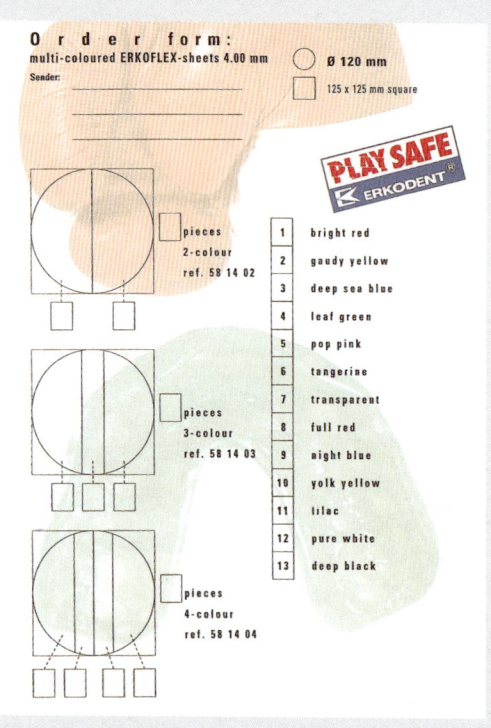

図Ⅱ-43：オーダーメイドシートのオーダー用紙。1～4色まで好きな色の組み合わせのシートをオーダーできる（日機装）。

図Ⅱ-44：オーダーに使用するシェードガイド。15色から組み合わせて選択できる。

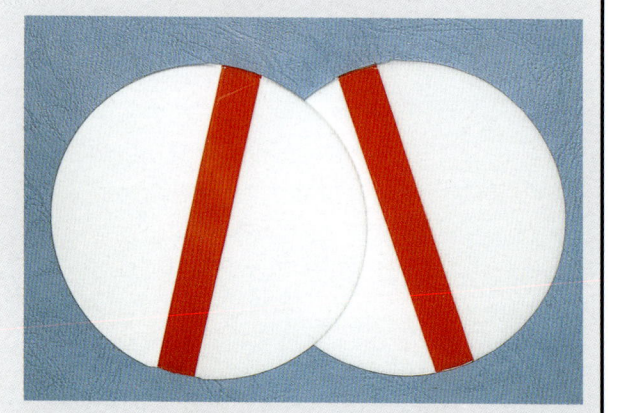

図Ⅱ-45：白と赤を選択し、中央に赤をストライプとした例。

2．マウスガードの種類

[マウスフォームドタイプ]

●Boil&Biteタイプ

商　品　名	取り扱い会社	色	特　徴
マルチスポーツマウスガード	メッカ	クリア（バンパー白）	2個入り
ショックドクター・ヴァージョン1	メッカ	本体半透明なブラック	前面にバンパーあり
		クレイトンバンパーレッド	
ショックドクター・ヴァージョン2	メッカ	本体クリア	前面にバンパーあり
		クレイトンバンパーブラック	咬合面にもクレイトンラバーを採用
ショックドクター・ヴァージョン3	メッカ	本体ブルー	咬合面は波型のクレイトンラバーを採用
		クレイトンバンパーブラック	
スポーツ用マウスピースF-3	ウィニング	クリア	
スポーツ用マウスピースF-37	ウィニング	ホワイト	
スポーツ用マウスピースP-700	ウィニング	クリア＋ホワイト	前歯部分の下に隙間あり
エアマウスガードTJ5565	ソニー企業	ホワイト	
マウスガード・オールパーパスTJ5522	ソニー企業	ナチュラル	
マウスガード・ユースTJ5532	ソニー企業	ナチュラル	
モルテクター1	モルテンメディカル	イエロー、クリア、ブルー、ブラック	バイトアップリテーナー（ビーズ状）により厚みがキープできる
マウスピース	ミズノ	クリア	ケース付き
マウスガードF-1854	コンバート	ホワイト	
マウスガードSP-771	セプター	クリア	
Muller GUARD	ムトーエンタープライズ	クリア	
カスタムフィット・マウスピース	クレーマージャパン	ブルー、レッド	
マウスピース	東海堂	クリア	米国製輸入品を独自の袋に入れて販売
マウスピースEL4405Eシングルタイプ	THINK	ホワイト、ブラック	
マウスピースEL4410Eダブルタイプ	THINK	ホワイト、ブラック	呼吸穴付き
518MGマウスピース	THINK	クリア	
US-120マウスピース	イサミ	クリア、ブラック、イエロー、レッド、ブルー	ケース付き

●シェルライナータイプ

商　品　名	取り扱い会社	色	特　徴
マウスガードSP-360	セプター	ホワイト	
ダブルシリコンマウスピースF-58	ウィニング	乳白色	
US-260マウスピース	イサミ	ホワイト	

第Ⅱ章　マウスガードの基礎知識

[圧接用シート]

● 角シート

商　品　名	取り扱い会社	色	厚　み	規格
プラスチックディスク	アルファメディカル	クリア	2.0mm	12
			3.0mm	12
			3.8mm	12
.040　マウスガード	デントレード	クリア	1.0mm	12
.080　マウスガード			2.0mm	12
.120　マウスガード			3.0mm	12
.150　マウスガード			3.8mm	12
.150　マウスガード		ホワイト、グリーン、ブルー、イエロー ブラック	3.8mm	12
.150　マウスガードポジショナー		クリア	3.8mm	12
0.040ソフト　EVAシート	モルテンメディカル	クリア	1.0mm	25
0.060ソフト　EVAシート			1.5mm	25
0.080ソフト　EVAシート			2.0mm	25
0.150ソフト　EVAシート			4.0mm	12
スターガードマテリアル	三金工業	乳白色（半透明）	3.8mm	12
フィットガード　1色	マートリーダー	オレンジ、グリーン、イエロー ピンク、レッド、クリア	3.0mm	12
フィットガード　2色		ホワイト/レッド、ホワイト/ブルー ホワイト/グリーン、ブラック/レッド レッド/ブルー	4.0mm	1
フィットガード　3色		ブルー/イエロー/ブルー グリーン/クリア/イエロー レッド/ホワイト/レッド ブラック/グリーン/ホワイト ブルー/ホワイト/レッド	4.0mm	1
マウスガード用ジスク	山八歯材工業	クリア	1.0mm	12
			1.5mm	12
			2.0mm	24
			3.0mm	24
			3.8mm	12
		白、黄、緑、黒、橙、蛍光緑、蛍光橙、蛍光青 蛍光黄	3.8mm	12

● 角シート（勾配つき）

商　品　名	取り扱い会社	色	厚　み	規格
プラットフォームシート	モルテンメディカル	クリア、イエロー、ブルー、オレンジ、 ブラック	4.0〜5.0mm	25
サンスターマウスガードシート	サンスター	クリア、オレンジ	2.0〜5.0mm	12

2．マウスガードの種類

●円形シート

商　品　名	取り扱い会社	色	厚　み	規格
エルコフレックス	日機装	クリア	1.5mm	24
			2.0mm	12
			3.0mm	12
			4.0mm	6
カラーマウスガード		イエロー、グリーン、レッド、ブルー、アソート	2.0mm	12
			3.0mm	12
			4.0mm	6
		ブラック	2.0mm	12
		ホワイト	2.0mm	12
ドゥルフォソフト	ドレーブ	クリア	1.0mm	20
			1.5mm	20
			2.0mm	15
			3.0mm	10
			4.0mm	10
			5.0mm	15
ドゥルフォソフト　カラー		蛍光赤、蛍光緑、蛍光黄、青黄、黒、白、ピンク、紫、赤	3.0mm	10
ドゥルフォソフト　カラー		青、蛍光赤、蛍光緑	5.0mm	15
ドゥルフォソフト　プロ			3.0mm	20
ドゥルフォソフト　ビカラー		（黄黒黄）（白青白）（赤青赤）	3.0mm	3
ドゥルフォソフト　トリカラー		（黒赤金）（青白赤）（赤緑青）	3.0mm	3
バイオプラスト	モリタ	クリア	1.5mm	10
			2.0mm	10
			3.0mm	10
インプレロン "S"		クリア	0.5mm	10
			0.75mm	10
			1.0mm	10
			1.5mm	10
			2.0mm	10
			3.0mm	10
デュラソフト		クリア	1.8mm	10

[EVAシート成型器]

商　品　名	方　式	取り扱い会社
バキュームフォーマー	吸引型	デントレード
バキュームアダプターⅠ	吸引型	山八歯材工業
プロフォーム　バキュームフォーマー	吸引型	モルテンメディカル
デンティフォーマーⅡ	吸引型	FEED
Sta-Vac	吸引型	三金工業
ドゥルフォマットSQ	加圧型	ドレーブ
エルコプレスES-200E	加圧型	日機装
エルコプレスES-2002	加圧型	日機装
ミニスター	加圧型	モリタ
バキュフォマット	改良吸引型	ドレーブ
エルコフォームRVE	改良吸引型	日機装
AIR-VAC	改良吸引型	山八歯材工業
デュアルフォーマー	吸引／加圧	大榮歯科産業

第Ⅱ章　マウスガードの基礎知識

[ワックスアップタイプ]

商　品　名	取り扱い会社
モルテノ（MG-21）棒状（ホワイト、イエロー、ブルー）6本入り	モルテンメディカル
ヒーティングボックス	
アドフラスコ	
オーソコン　　　　キットL（ライト）　　　　　　　　　　　　キットM（ミディアム）　　　　　　　　　　　　キットH（ヘビー）	三金工業
イボカップ・エラストマー　STパック	白水貿易

[簡易吸引型]

●シート圧接機

商　品　名	取り扱い会社
バキュームパックキットⅡ	松風
ジーシーバキュームフォーマー	ジーシー

●シート

商　品　名	取り扱い会社	種　　類	厚　　み	色	規格
松風ソフトベースⅡ	松風	S（薄手）	1.5mm	クリア	12
		W（厚手）	3.0mm		6
ジーシー　マウスプロテクター	ジーシー	L（成人用）	L、Sに共通　前歯部唇側面3.5mm　臼歯部咬合面5.0mm	ピンク	6
		S（女性用、小・中学生用）			6

[簡易圧接型]

商　品　名	取り扱い会社	色	規格
+α（プラスアルファ）マウスガード	モリタ（アルファメディカル）	ホワイト　イエロー	3

3. マウスガード材料の基礎知識

　ここでは、マウスガードの製作において知っておかなければならない、材料の性質について述べる。まずマウスガードの製作に用いる材料について、次いで使用頻度の高いシート材料であるEVAについて詳しく述べる。

1）マウスガードの製作に用いる材料の性質とその選択基準

　現在使用されているマウスガードの材料としては以下のようなものが代表的である。
① 　エチレン酢酸ビニル共重合樹脂（EVA）
② 　シリコーン
③ 　ポリモルフィン
④ 　ポリウレタン

（1）マウスガード材料の選択

　上記の材料の選択には、次のような点から判断することになる。
① 　どの程度外傷を予防、軽減することができるか ――――▶ 衝撃吸収性
② 　どの程度使用することができるか ――――▶ 耐久性（強さ、吸水性など）
③ 　製作は容易か ――――▶ 操作性

（2）マウスガード材料の性質

　これらの点を判断する上で、材料に関する次のような言葉の意味を知っていると役立つ[5〜7]。
① 　引張り強さ：tensile strength：（MN/m^2）
　　　材料に引張りの荷重をかけて破断するする際の最大引張り応力。弾性領域と塑性領域があるが、弾性領域の大きさが耐久性にも関連する。
② 　伸び：elongation：（%）
　　　引張り試験における塑性変形率で、延性の指標になる。伸びが大きいと変形しやすいことになる。
③ 　引裂強度：tear strength：（N/cm）
　　　1枚のサンプルに切れ目を入れ、互いに反対方向に引張り引き裂けるまでの最大値。ちぎれにくさの指標となるため耐久性の面からは大きなものがよい。オーストラリア、ニュージーランド（A/Z）の基準では200N/cm以上必要であるとしている。
④ 　硬度：hardness shore A：（0〜100）
　　　ゴム質材料やプラスチック材料の硬さを示す指標で0から100で示す。硬度計の先端が材料を突き抜けた場合には0、少しのへこみもない場合は100となる。A/Zの基準では75から85で

表 II-4：マウスガードの材料学的データの例（文献8より引用）

	EVA	Poly urethane	Latex
tesile strength (MN/m^2)	6.9—13.8	18.6	5.0
elongation (%)	700—1000	450	780
tear strength (N/cm)	244—454	646	279
hardness, ShoreA	67—90	80	35
water sorptin (mg/cm^2)	0.1—0.4	2.8	—
energy absorption (cm-N)	30.4	46.2	20.2
energy absorption (%)	56	84	37

あるべきとしている。

⑤ 吸水性：water sorptin (mg/cm^2)

一定時間内にどの程度水分を吸収するかを示す指標。汚染や劣化につながるものであり吸収性が少ない方がよい。

⑥ 溶解性：water solubility：(mg/cm^2)

一定時間内にどの程度成分が溶出するかを示す指標であり、溶解性は低いほどよい。

⑦ エネルギー吸収率：impact energy absorption：(%)

衝撃荷重が加わった際に、材料を通してその何%が減衰されて伝えられたかを示す指標であり、その値が大きいほどよい。A/Zの基準では50%でなければならないとされている。

表 II-4 に示したものは、マウスガード材料の機械的な性質の例であるが、材料の選択の際にはこれらのデータを参考にして材料を選択することになる。

(3) シートの厚みと衝撃吸収性

マウスガードによる衝撃の吸収は、同一の材料であれば厚みがあるほど、その効果が高くなるとされている（石島ら、1990）[9]。しかしながら、とくに臼歯部での咬合面での厚みをあまり大きくすることは、安静空隙を侵害し、運動時に噛みしめる習慣のない選手ではかえって違和感を感じさせることになりかねない。逆に、薄くなると衝撃吸収効果は減少するので、ある程度の厚みを確保する必要がある。

(4) シートの硬さの条件

マウスガード材料の硬さを選択する場合には、硬さと衝撃の分散との関係に十分注意しなければならない。たとえば、軟らかな材料を用いて歯列を覆ったときに衝撃が加わった場合を想定すると、マウスガードに衝撃が伝わった際の緩和の効果は高いものの、その部分に集中することが考えられる。これに対して、硬い材料を用いた場合には、衝撃の緩和効果は小さいものの、全体に分散させる効果は期待できる（図 II-46、47）[10]。このように材料次第で差が生じることが考え

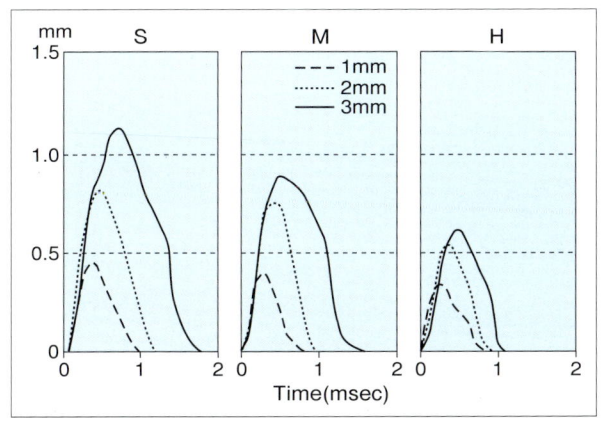

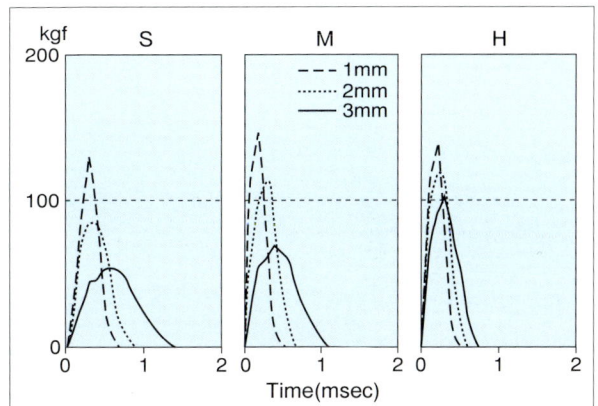

図 II-46（上）：材料の硬さによる変形の大きさの違い（S：ソフト、M：ミディアム、H：ハード）：軟らかな材料ほど変形は大きく、厚みが増すと変形量は増加する。

図 II-47（上右）：材料の硬さによる伝達される衝撃の時間的推移の違い。軟らかな材料では厚みが増すと伝達される衝撃の最大値は小さくなり長く持続するが、硬い材料では厚みが増しても変化は少なく、また持続時間も短時間である。

図 II-48（右）：H：ハード、M：ミディアム、S：ソフトの組み合わせの違いが衝撃の時間的推移に及ぼす影響。ハードの3mmの厚みのものと比べると、ソフトやミディアムの硬さのものが含まれた場合の方が衝撃は小さくなる。　　　　　（以上、文献10より改変して引用）

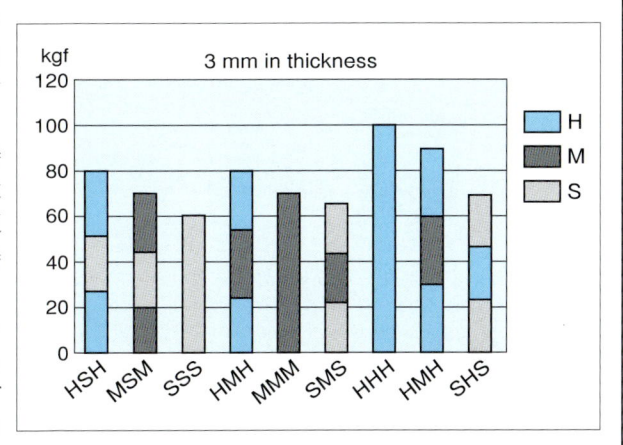

られることから、衝撃緩和か分散かの目的に応じた材料の選択が必要なことがわかる。また、部位的に硬さの違う材料を使用することも、衝撃の吸収分散には効果的な場合もあると考えられる。

（5）硬さの異なる材料の組み合わせについて

前述のように、シートの硬さの違いが衝撃の分散様相にも影響することを考え、これらを組み合わせて使用する、いわゆるHybrid（ハイブリッド）の構造にすることで両者の利点を生かす方法が考えられる。その効果については南部らの報告[10]があるが、そこでは、組み合わせた場合にも、硬い材質の影響が大きく、必ずしも軟らかい材料の効果が出ていないことがわかる（*図 II-48*）。

■参考文献
5) 歯科技工学辞典，医歯薬出版，1991.
6) O'Brien WJ : Dental Maeterials and Their Selection, Quintessence, 1997.
7) オーストラリア，ニュージーランドのマウスガードの製作基準より．
8) Craig R et al : Restorative dental materials, Mosby 1989.
9) 石島　勉，平井敏博，斉藤　実：カスタムメイド・マウスガード材料に関する基礎的研究　第1報　厚さについて，補綴誌36：116-125, 1990.
10) 南部敏之，他：第3回スポーツ歯学研究会，抄録集，7, 1992.

表II-5：マウスガード材料としてEVA12銘柄の使用の可否

VA%	20			25				30	
EVA	×	△	○	○	○		○	×	
		△		△	○	○		△	

表II-6：加温によるEVAマウスガード4種の変形開始温度

	A	B	C	D
マウスガード	75℃	75℃	80℃	80℃
EVA平板	70℃	70℃	70℃	75℃

2）EVA取り扱いの基礎知識

EVA(Ethylene—Vinyl Acetate Copolymer)はエチレンと酢酸ビニルの重合樹脂である。EVAは常温付近では硬質ブロック（エチレン）の働きで塑性変形を起こすため、軟質ブロック（酢酸ビニル）の働きが強化されエラストマー（弾性体）としての性質を示す。しかし、温度を上げると硬質ブロックが溶けるため、塑性が強くなり成型が可能となる。このような樹脂（プラスチック）を熱可塑性エラストマー（Thermoplastic Elastomer：TPE）といい、従来のゴムのように加硫操作を行わないため繰り返しの使用が可能である、新しいタイプのゴムといえる。

以下に、マウスガードを製作する上で知っておいた方がよいEVAの特性について述べる。

（1）酢酸ビニル含有量(VA%)

酢酸ビニル含有量（以下VA%）はゴム弾性を示す指標である。EVA12銘柄について、マウスガード材料として使用の可否を調べたのが表II-5である。VA%が20%以下になると弾性がなくなるとともに加圧成型が困難になる。逆に33%以上になると軟らかくなりすぎて変形しやすく、研磨が難しくなる。また、同じVA%でも違った結果を示すのは、メルトフローレイト（Melt Flow Rate）が異なるためと考えらる。MFRは分子量と相関が強く、溶融時の流れ性の指標である。

（2）成型品の加温変形

EVAの加圧成型では内部に歪みが残留し、少し加温するだけで変形が生じやすいといわれている。これを確かめるために3mmの厚みがあるEVAシート材4種を用いて通法によりマウスガードを製作、同時にトリミングにより余ったシート地より幅10mm、長さ30mmの小片を切り出し、この両者をテストピースとして加温（5℃/10min）変形の実験を行った（表II-6）。変形開始温度75℃〜85℃は、夏期の自動車内などでは容易に達する温度であり、これよりマウスガードの保管には温度に対する注意が必要であることがわかる。

表 II-7：小型ヒーティングガンと超音波機器によるEVAの熔着

熔着方法	剥離強度	長所	短所
一体成型	100%	強い	操作が難しい
ヒーティングガン	約80%	満足できる強度	接合本体の変形大
超音波機器	約60%	接合本体の変形小	やや強度不足

① 無害性

　EVAは米国FDA（食品医薬庁）に認可されており、日本の厚生労働省の食品衛生試験規格にも適合しているので一応安全と考えてよい。

② 抗菌剤

　製造時や使用時の汚れによりプラスチックのマウスガードといえどもカビの生える可能性はある。しかしながらEVAへの抗菌剤の使用はEVA用マスターバッチのある製品が少ないことや、慢性毒性試験を通っているものがあまりない現状から、慎重に考えた方がよいと思われる。

③ 光沢（唾液浸漬テストと粘膜擦過テスト）

　ていねいに研磨し、光沢を出したマウスガードが、使用し始めてすぐに無光沢になる。原因として唾液への溶解性が考えられたため、24時間の浸漬テストを行ったが、表面性状の大きな変化はみられなかった。

　次に、口腔粘膜の擦過テストを行った結果、数十回の強い擦過により光沢が消失した。これによりEVA表面を滑沢にする必要はあるが、光沢にこだわることはないといえる。

（3）接合

　アメリカンフットボール用マウスガードでは、ヘルメットに装着するためのストラップ取り付けを希望する選手が多い。一体成型も可能であるが、接合できればより製作行程が簡単となる。しかしながら、接着強度の不足や溶剤有毒性の点から、適当な接着剤は今のところはない。

　次に無溶剤であることからホットメルト接着剤について、国産品10銘柄の接着テストを行ったが、満足できる接着強度を示した製品はなかった。また、接着剤の添加物に毒性の疑いがあるものもみられた。

　接合部を加熱溶解する熔着を小型ヒーティングガンと超音波熔着器を用いて試してみた。その結果を表 II-7に示すが、EVAの接合に関してはまだ満足すべき方法は確立されていない。

（4）その他の留意すべき事柄

① 軟化と熱分解

　EVAは約200℃で熱分解を起こし、酢酸を放出する。製作時のオーバーヒートは刺激臭をマウスガードに残し、装着する選手を不快にさせる恐れがある。

　そこで適切にEVAシートを軟化して成型するためには、シートを軟化していき、一方向

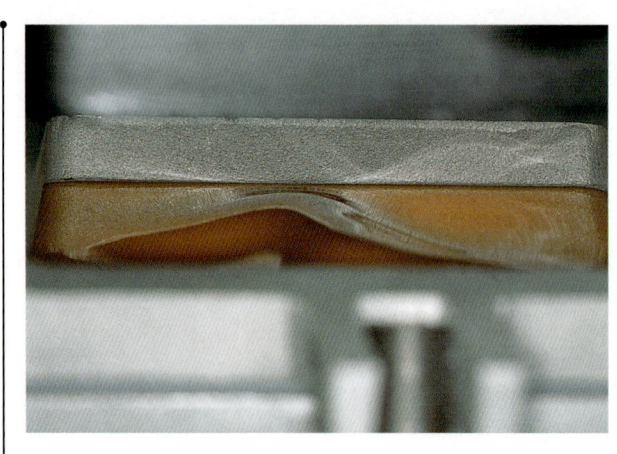

図II-49：シートを軟化していくとspring backという現象を呈する。

に伸びを生じたものが逆方向に変形を示す、いわゆるspring backを示す状態となったところで成型する（図II-49）。これは、熱膨張したシート内部の応力が減少し、シートを構成している分子が自由に動きまわれる状態になったことを示すからである。

② 冷却方法

軟化したEVAシートは膨張するが、冷却すると収縮することになる。冷却を短時間に行うと収縮は大きくなり、内部には応力が残留するとともに微細な構造が形成される。これに対して、冷却を長時間かけ、いわゆる放冷すると内部は粗な構造が形成される。マウスガードを製作した場合、後者の方が外力が加わった場合の変形の余裕があることになる。内部応力の残留の点からは、成型後に急冷せず、自然放冷することがすすめられる。

③ 着色剤

マウスガード用シート材として多くのカラーEVAシートがあるが、着色剤の添加はEVAの特性に若干の影響を与える。収縮率測定の結果（透明＞黄色＝白色）からは、着色剤の添加はシートを少し軟らかくする傾向が得られた。

第Ⅲ章 マウスガード製作の実際①
初診

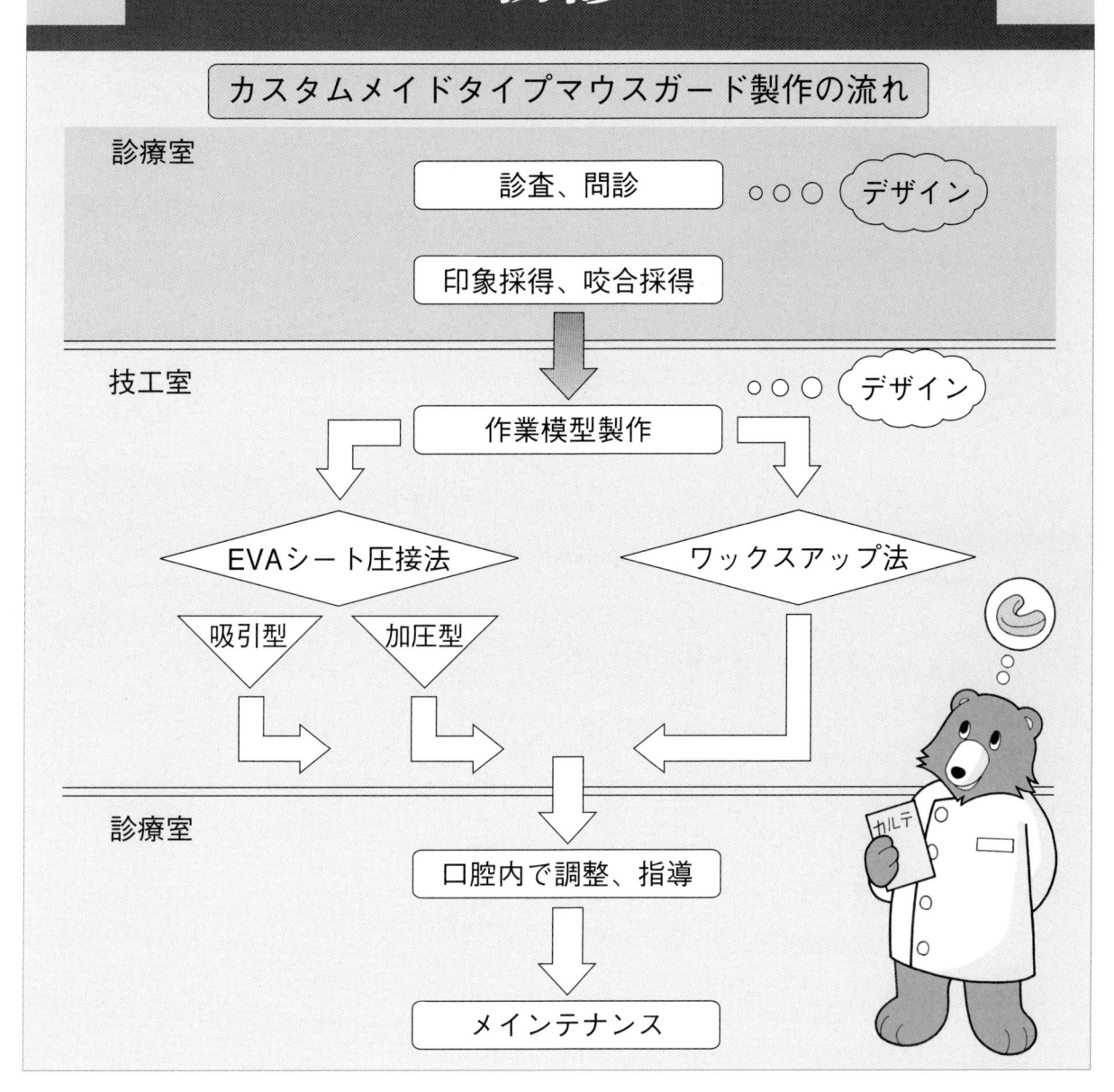

カスタムメイドタイプマウスガード製作の流れ

診療室
- 診査、問診 ○○○ デザイン
- 印象採得、咬合採得

技工室
- 作業模型製作 ○○○ デザイン
  - EVAシート圧接法
    - 吸引型
    - 加圧型
  - ワックスアップ法

診療室
- 口腔内で調整、指導
- メインテナンス

　すでに歯科治療を進めており、その過程でマウスガード製作の希望が出た場合、あるいは、スポーツによる外傷の処置など、マウスガードの製作を開始する際は必ずしも"初診"とは限らないが、ここではマウスガード製作の第一段階として診療室で行うことを"初診"として扱う。

　初診は、「選手の口腔健康管理」というスポーツ歯学の一端を担うものであるとともに、マウスガード設計に必要な"診査、問診"、実際にマウスガードを製作していくための"印象採得"および"咬合採得"の操作からなる。

第Ⅲ章　マウスガード製作の実際① 初診

1．診査、問診

　マウスガードを製作する際の"診査"には、歯列（齲蝕、修復、歯周組織の状態）、咬合状態（上下顎の前歯部および臼歯部での被蓋関係）などの口腔内状態の把握と、顎関節症状（開口制限、疼痛、雑音など）の有無といった口腔周囲の状態の確認が含まれる。これは、口腔内の状態はマウスガードのデザインに影響を与えるものであるとともに、顎関節症状等はマウスガードの使用により変化する可能性があるからである。この点については第Ⅳ章『マウスガード製作の実際②　マウスガードのデザイン』ならびに第Ⅸ章『マウスガード使用による効果、影響』で解説する。

（1）診査項目
　診査にあたっては以下の項目について臨床所見として記録する。記録には一般的な口腔内診査の用紙が利用できる。

i．　歯列
　齲蝕並びに修復の状態、とくに要治療部位があるか、現在治療中の部位があるかを診査しておく。ある場合には治療を先行させるか、治療完了時にマウスガードの内面の調整が必要となることを伝えておく。

ii．　咬合状態
　上下顎の前歯部および臼歯部での被蓋関係を確認しておく。

iii．　歯周組織の状態
　とくに口腔衛生の状態を示すものとして重要であり、口腔の健康管理という立場から、その変化を追えるようにしておかなければならない。

（2）問診の項目
　"問診"には、マウスガードの使用目的、これまでの使用経験、マウスガード製作時の希望（色、ネーム入れなど）、そして、どのようなスポーツで使用するのか等の質問が含まれる。これらの質問は、マウスガードをデザインする際に非常に重要な要素となる。
　巻末の付表に、実際に使用する用紙の例をあげる。

i．　外傷の経験、およびその部位
　これまでにスポーツで受けた外傷の有無、およびその部位を確認しておく。これは解剖学的な特徴などから、同一部位を複数回受傷することも考えられるからであり、マウスガードのデザインの際には考慮しなければならない点である。

ii．　マウスガードに関する項目
① 使用目的
　　ここでは、外傷の予防、顎関節の保護、運動能力の向上などの一般的に考えられている項目をあげてマウスガードを使用する目的を尋ねる。複数の目的で使用を考えている場合も多

い。テンプレートなどとマウスガードを混同している場合には、この時点で十分な説明が必要である。

② マウスガードの装着経験

これまでに装着したことがある場合、実物があるときにはそれをよく観察することで問題点を分析することができる。実物がない場合でも、装着していて困ったこと、気になったことを尋ねておく必要がある。

③ マウスガード製作時の希望

使用するマウスガード材料の色、名前などの挿入の希望、またアメリカンフットボールなどではストラップの要・不要を確認する。

iii. 使用するスポーツについて

以下の点はとくにマウスガードのデザインに影響するので重要である。

① スポーツの種類
- マウスガード装着義務の有無
- マウスガードに関する規定の有無
- マウスガード以外の防具（ヘルメット、メンホーなど）の有無

② ポジション

以下の点に関連する。
- しゃべる必要性
- コンタクトの頻度
- 運動の形態（動的なものから静的なものまでに分けられる）
- クレンチング（噛みしめ）の頻度

以上の点がマウスガードのデザインにどのように影響するかについては、第Ⅳ章『マウスガード製作の実際②マウスガードのデザイン』で述べる。

iv. 顎関節症状

顎関節の症状についてはあらかじめ巻末の付表のような項目について調べておく。症状を有している場合には、マウスガード装着により症状が変化した場合の対処に不可欠な記録となる。

2. 印象採得

アルジネート印象材を用いて、上下顎の印象採得を行う。この際、次の2点に注意を払う。
① 齦頬移行部、小帯をしっかり採る。
② 要治療部位（カリエスによる欠損部位など）、治療中部位のチェックをしておく。これは作業模型上でのブロックアウトが必要となるからである（図III-1、2）。また、出張印象という診療室外での操作もある。練習が忙しくて時間がとれない、カスタムメイドタイプマウスガードがどんなものかはっきりわからない（この場合にはモチベーションが不十分であることが多い）、などの理由によって選手の来院が難しいことがある。希望者がある程度の人数まとまれば、普及活動を兼ねてフィールドへ出張印象にでかけていく準備も必要である（図III-3、4）。

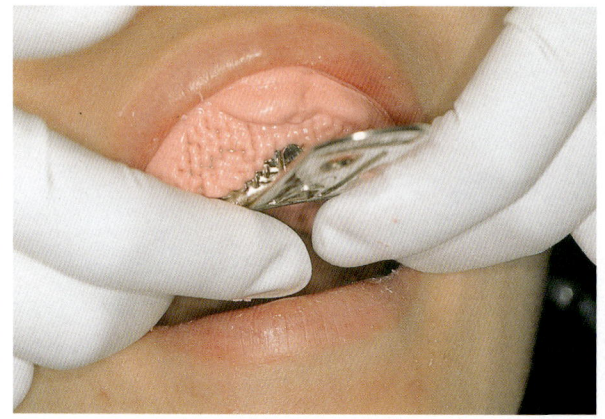

図 III-1：通常のスナップ印象と同様にトレーを口腔内に挿入してから、齦頬移行部まで十分に印象材がいきわたるようにするとともに、小帯部を動かして印記できるようにする。

図 III-2：採得した印象。ここでは咬合面や歯頭部に気泡がないか、齦頬移行部まで十分に採られているかを確認する。

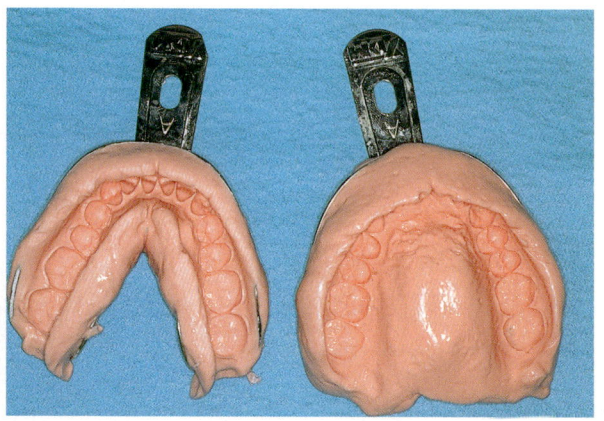

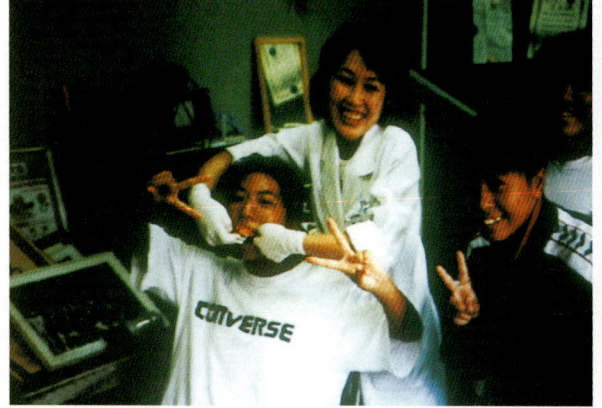

図 III-3：出張印象を受けている水球の選手。

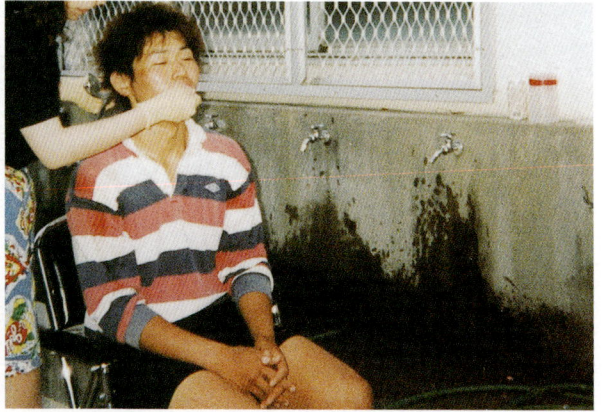

図 III-4：出張印象を受けているラグビーの選手。練習中や大会の際に出向いて印象を採得する場合も多い。このとき、ヘッドレスト付きの簡易チェアーがあると便利である。

… 3．咬合採得

3．咬合採得

1）中心咬合位（咬頭咬合位）で咬合採得する方法

　診療室では、通法に従い中心咬合位で咬合採得を行う。咬合器上で切歯ピンを上げることで咬合面部のマウスガードの厚みを確保する。咬合採得の方法としては次の2つがあげられる。
① 　シリコーン印象材（エグザバイト；ジーシー社）を用いた方法（図 III-5～7）。
② 　パラフィンワックスを用いた方法（図 III-8、9）。

2）マウスガードの厚み分を挙上して咬合採得する方法

　マウスガードには弾性があるため、1)の方法で対応できることが多い。しかし、正確にマウスガードの厚みを確保し、顎位を決定するには、以下の方法が適当であろう。

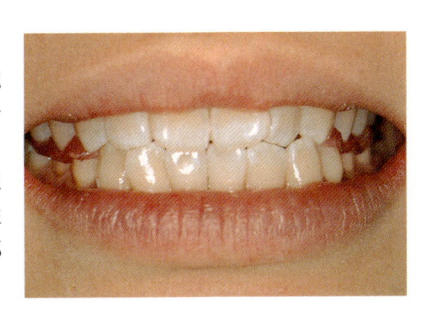

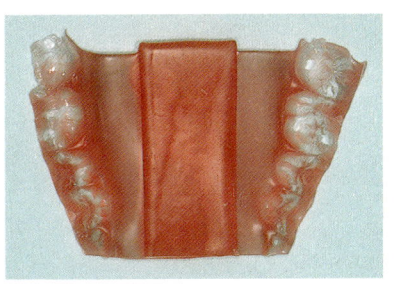

① 　バイトアップリテイナーの利用
　バイトアップリテイナー（モルテンメディカル社）を用いると、咬合挙上した状態で咬合採得が

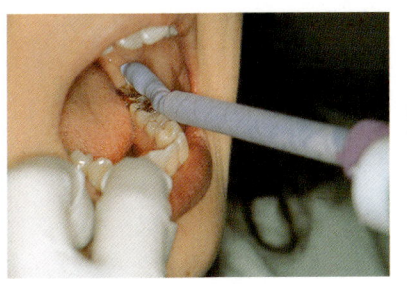

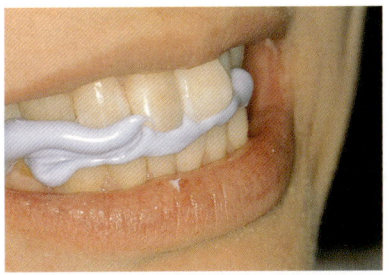

図 III-5(左)：シリコーン印象材（エグザバイト；ジーシー社）。シリコーン材料であるので緊密な咬合状態を再現できる。また、ガンタイプでもあるため口腔内への直接注入が容易である。
図 III-6(中)：口腔内では下顎の咬合面に盛り上げる。この印象材には少しにがみがあることをあらかじめ伝えておくとよい。
図III-7(右)：患者には咬頭咬合位で楽に閉口させ、印象材が十分硬化するまでその状態を維持させる。

図 III-8(左)：ワックスによるチェックバイト。ワックスは十分に軟化し、前歯部で中心咬合位（咬頭咬合位）に戻っていることを確かめる。
図 III-9(右)：ワックスを口腔外に取り出す際、変形させないように注意する。変形を防ぐ意味で中央部をワックスで補強しておくとよい。

第Ⅲ章 マウスガード製作の実際① 初診

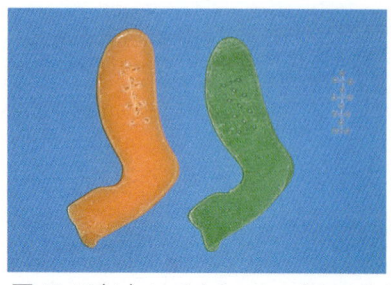

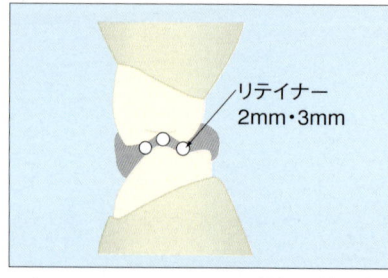

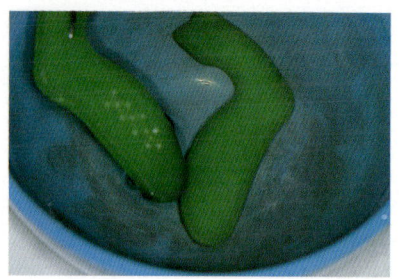

図 III-10（左）：バイトアップリテイナー（モルテンメディカル社）。挙上量を確保するビーズ（図中右）がオレンジ（3mm）、グリーン（2mm）の熱可塑性樹脂に埋め込まれている。
図 III-11（中）：軟化したバイトアップリテイナーを上下顎で咬合させた模式図。
図 III-12（右）：バイトアップリテイナーを湯に浸けて軟化する。樹脂に透明感が出て、ビーズがみえれば使用可能である。

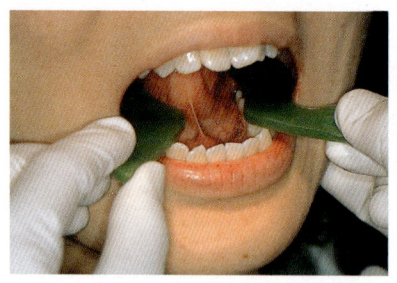

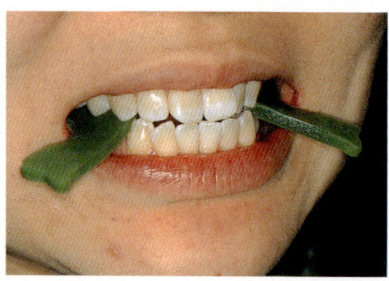

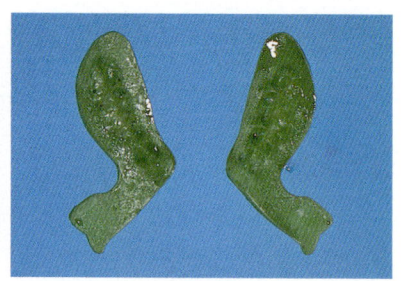

図 III-13（左）：バイトアップリテイナーのビーズの入っていない方の端をつかんで、下顎臼歯部の咬合面に適切に設置する。
図 III-14（中）：患者には習慣性の閉口運動で閉じてもらう。バイトアップリテイナーを臼歯部で噛むよう指示する。
図 III-15（右）：バイトアップリテイナーの咬合面が印記された部位に、ビーズがあるかを確認する。

図 III-16：採得されたバイトアップリテイナーを上下顎に介在して、マウントする。これにより臼歯部で2mm、または3mmの挙上量が確保される。

できるとされる。挙上量は3mm（オレンジ）と2mm（グリーン）のものがあり（*図 III-10*）、挙上量に相当する直径のビーズが埋め込まれている（*図 III-11*）。ビーズを湯で軟化すると、透き通ってみえる。この際、ビーズ部が臼歯部咬合面に適切に乗っていることを確認し、止まるところまで楽に噛んでもらう（*図 III-12〜16*）。

　このバイトを用いて咬合器装着すれば、臼歯部でビーズ直径相当分の挙上量が得られるとされる。指導ピンによる挙上は必要ない。しかし、バイトアップリテイナーの設定位置が不適切であると、偏位した顎位となってしまうので、この点については十分に注意しなければならない。
② ワックスバイトやレジン性のジグ（ルシアのジグ）を用いる方法
　ハードスプリント製作時の方法に準じて、両側臼歯部に2つ折り、または3つ折りにしたパラフ

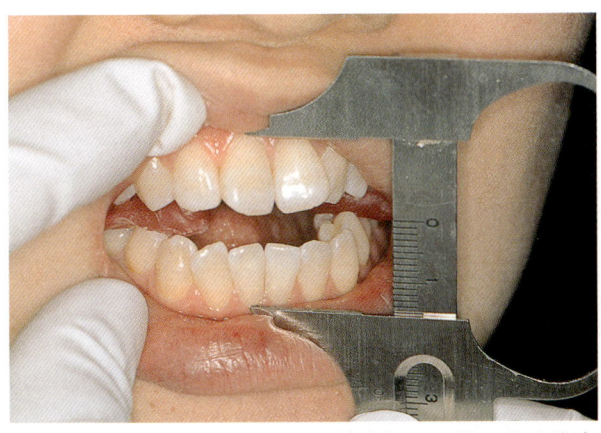

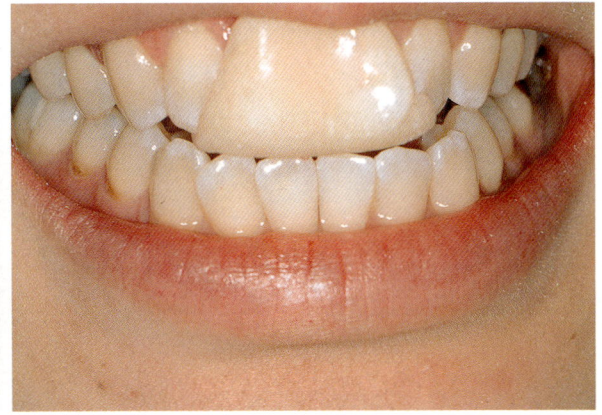

図III-17(左)：ノギスを用いて前歯部での開口量を決定し、咬合採得する方法。

図III-18(右)：前歯部ジグで開口量を決定し、咬合採得する方法。

ィンワックスを噛ませ、ノギスで決めた開口量や、前歯部ジグにより挙上した位置まで噛み込ませて咬合採得を行ってもよい (*図III-17、18*)。

3) 咬合採得をしない方法

ここでは、咬合採得をしない場合、つまり上顎の印象だけで製作する場合について述べる。

一度で大量にマウスガード製作をしなければならない、あるいは時間的制約がある、などのやむを得ない事情があるときは、上顎の印象のみでマウスガードを製作する場合がある。このとき、咬合調整が最重要課題となる。その場合の方法として次のようなものがある。

① **マウスガードの咬合面をトーチで軟化後、口腔内に挿入し軽く噛んでもらい、圧痕をつける方法**：左右均等かつマウスガード全体が変形してしまわない程度の軟化、挙上量の確保を適切に行うのは難しい。

② **シリコーンポイントなどで調整していく方法**：時間がかかる。削合面が荒れてしまう恐れもある。

③ **咬合調整を行わない方法**：これは不使用の原因にもなり、絶対避けなければならない。通常は上下顎印象が基本であるが、出張印象のときにはこれらの方法で、注意して咬合調整に取り組む必要がある。

第Ⅳ章 マウスガード製作の実際②
マウスガードのデザイン

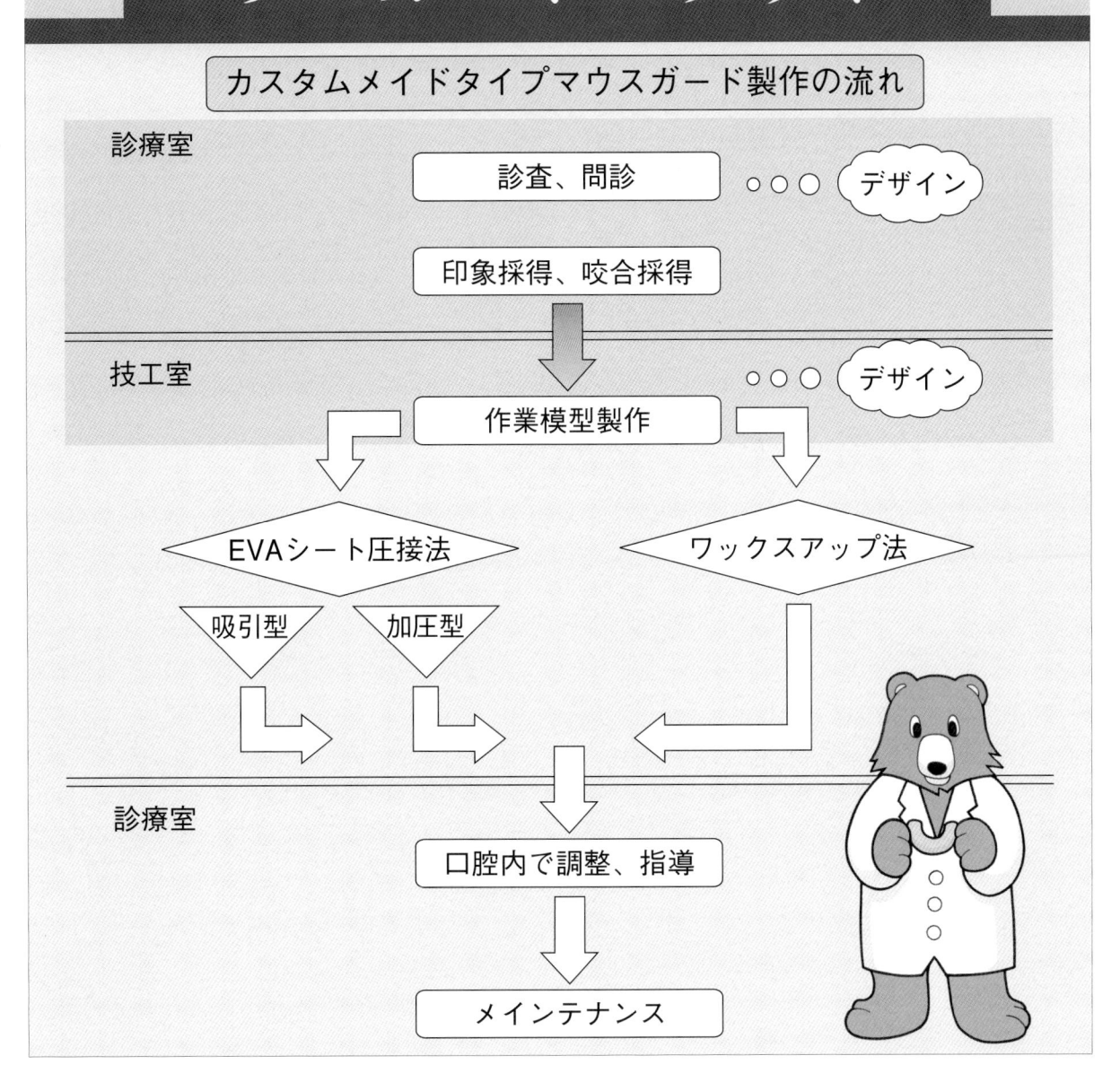

カスタムメイドタイプマウスガード製作の流れ

診療室
- 診査、問診 ○○○ デザイン
- 印象採得、咬合採得

技工室
- 作業模型製作 ○○○ デザイン
  - EVAシート圧接法
    - 吸引型
    - 加圧型
  - ワックスアップ法

診療室
- 口腔内で調整、指導
- メインテナンス

　カスタムメイドタイプマウスガードは、各選手の歯列模型をもとに製作するため、適合が良好であることが大きな特徴であるが、それだけにとどまらず各選手に要求されるデザインを適用することも重要である。しかしながら、カスタムメイドタイプマウスガードのデザインは、それぞれの歯科医師の経験や方針によるところが大きく、様々な見解がある。そこで本章では、マウスガードのデザインに関して、できるだけ系統的に、いろいろな方向からまとめることを試みた。なお、ラミネートマウスガードのデザインについては、p.121以降を参照されたい。

1. マウスガードデザインの考え方

　マウスガードのデザインには多くの決定因子があり、それぞれの目的ならびに状況に応じたものにしなければならない。ここでは、基本のデザイン（図IV-1、2）と各部分に関する役割について述べるが、ここで示す「基本のデザイン」は、あくまでも目安として理解していただきたい。

　その理由のひとつは、マウスガードの形態について現在のところ、明確な科学的根拠（evidence）がほとんど存在しないこと。もうひとつの理由は、口腔内状態、競技種目、ポジション、運動時の顎位などによって、各選手にデザインを決定する必要があるということである。

　「2．マウスガード各部の役割とデザイン」、「3．マウスガードデザインのためのチェック項目」では、現在わかっている範囲で、マウスガードデザインのためのヒントを示している。これらについては、今後の新しい情報にも目を向けるとともに、臨床経験を通して各自brush upしていくことを期待する。

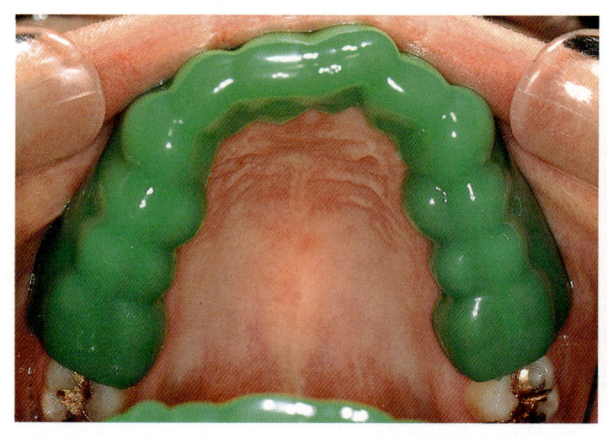

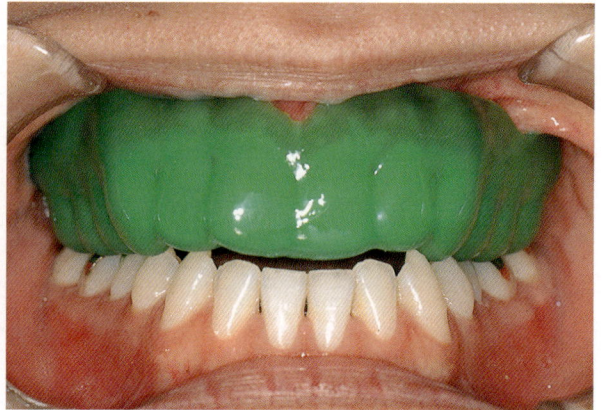

図 IV-1：基本のデザイン。口蓋側辺縁形態、後縁設定位置などは、マウスガードの装着感に大きく関与する。

図 IV-2：基本のデザイン。シート圧接法によるシングルレイヤータイプマウスガードを想定したもの。基本的な考え方は、どの製作法にも共通であるが、ラミネートタイプマウスガードのデザインについては第V章「3．ラミネートマウスガードの製作方法」を参照されたい。

1）基本のマウスガードデザイン
（1）基本のデザイン

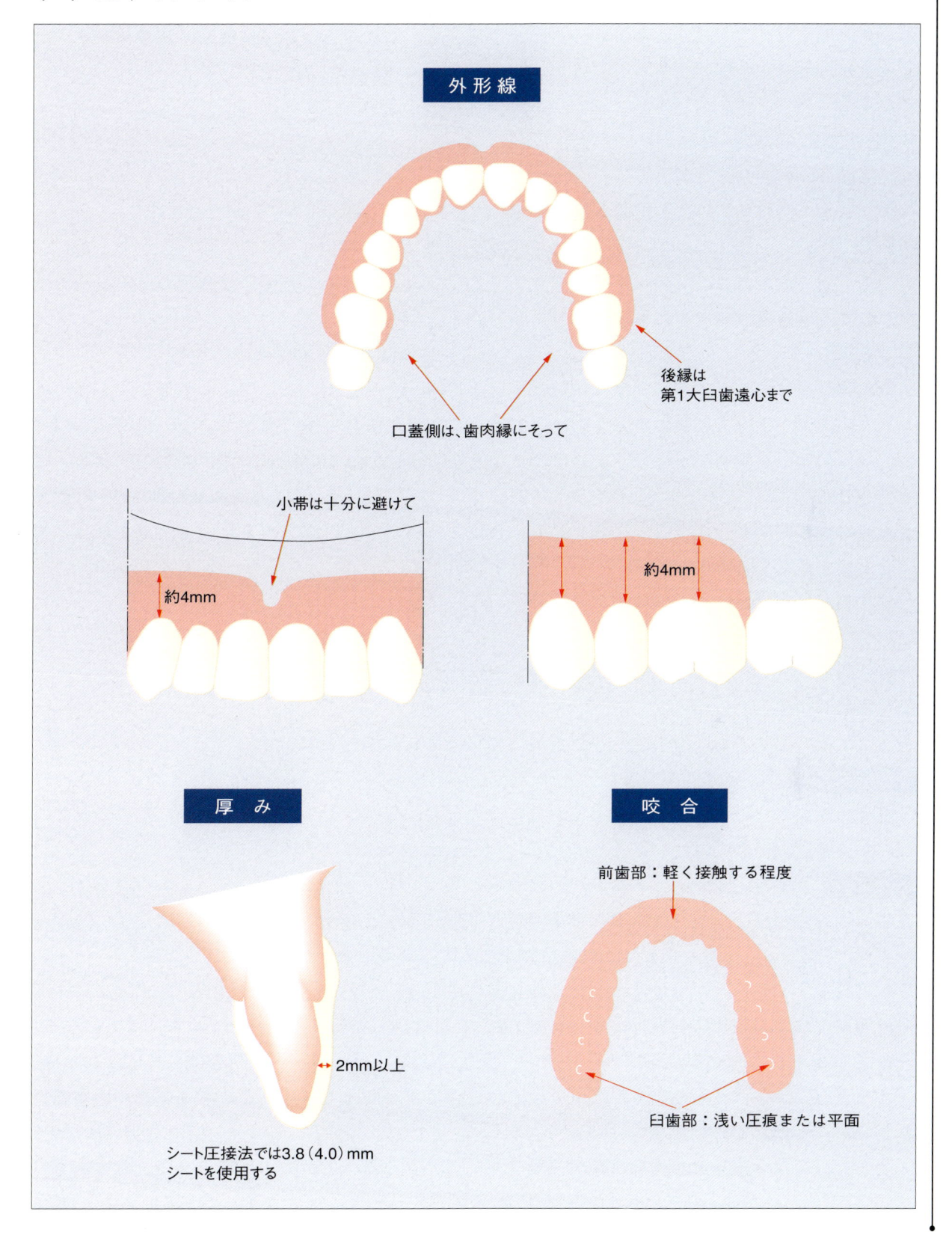

外形線

後縁は第1大臼歯遠心まで

口蓋側は、歯肉縁にそって

小帯は十分に避けて

約4mm

約4mm

厚み

2mm以上

シート圧接法では3.8（4.0）mm
シートを使用する

咬合

前歯部：軽く接触する程度

臼歯部：浅い圧痕または平面

2）マウスガード各部の役割とデザイン

　ここでは、マウスガードをデザインする際の参考となるマウスガードの各部位の役割と影響に関して、考えられること、わかっていることを述べる。これらを十分に理解し、基本デザインに変化をつけていくとよい。

（1）外形（図Ⅳ-3〜5）

① 後縁（図Ⅳ-3）
　　〈基本のデザイン〉第1大臼歯遠心まで

役割と影響
　歯軸方向の衝撃の分散に関与すると考えられる。長過ぎると、嘔吐感、異物感の原因となることがあり、無意識の噛みしめを起こしやすいとの考えもある。

デザイン
　全歯列を覆ってもよいが、実際には後縁を最後方歯へもっていくことにより効果よりも違和感などの悪影響が出ることがある。また、第2または第3大臼歯が完全萌出していない（低位である）場合には、萌出を阻害する恐れがあるのでこれを覆ってはいけない。よって、基本のデザインは第1大臼歯遠心としている。デザインのバリエーションとしては、第2大臼歯咬合面中央、第2大臼歯遠心などがある。ただし、後縁を長めに設定する場合でも、以下のようなことがあれば、後縁を短くすることを考える。
・嘔吐感、異物感が強い。
・無意識に噛みしめてしまう。
・咬合調整により、後縁が薄くなりすぎてしまう。

② 唇頬側辺縁（図Ⅳ-4a、b）
　　〈基本のデザイン〉歯頸部より約4mm、小帯は十分に避ける

役割と影響
　唇側、頬側からの衝撃の分散に関与する。このとき、長すぎたり、小帯を十分に避けていないと、かえって裂傷の原因となることがある。

デザイン
　諸説があり明確な科学的根拠はまだないが、以下に示すことから、唇側ならびに頬側の辺縁は歯頸部より約4mmを標準とすることには意味があると考えられる。
● 最深部まで延ばした場合には口唇の動きを妨げたり、かえって裂傷の原因となる恐れがある。
● 歯頸部までにとどめた場合には、唇側の歯肉を外傷から守ることができなくなることになる。
● 歯頸部が外力を受けた際、マウスガードは移動することを抑制する立場でもあることから、ある程度の長さは必要となる。健康な歯肉溝の深さが2〜3mmであることを考えると、唇側の長さを2〜3mmとすると遊離歯肉上に置くことになり、炎症を惹起しかねないので適当ではない。齦頬移行部から約2mmとする文献や、齦頬移行部と歯頸部の2分の1の距離とする文献もある。

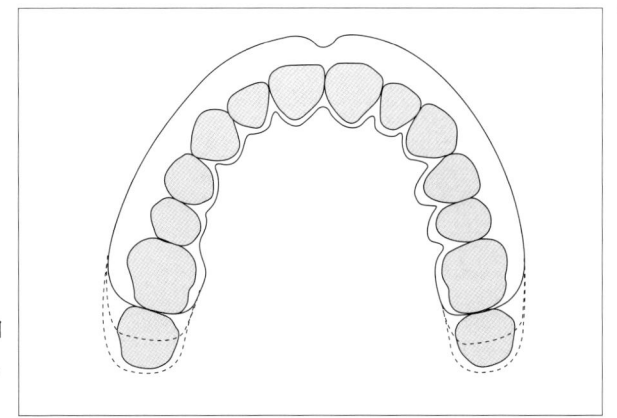

図 IV-3：後縁の設定位置。基本のデザインは、第1大臼歯遠心（—線）。バリエーションは第2大臼歯咬合面中央、第2大臼歯遠心など（…線）。

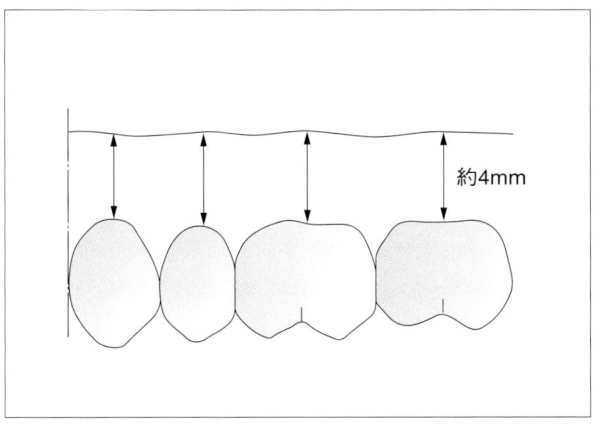

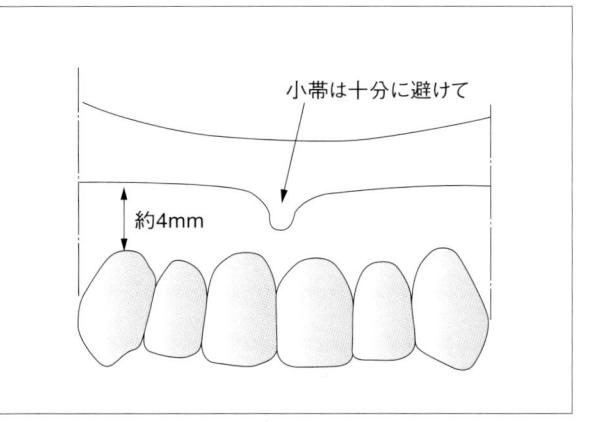

図 IV-4a、b：唇頬側辺縁の設定位置。基本のデザインは、歯頸部より約4mm（—線）、齦頬移行部から2mmや齦頬移行部と歯頸線の距離の2分の1とする報告もある。いずれにせよ、小帯は十分に避けなければならない。

③ 口蓋側辺縁（*図 IV-5*）

〈基本のデザイン〉歯肉縁に沿って

役割と影響

口蓋側辺縁は維持に関与する他、発音、呼吸、異物感、嘔吐感にも大きく関与する。そのため、辺縁形態、研磨状態が悪いと、舌感の悪さや舌があれる、切れるなどを訴えることがある。

デザイン

臨床歯冠長が短い、アンダーカットが少ない、などの理由により維持が得られない場合には長くする。ただし、マウスガードの適合が悪いことを辺縁で補償すべきではない。

通常は、歯肉縁に沿った形態にすることで良好な装着感が得られるが、辺縁の移行形態、研磨状態にも留意する必要がある。

口蓋の形態や舌の大きさなどにより、歯肉縁に沿った形態よりも歯頸部をすっかり覆ってしまうことを好む者もいる（歯肉縁より約4mmの点を滑らかに結んだ線とする）。維持がよければ、前歯部を歯冠2分の1の位置に設定することもある。

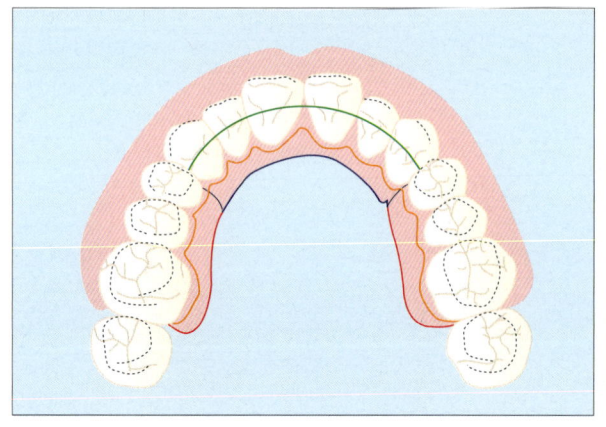

第Ⅳ章　マウスガード製作の実際② マウスガードのデザイン

図 IV-5：口蓋側辺縁の設定位置。基本のデザインは歯肉縁に沿わせる（橙線）。臼歯部では歯肉縁より4mmのライン（赤線）、前歯部では歯肉縁より4mmのライン（青線）や歯冠2分の1のライン（緑線）。バリエーションとしてはこれらを組み合わせたものが考えられる。

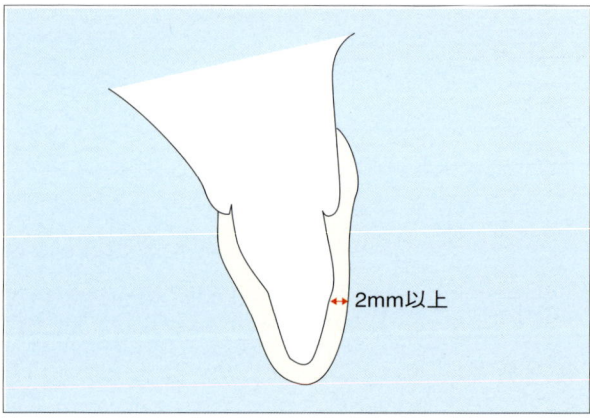

図 IV-6：3.8（または4.0）mmシートを使用すれば、前歯部唇側で2mm以上の厚みを確保できる。部位により厚みを変えたデザインにするにはラミネート法（p.121〜参照）かワックスアップ法（p.132〜参照）を利用する。

（2）厚み（図 IV-6）

〈基本のデザイン〉シート圧接法では3.8（または4.0）mmシートを使用する

役割と影響

衝撃の吸収には、厚みが影響するといわれている。しかし、厚みが大きすぎると異物感は大きくなり、咬合面が厚いと噛みしめを起こしやすく、発音もしにくくなる。

デザイン

衝撃の吸収に関しては、現在利用可能なマウスガード材料において、少なくとも2mm以上の厚みが必要とされている（石島ら、1990）[1]。マウスガードの装着が初めての場合には、薄いものを製作し、慣れてきたら徐々に厚いものに変えていく方がよい。

以下、各部ごとに厚みを決める際の目安をまとめる。

① 咬合面

1990年の石島らの実験結果によると、現在入手可能な材料においては衝撃吸収性を発揮させるには2mmの厚みが必要とされるが、厚みが安静空隙を超えないようにした方がよい。

これは、安静時にも咬合接触を生じてしまうからである。

② 唇側

外部からの直接の衝撃が強いスポーツ、あるいはヘルメットなど防具の着用がないスポーツでは、口唇が過緊張しない程度に可能な範囲で厚くする。

③ 口蓋側

衝撃の吸収には関与せず、発音、装着感などに関与すると考えられるので、維持、着脱による変形が容易に生じない範囲で薄くするとよい。ただし、1枚のシート圧接でマウスガードを成型する場合には、部位により厚みを変えたデザインにするのは困難である。部位により厚みを変える場合にはラミネート法（p.121〜参照）かワックスアップ法（p.132〜参照）を利用する。

1. マウスガードデザインの考え方

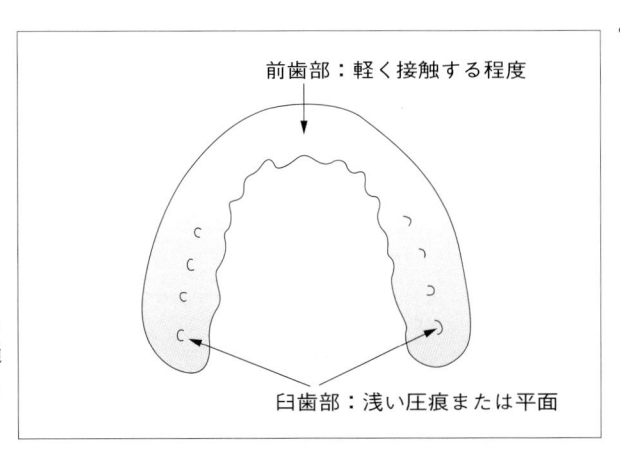

図 IV-7：咬合調整は、歯科医師が製作するカスタムメイドタイプマウスガードの大きな特徴のひとつである。軟性材料である、咀嚼には関与しないなどの点で、通常の歯科における咬合調整とは異なった方法論になるはずである。

前歯部：軽く接触する程度
臼歯部：浅い圧痕または平面

　シングルレイヤー（1枚のシート圧接）マウスガードの製作に使用するシートは3.8（または4.0）mmシートを基本とする。角形シート（主に吸引型シート成型器で使用する）でカラフルなものは3.8（または4.0）mmが多い。3.0mmシートは、軟組織の裂傷防止を主目的とする場合、外部からの直接の衝撃が少ない場合に十分有効である。初心者には3mmシートまたは2mmシートを使用し、慣れてきたら厚いものに交換していく。とくに、2mmシートはゆるみやすいので、交換の時期に気をつけなければならない。

（3）咬合 *(図 IV-7)*

　〈基本のデザイン〉前歯部クレンチング時に軽く接触する程度で、それ以外では接触させない。臼歯部両側性に均等な接触を与える。ライトコンタクト時に下顎臼歯部の咬頭頂が接触するように浅い圧痕あるいは平面を付与する。

　マウスガードが上下顎間に介在される装置であるからには、装着した際の咬合関係のチェックは必ず行わなければならない。咬合調整は歯科医師が製作するカスタムメイドタイプマウスガードの特徴のひとつといえる。

役割と影響

　不意の衝撃に対して顎を固定するだけでなく、静的な運動時に顎位、頭位を固定する役割をもつ。不適切な顎位、高径では顎関節症状、違和感を及ぼす恐れがある。

デザイン

　マウスガードは軟性材料でできているため、硬質の材料と違い、ある程度の許容範囲が存在すると考えられる。また、咀嚼には関与しない。以上の理由により、通常の歯科における咬合調整とは異なる方法論になるはずであるが、この点について、現在に至るまで科学的にはほとんど明らかにされていない。しかしながら、閉口路上のマウスガードと接触する位置で、均等な接触を与えるということについては異論のないところであろう。

① 前歯部

　臼歯部と均等な接触を与えると、クレンチング時に臼歯部と均等な力、つまり前歯部においては、天然歯での咬合時よりも過剰な力がかかってしまう。よって、前歯部では軽い接触状態、あ

るいは接触のない状態とする。
② 臼歯部

不意の衝撃で咬合した場合には、中心咬合位に戻るとは限らないので、深い圧痕は付与せず、フラットに近い方がよいと考えられる。また、選手およびスポーツによって、圧痕がないと戻る位置がわからない、と訴える場合には、適切な位置で圧痕を付与する。

なお、装着前に顎関節症状の有無を診査し、マウスガード装着後に症状が現われた場合には、咬合状態の診査、装着時のクレンチング、装着時間についての問診、非装着時の症状についての問診を行い、必要ならば咬合調整を行うことも大切である。

■参考文献
1) 石島　勉，平井敏博，斉藤　実：カスタムメイド・マウスガード材料に関する基礎的研究　第1報　厚さについて，補綴誌，36：116-125，1990.

3) マウスガードデザインのためのチェック項目

各スポーツ別のマウスガードのデザインについては次項で述べるが、個人に合わせたマウスガードをデザインするためには以下のような点をチェックし、該当項目があれば、基本のデザイン、各スポーツごとのマウスガードのデザイン、と併せて最終的なデザインを決定する。

(1) マウスガードに求められる効果　→　唇側の設定位置と厚み、咬合面の厚み、咬合に関連

マウスガードの主な目的は、外傷の予防である。よって、マウスガードを使用するスポーツで頻度の高い顎口腔領域の外傷、あるいは選手の外傷の既往・種類・頻度より防ぐべき外傷を分析する。顎口腔領域の防ぐべき外傷の主なものは、i) 前歯部への衝撃による外傷、ii) 歯による軟組織の裂傷、の2種類になる。ii) だけを目的とする場合には、歯を被覆することに意味があるので全体の厚みは薄くてもよい。一方、i) を目的とする場合には、前歯部唇側を厚くする必要がある。

一方、着地時や下顎への衝突時などの上下顎の強い接触による衝撃の緩和、脳震盪の予防を目的とする場合には、咬合面の厚みと咬合が重要になる。不意の衝撃の際には、下顎は中心咬合位に戻るとは限らないので、咬合面はフラットに近い形態にする方がよい。

ライトコンタクト時またはクレンチング時の顎の安定を目的とする場合には、とくに咬合に気をつけなければならない。フラットに近い形態にした場合に、噛む位置がわかりにくいと訴えることがあるので、その場合には、圧痕を少し深めに付与するとよい。

(2) スポーツ、ポジション、プレースタイル

① プレースタイル(静的、動的)　→　咬合に関連

スポーツやポジションにより、静的なプレーが主になる場合と動的なプレーが主になる場合とがある。これは個人の性質によることもある。動的なプレーが中心になる場合には、咬合面への

深い圧痕をつけることは避け、厚みについても大きくなりすぎないよう注意する。
② クレンチング → 咬合、咬合面の厚みに関連

咬合面が厚すぎるとクレンチングをしやすくなったり、顎関節へ影響が出たりすることがあるので気をつける。メインテナンス時には咬合面の磨耗をよく観察する。

③ 発音の重要性 → 口蓋側の設定位置に関連

発音が重要なポジションでは、とくに、発音への影響は少なくなるよう工夫をしなければならない。口蓋側の設定位置を歯頸部にすると比較的発音への影響が少ないが、マウスガードの維持が十分であれば、前歯部口蓋側辺縁を歯冠2分の1に設定するとよい。口蓋側の厚みを薄くすることや辺縁形態を移行的にすることも重要である。一方で、発音は"慣れ"にも影響を受けるので、練習時からのマウスガード着用を指導することも大事である。

④ プレー中の接触や衝突の強さ、頻度、部位 → 唇側の設定位置、厚みに関連

マウスガード材料の衝撃吸収能は厚みに影響される。よって、強い衝撃がある部位では可能な範囲で厚くすることを考える。衝撃の強さについては、マウスガードを使用するスポーツ、ポジション、本人への問診を通して評価する。

⑤ マウスガード以外の防具 → 唇側の厚みに関連

④で「衝撃が強ければ厚く」としたが、マウスガード以外にフェイスガード、ヘルメットなどの防具がある場合には、顎口腔領域へ直接衝突することは少なくなることを考慮に入れる。

(3) 顎口腔領域の外傷の既往

顎口腔領域の外傷の既往は、とくに頻度が高い場合、歯列や顎の形態がリスクファクターとなっている可能性がある。また、重篤な外傷の既往（歯の脱臼、破折、骨折など）がある場合には、その部位が器質的に弱くなっている可能性もある。これらを考慮し、必要ならば該当部位を保護するよう、厚みや形態を工夫する。

(4) マウスガードに関する規定 → 色に関連

アメリカンフットボールでは、マウスガードについて"色は白色以外の見た目に分かりやすいものでなければならない。"という規定がある。

(5) マウスガードの装着経験 → 主に厚みに関連

マウスガードの装着経験がまったくない場合には、薄いものから始めるとよい。目安としては、シート圧接法で3mmまたは2mmのシートを使用する。一方、マウスフォームドタイプの装着経験がある者は、3.8mmシートで成型したマウスガードでも強い違和感を訴えることはめったにない。

(6) 本人の希望 → 色などに関連

色、ネーム、模様については、本人の希望を聞くと、マウスガードへの愛着を湧かせる効果が期待できる。

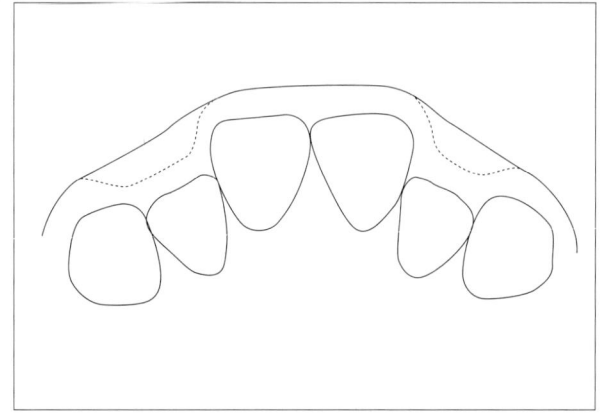

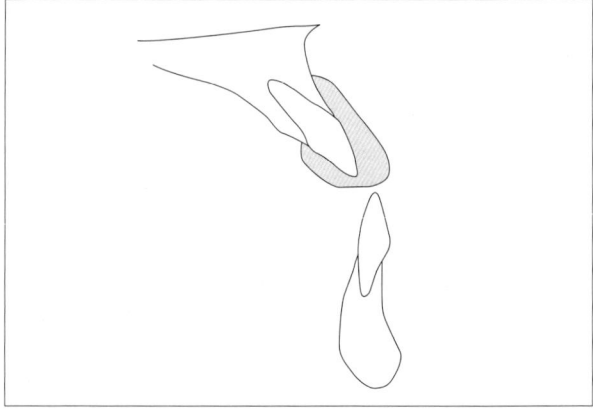

図 IV-8：歯列が不正な場合は、可能なかぎり外形をスムーズ（実線）にする。

図 IV-9：下顎前突の場合には、上顎前歯唇側部の厚みで被蓋を確保する。

アメリカンフットボールなどでは、ストラップつきのマウスガードを使用してる選手がいるが、ストラップがついているのはほとんどがマウスフォームドタイプであり、適合の悪いマウスガードが不意に外れてしまった際に落とさないことを主な目的としている。よって、適合のよいカスタムメイドタイプではストラップは必要ないと考えられるが、説明をした上でも希望した場合にはストラップを付与する。

（7）歯科的要因

① 歯列の不正 ⟶ 外形―厚さの調節―に関連（図 IV-8）

歯の唇側あるいは口蓋側への転位のために、歯列に不正がある場合には、その部位が平坦になるようにした方が衝撃の分散の点からは効果的である。そのためにはブロックアウトしてシートを圧接する方法と、そのままシートを圧接しておいて後でその部分に付け加える方法とがある。

なお、フェイスガードを使用するスポーツでは逆に突出した部分を露出させる方法も提唱されているが、その部分から裂けやすいという欠点がある。

② 被蓋関係 ⟶ 前歯部の唇側の厚みに関連（図 IV-9）

上顎前突症例の場合やオーバージェットが大きい場合には、標準のデザインで製作し、あえて下顎の前歯との接触を付与する必要はない。下顎前突の場合には下顎にマウスガードを製作する場合もあるが、違和感も大きく上顎前歯部が無防備となってしまう。そこで上顎唇側の厚みを増して正常被蓋か切端咬合の状態とするが、下顎前歯は接触しないようにする。

2. スポーツとマウスガード

1）球技・団体競技系

マウスガード装着義務が規定されているスポーツを中心にマウスガードが有効とされるスポーツを取り上げる。なお、競技の概要については『スポーツ大辞典（大修館）』他を参照した。

（1）アメリカンフットボール（図IV-10〜11）

概要：11人のプレーヤーで、攻撃、守備の専用チームがある。競技時間は15分（高校、中学では12分）ずつの4クォーターからなる。

外傷：非常に激しいコンタクトがあり、上肢、下肢の外傷の他、脳震盪や顎顔面頭部の外傷も多いが、マウスガードの装着がそれを低く抑えている。

マウスガードに関する規定：装着の義務があり、"色は白色以外の見た目に分かりやすいものでなければならない。"と規定されている。フェイスガード付きのヘルメット、マウスガード、臀部へのヒップパッド、大腿部へのサイガード、膝のニーパッドの6種が規則で着用を義務とされ

	ポジション	接触の激しさ	接触時間	回数	発声	体重(kg)
攻撃	OR（オフェンスライン）	B	A	A	N	〜90
	WR（ワイドレシーバー）	B、A*	A	B	N	〜70
	QB（クォーターバック）	C	D	D	Y	70
	RB（ランニングバック）	A	B	B	N	〜75
守備	DL（ディフェンスライン）	B	B	A	N	〜90
	LB（ラインバッカー）	A	B	A	Y	〜90
	DB（ディフェンスバック）	B、A*	C	C	N	〜70
キッキングチーム						
	K、P（キッカー、パンター）	C	D	C	Y	〜75
	キックオフラッシャー	A	B	B	Y	〜80
	キックオフリターナー	B、A*	C	C	Y	〜70
	キックオフリブロッカー	A	B	A	N	〜90

〔表示〕激しさ　　　時間の程度　　　回数　　　発声
　　　A：激しい　　A：3〜5秒　　A：多い　　N：しない
　　　B：中程度　　B：1〜3秒　　B：普通　　Y：する
　　　C：普通　　　C：瞬間　　　C：少ない
　　　*タックルの時　D：接触なし

表IV-1：アメリカンフットボールのポジション別接触状況。

第IV章　マウスガード製作の実際② マウスガードのデザイン

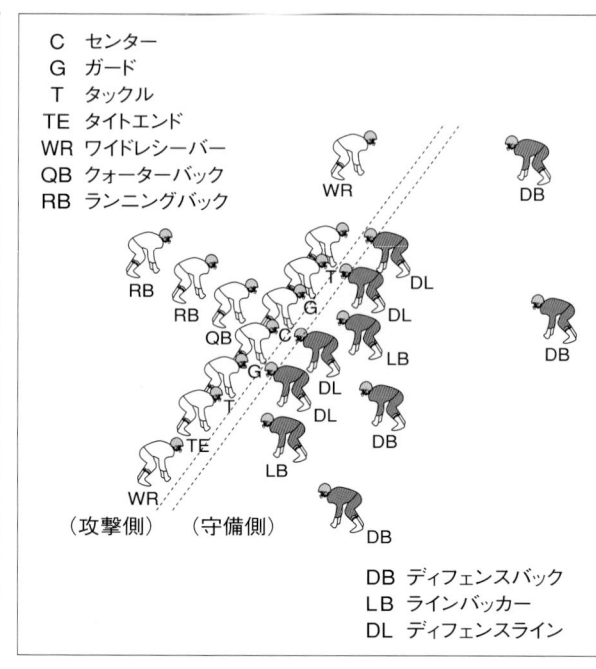

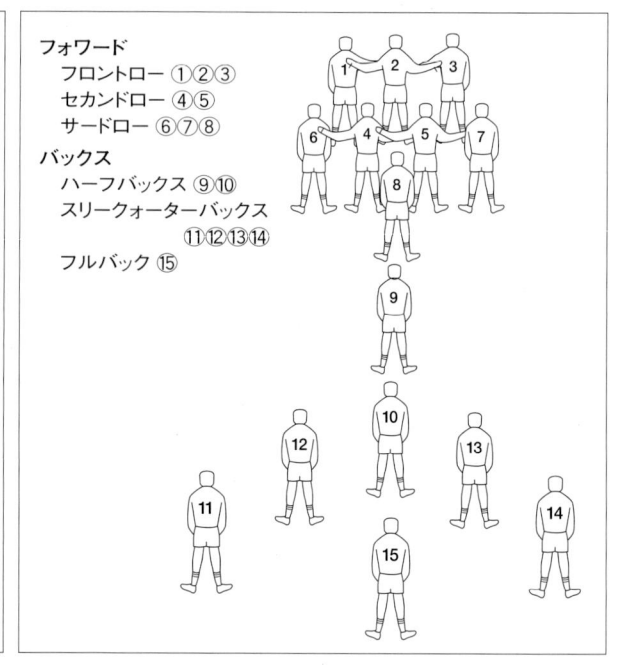

図 IV-10：アメリカンフットボールのポジションの例。　図 IV-11：ラグビーのポジションの例。

ている。

マウスガードのデザイン：基本のデザインに準じるが、運動量が多く、呼吸の妨げとならないような修整が必要とされている（参考：松田式マウスガード）。とくに、前歯部口蓋側の形態の修正が必要な場合がある。フェイスガードがついているので、唇側の厚みはそれほど必要はない。

（2）ラグビー(図 IV-9)

概要：英国に起源をもつ。1チームは15人で、試合時間は80分以内、通常、国際試合や大学では40分、高校では30分、中学では20分の前後半で競技される。ボールをもって走ったり、ドリブル、パス、またはキックして前進し、相手側のインゴールに最初にボールをグラウンディングしたとき（トライ）、あるいはトライ後のキック、ドロップキック、ペナルティキックがクロスバーの上のゴールポスト間を通過したとき得点となる。ポジションとしてはフロントロー、セカンドロー、サードローの計8人からなるフォワードと、ハーフバックス（スクラムハーフ、スタンドオフ）、スリークォータバックス、フルバックの計7人からなるバックスに分かれる。なお、7人制の試合（seven a side）も行われるようになってきている。

外傷：下肢の怪我、次いで顔面の中央3分の1の周辺（鼻、眼）、口唇や歯に多発している。

マウスガードに関する規定：マウスガードの装着義務を課しているのは関東協会の医歯薬リーグのみである。その他では義務化されていない。しかしながら、国際試合等に出場する選手の間ではマウスガードの装着は当然のこととなりつつある。

なお、高校生以下にはヘッドギアーの装着義務はある。

マウスガードのデザイン：基本のデザインでよい。

「フォワード、バックス、スローワーともに形態は同じにしているが、磨耗の頻度、交換の頻

図 IV-12：水球も競技中は危険がいっぱい。

度はフォワードが高くなる」（前田憲昭による）。

（3）ラクロス

概要：起源は北米のインディアンに求められるとされるが、近代ラクロスはカナダに始まったとされている。2組にわかれたプレーヤーが、ネットについたスティックでボールを受けたり、投げたりしながら運び、相手ゴールに入れることを競う。

男性は1チーム10名で15分のクォーター制で、タックル（肩で押す）、ボディチェック、スティックで相手のスティックを阻止することは許されている。アタック用とディフェンス用では長さの異なるスティックを使用する。

女性は1チーム12人で25分のハーフ制であり、グランドに境界線はない。ブロックや身体の接触が許されていないので防具はゴールキーパーのみが着用する。

外傷：発生しやすい外傷としては、相手との接触ならびにスティックによるものが考えられる。

マウスガードに関する規定：男子はヘルメットならびにフェイスガードの装着が義務づけられているが、マウスガードの装着義務はない。女子は防具の装着義務はないが、マウスガードの装着義務がある。

マウスガードのデザイン：フェイスガードを使用している男子では、顔面に対する直接の衝撃より顎下よりの打撃による外傷が主なものといえる。よって、唇側の厚みはさほど必要ない。動的プレーが中心になるため、咬合面はフラットに近くするのがよい。

女子では、フェイスガードがなく顔面への直接の打撃による外傷が考えられる。よって、可能な範囲で唇側に厚みをもたせる。

チームプレーであるため、発音も重要である。口蓋側の形態に注意する。

（4）水球 *(図 IV-12)*

概要：1チーム7名の競技者と6名の交代要員からなる2チームで正味7分で4回行われ、その間に2分の休憩が入れられる。ボールをもっている相手にはアタックすることが認められている。競技は水深1.8m以上のプールで行い、一方が濃青色、もう一方が白色の帽子をかぶり、耳を保護するプロテクターがついている。なお、ゴールキーパーは赤色に1の番号をつけた帽子を被る。

第Ⅳ章　マウスガード製作の実際② マウスガードのデザイン

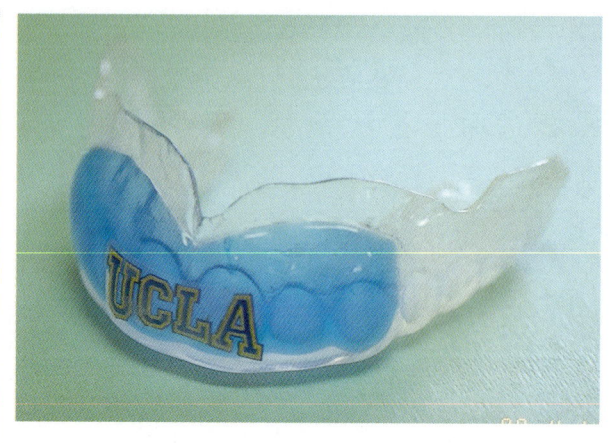

図Ⅳ-13：UCLAのバスケットボール選手のマウスガードの例。

　激しいコンタクトスポーツである。ボールを奪い合う、あるいはドリブルの際に、相手の腕や肘が顔面に当たり、自分の歯で粘膜を損傷する場合がもっとも多いが、歯を打撲することもある。口腔顔面における外傷の頻度は高い。とくにゴールキーパーはボールが直接当たったり、クロスバーに衝突して負傷することが多い。
マウスガードに関する規定：義務はない。
マウスガードのデザイン：基本のデザインを使用するが、粘膜の損傷については3mmシートで製作したものでも十分効果がある。水中で紛失した場合を考え、透明以外の色とする。

（5）バスケットボール(図Ⅳ-13)

概要：1チーム5名。ハーフタイム10分をはさんで前後半20分とし(中学は15分)、ショット成功は3点もしくは2点、フリースローは1点とし合計点数を競う。
　相手方選手との接触や転倒した際にコートと接触して怪我することが多い。
マウスガードに関する規定：義務はない。
マウスガードのデザイン：基本のデザインに準じる。

（6）アイスホッケー

概要：ヨーロッパに起源をもち、カナダで現在の形ができた。6人ずつ2チームが、スティックでパックをドリブルしたりパスしたりして相手のゴールにシュートして得点を競う。正味20分からなるピリオドが3回行われる。いつでも、何回でも、何人でも交代でき、体力の消耗が激しいのでプレイヤーの1回の滞氷時間は約1分前後である。なお、フィールドホッケーは11人で行う。
外傷：「激しいチェックの際に相手の肘が顔面に入ることによる怪我が多い。スティックやパックによる怪我も稀にある」(石島による)
マウスガードに関する規定：日本リーグではルールでフェイスガードやマウスガードの装着を義務づけていない。女子、大学生ならびに20歳以下では、フェイスガードの装着を義務づけている。その他の防具としては肩、胸、肘、手、腰、脚、膝などを保護するためのプロテクターを装着することが許される。顎当てのついたヘルメットは必須である。

マウスガードのデザイン：基本のデザインに準じる。

2）格闘技系

(1) ボクシング

概要：古代エジプト、ギリシアに起源を有するとされる。体重が同じクラス—アマチュアではライトフライ級（45kgまで）からスーパーヘビー級（91kg以上）までの12階級、プロではミニマム級（47.6kg以下）からヘビー（86.1kg以上）の17階級—どうしで対戦し、1ラウンド3分。アマチュアでは3回戦、プロでは4回から最高12回戦を行う。

急所は、頭部では上下顎、オトガイ、側頭部などで、ここを強打されると脳震盪を起こしてよろめき（グロッキー状態）、ダウンに至ることが多い。

マウスガードに関する規定：マウスガードを着用しないと試合に出られない。色には規制はない。また、マウスガードがたびたび外れると、故意の遅延行為とみなされる。

マウスガードのデザイン：「基本のデザインを使用する。レベルによって異なるが、練習生では粘膜の外傷を防ぐこと。プロやランカーでは、意識が高くなり外傷防止だけではなく筋力アップをも目指している場合もある。アマチュアは3ラウンドなので短い時間で済むが、プロでは最大12ラウンドなので負担の少ない（呼吸のしやすい）ものが望まれる。分厚いものは負担になるとされる。しかし現実には、マウスフォームドタイプの使用者が多く、場合によっては使い回しをしている場合すらある」（光山誠による）。

(2) キックボクシング（図 IV-14）

概要：キックボクシングはタイの国技ムエタイに源流があるといわれている。これが30年前に日本にプロスポーツとして持ち込まれ、キックボクシングという名称で普及した。基本的にはあらゆる打撃技が認められている。ただし、頭突き、投げ技、倒れている相手への攻撃、金的などは禁止である。学生キックの場合、プロと違い流血しやすい肘打ちが反則になっている。試合形式はプロは3分5ラウンド、学生は3分3ラウンドである。いずれも相手が倒れて10秒以内に起き上が

図 IV-14：キックボクシングでは、基本的にあらゆる打撃技が認められているので、それに伴う顎口腔領域の傷害の危険度も増す。

第Ⅳ章　マウスガード製作の実際② マウスガードのデザイン

図 IV-15：メンホー（フェイスマスク）をしていない場合の空手では、顔面部が危険にさらされる。

れなければKO、時間内に決着がつかない場合、ジャッジによる判定となり、KOなどの規定はボクシングに似ている（明治大学キックボクシング部HPより抜粋）。

マウスガードに関する規定：「試合規則としては、始めから装着していなければ試合は許可しない。試合中に吐き出てしまった場合は、試合の流れが中断されるため、タイムストップして装着させることはしない。その場合はレフリーが素早く拾って、セコンドに投げ渡す。また、選手自らが外す場合があるが、同様である。つまり、装着義務は試合開始まで。マウスガードの形態、材質などについて規定はとくにない。テンプレートと兼ねたものも禁止はしていない」（新日本キックボクシング協会の回答より）。

マウスガードのデザイン：ボクシングに準ずる。

（3）拳法

概要：素手で身体各部を用いて行う格闘技である。拳法の技法は拳や掌による「突き」「打ち」と足による「蹴り」を主体とし、さらに身体各部（頭、肩、背、肘、腰、膝など）による「当て身」を用い、また「投げ」や「関節技」などの技法を副次的に用いる。中国に始まり、各地に伝えられて少林寺拳法、日本拳法、躰道、テコンドーなどに分化している。

日本拳法では、剣道の防具に似た面、胴、手にボクシングスタイルのグローブをつける。テコンドーではヘッドギアー、ボディプロテクターなどの装着が義務づけられている。禁止手にはなっていないが、顔や頭を攻撃することは通常は避けるものの「目打ち」といって相手を戸惑わせるために顔面をねらうことはある。

主な怪我は下肢であるが、「蹴り」が頭部、顔面部に入ることがあり、歯の破折や骨折も生じている。

マウスガードに関する規定：今のところこれらの競技におけるマウスガードの装着の義務はない。しかしながら、顔面部分は防護されていないことが多い。マウスガードの使用には効果があると考えられる。また使用しても違反ではない。なお、テコンドー連盟ではルール化を検討中である。

マウスガードのデザイン：基本のデザイン。気合いを入れるために大きく口をあけて叫ぶことが

あり、その意味で維持のよいことが必須となる。

（4）空手 (図IV-15)

概要：1人対1人で行う組手競技と型競技に分かれる。組手競技は2分間であり有効部位（頭部、顔面部、頸部、胸部、腹部、背部）に正確な「突き」「打ち」「当て」「蹴り」が決まった場合に1本と判定し、3本先取りで勝敗を決める。なお、禁止事項には顔面に対する貫手、開手（手刀、背刀を除く）による攻撃が含まれる。

服装としては胴衣着用で、安全用具として拳サポーター、ボディプロテクター、メンホー（フェイスマスク）、金的カップなどが使用される。

外傷：主な怪我は上肢、下肢に多い。

マウスガードに関する規定：現在のところ、これらの競技におけるマウスガードの装着の義務はない。

「連盟としての公式試合においては、メンホーのみ装着義務があり、マウスガードに関しては装着義務はない。しかし、それぞれの流派（団体）が行う大会については、各大会において必要な装具が規定されるため、マウスガード装着義務とすることも有り得る。把握はしていない」（全日本空手道連盟）

マウスガードのデザイン：基本のデザイン。メンホーを使用する場合には唇側、頬側の厚みは減らすことができる。

3）個人技系

（1）フリースタイルスキー（エアリアル部門）

概要：長さ約60mで傾斜20～25°の斜面（インライン）を滑走し、その後ジャンプし空中で演技を行ったのち傾斜約37°の急傾斜面（ランディングバーン）に着地する。空中でフリップ（空中回転）を伴う演技をした場合には着地の失敗が多く、転倒時の外傷の確立が高い。

上肢、下肢の骨折、膝靭帯、半月板の損傷、顎顔面部では頬骨骨折、鼻骨骨折、眼窩底骨折などの着地時の転倒による打撲が原因で発症することが多い。

マウスガードに関する規定：義務はない。

マウスガードのデザイン：「コンタクトスポーツとは異なり、歯に対する垂直方向からの衝撃の吸収に対しての防護と口唇の歯との接触時の裂傷の防護があれば十分とのアンケート調査から判断し、装着感を高めるため、歯部分のみを覆う可及的に小さなものとした。色は雪上で判別しやすい黄色とし、咬合面の一番薄い部分で3mmとした」（依田ら、日本災害医学雑誌、453, 1997より）

（2）ライフル、アーチェリー

概要：ライフル―ライフルやピストルを用いて、射撃場で定められた銃、姿勢、弾、距離、時間などで標的をねらいその的中点で勝敗を競う競技で、精神集中がもっとも大切な要素であるとされている。

アーチェリー──ターゲット競技、フィールド競技、フライト競技などがある。ターゲット競技では男子では90m、70m、50m、30mの距離で、女子では70m、60mの距離から各36射する。これも精神の集中力が大切な要素となる。

マウスガードに関する規定：使用する銃、弾、服装に対する制限はあるが、口腔内に装着する装置に対しての規制はない。

マウスガードのデザイン：頭位の固定を補助する目的であれば、咬合が安定するものでなければならない。選手がテンプレートやバイトプレーン（ハード）とマウスガード（ソフト）を混同している場合があるので、製作前に十分なコンサルテーションを行うこと。コンサルテーションと診査を通して、ソフトタイプが有効と考えられればマウスガードを適用すればよい。その際には、マウスガードの維持が保てる範囲で唇側と口蓋側の設定位置を短く、唇側と口蓋側の厚みを小さくすると、装着感がよくなる。

（3）ウェイトリフティング

概要：バーベルを両手で持ち上げその重量を競う競技で、体重別に52kg以下から110kg以上までの10階級に分かれる。競技は「スナッチ」と「ジャーク」からなり、2種目の最高記録の合計で競う。「スナッチ」では、1回の動作で両手が完全に伸びきるまで頭上に引き上げる。「ジャーク」はバーベルをいったん胸上に引き上げ（クリーン）、次いで反動を使って一気に差し上げる動作（ジャーク）からなっている。

外傷：顔面や頭部に発生する外傷は少ない。

マウスガードに関する規定：装着の義務はない。

マウスガードのデザイン：歯の保護や筋力アップの目的で使用されることが多い。身体を固定し、瞬発的な力を出す際には強く噛みしめることが多いとされており（竹内、2000）、マウスガードを装着することでより大きな力を発揮できる可能性があるされている。しかしながら、歯根膜からのフィードバックが阻害され、脳血管などの障害を招く可能性もあり注意しなければならない。

2. スポーツとマウスガード

豆知識④　　　　　◆スキューバダイビングのカスタムメイドマウスピース◆

　スキューバダイビングにおいてもマウスガードの応用ができる。
　スキューバダイビングでは、タンクからレギュレーターという器具(図IV-16)を通して空気を吸うわけであるが、このとき、マウスピース部を噛むことでレギュレーターを保持しなければならない。
　このマウスピース部は通常、形が決まった既製のものを用いる(図IV-17)。いくつかのスキューバダイビング時の顎関節症に関する研究、報告では、その解決法のひとつとしてカスタムメイドタイプのマウスピース(図IV-18)が推奨されている。また、その製作法、デザインについても研究がなされている。

■参考文献
1) 広瀬俊章, 他：カスタムメイドタイプのスキューバダイビング用マウスピース製作法, 第11回日本スポーツ歯科医学会学術大会プログラム抄録集, 41, 2000.

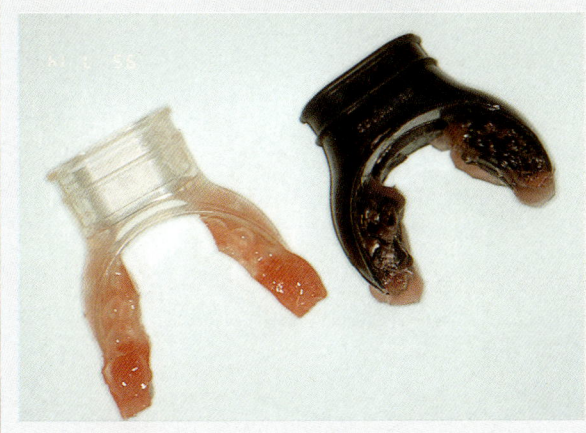

図 IV-16(上左)：レギュレーター。タンクから供給される空気を吸う部分。
図 IV-17(上右)：既製のマウスピース。レギュレーターは、マウスピース部を噛んで保持する。既製のものでは保持がしにくく、噛みしめてしまい、咬筋の疲労や顎関節症状を訴えることがある。とくに初心者は緊張のためこの傾向が強い。
図 IV-18(左)：カスタムメイドマウスピース。口腔に合ったカスタムメイドマウスピースは、保持がしやすく、図IV-17のような訴えは解消されやすい。

3. 混合歯列期のマウスガード
　（小児歯科におけるマウスガード）

　混合歯列期の小児には、歯への受傷を伴う口腔外傷が多いとの報告[3]がある。とくに口腔に外傷を負う可能性が高いスポーツ（ラグビーなど）をしている小児に対しては、マウスガードの装着を積極的にすすめていくべきであろう。

　しかし、歯の脱落、萌出がダイナミックに起こっている混合歯列においてのマウスガード製作には工夫が必要である。そこで、歯の交換時期との関連において、次に示す事項に注意すべきである。

　また、歯の脱臼については、永久歯であれば根未完成であることから、その予後は適切な処置を行えば比較的良好である。固定中にもマウスガードを利用するとよい。前歯部への外傷の既往がある者は、再び受傷を受ける可能性が高いので、前歯部への外傷で来院した場合、マウスガードの装着をすすめるべきであろう。

(1) 混合歯列前期

　前歯部の外傷頻度が多く、予防の必要性は高い。しかし、スポーツ時の外傷の頻度の実態は不明である。この時期には、永久歯の萌出に伴う維持や適合性の不良が生じる可能性があるとともに、犬歯間幅径の成長が考えられ、使用頻度によっては成長抑制も考えられることに注意しなければならない。

(2) 混合歯列後期（図IV-19〜21）

　この時期には、側方歯群の萌出による適合不良が生じる可能性が高く、マウスガードの製作時には、側方歯群のブロックアウトが必要になる。このため、違和感の増加や維持力の低下、衝撃の吸収性からみた外傷予防効果の低下が予想される。前歯部の叢生や正中離開が認められた場合、乳犬歯の脱落や、犬歯の萌出による叢生や正中離開の改善も考えられる。したがって、頻度によっては正中離開を助長する可能性もある。

(3) 永久歯列期

　6|6が完全萌出していれば、成長による早期の適合不良は考えにくい。調整後は3〜6か月のリコールが必要となる。

　以上のことから、混合歯列期の製作方法としては以下の方法が考えられる。

方法①：まめに再製

　定期的に来院することが可能であれば、通法どおりにマウスガードを製作し、歯列の状態に変化があればすぐに再製するという方法をとってもよい。また、マウスガードが合わなくなれば来院してもらうという方法をとる場合には、マウスガードの適合していない状態、再製の必要性についてしっかり説明しておかなければならない。

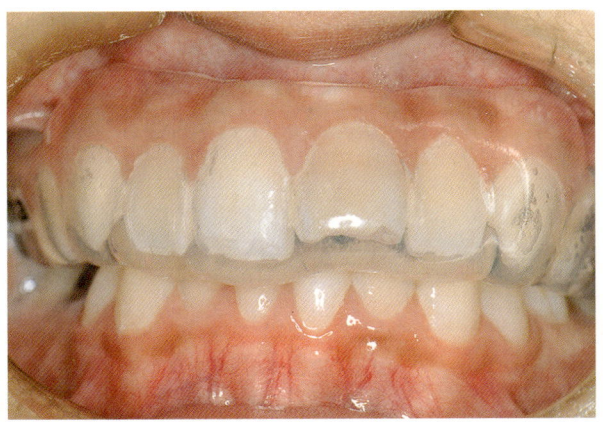

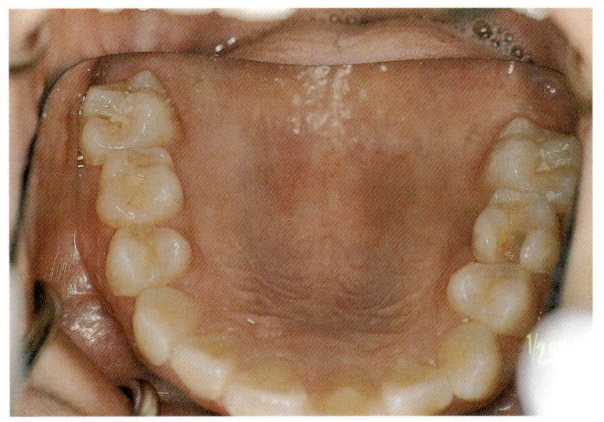

図 IV-19（上左）：上顎前歯部に外傷を受けた小児に対するマウスガードの例。
図 IV-20（上右）：マウスガードの咬合面観。Eが残存している。
図 IV-21（右）：Eの交換が考えられるため、交換後に削除できるように、その部位にあらかじめ厚みをもたせて製作してある（図は大阪大学歯学部小児歯科学講座のご厚意による）。

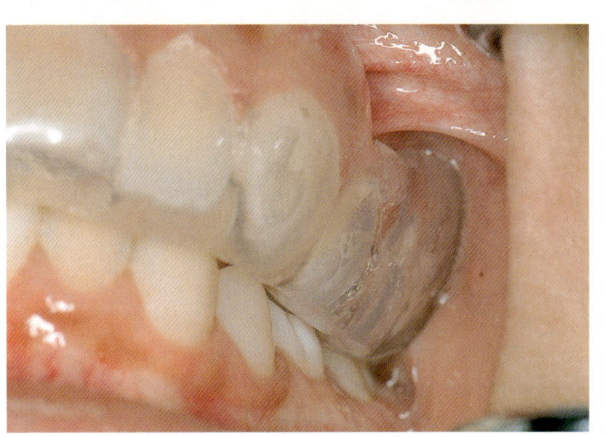

方法②：ブロックアウト

　石膏模型上で歯の萌出スペースを考慮し、ブロックアウトを行った後、通法どおりに製作を進める。マウスガードと萌出中の歯の間のスペースは、使用する度にユーティリティワックスで埋めることをすすめるという報告[2]もある。

　方法①よりは長期間使用することができ、萌出を阻害する心配もない。それでも歯列の変化や顎骨の成長を定期的に観察し、必要ならば再製を行う。

方法③：マウスフォームドタイプの利用

　変化する歯列に患者自身で対応してもらうため、マウスフォームドタイプを利用する方法[3]。適切な製作方法については第Ⅷ章「1）マウスフォームドタイプの上手な作り方」を参照のこと。

　Boil＆Biteタイプでは熱湯を使用するため、火傷をしないよう細心の注意が必要である。

■参考文献
2) Croll TP, Castaldi CR：The custom-fitted athletic mouthguard for the orthodontic patient and for the child with a mixed dentition Quintessence Int. 20(8)：571-575, 1989.
3) Bakland LK, Boyne PJ：Trauma to the Oral Cavity, Clinics in Sports Medicine 8(1)：25-41, 1989.

4. 矯正患者のマウスガード

　矯正装置を装着している患者、とくにブラケットを装着している患者の場合は、軟組織の裂傷が多い。通常ならば歯が脱落するような衝撃に対して、装置により固定されていたために、歯槽窩内に収まっていたという症例もあるが、その際の軟組織の裂傷は重度のものである。マルチブラケット装置はリスクファクターのひとつと考えられ、スポーツ時にはマウスガードの装着がすすめられる。また、矯正治療中の学生や選手にマウスガードを製作、装着させる際には、矯正装置の上から装着させることで変化することや、装置や治療を阻害しないように、その部分をリリーフして中空にすることで、噛みしめた際に容易に変形したり、脱離しないようにすることに注意しなければならない。

　なお、急速拡大装置などで歯列弓が拡大している患者に対しては、歯列弓幅の変化が大きいために、長時間のカスタムメイドタイプマウスガードの装着は避けるべきである。これは、マウスガードが印象採得した歯列へ戻すような矯正力をかけることになってしまうからである。

　従来までの矯正用マウスガードには、カスタムメイドタイプマウスガードを製作する方法と、マウスフォームドタイプのマウスガードを利用する方法とがある。前者の場合は、印象を採得し石膏模型を製作するわけであるが、この場合、石膏模型上で矯正装置の細かなアンダーカットや矯正移動する予定のスペースについて、歯の移動を阻害しないようにブロックアウトを行い、その後、通法どおりに製作するという機序である。装着時には中空部分にティッシューコンディショナーなどを注入することが推奨される（山田ら、1997）[4]。この他、松田ら（2000）[5]が、移動予定歯とアンカー予定歯を考慮するとともに、ラミネートによる製作方法ならびに補強構造を付与するなどの工夫を凝らした製作方法も開発している（図IV-22、23）。

　一方の後者は、ストックタイプに近い構造のもので、使用時には上下顎で噛み合わせることに

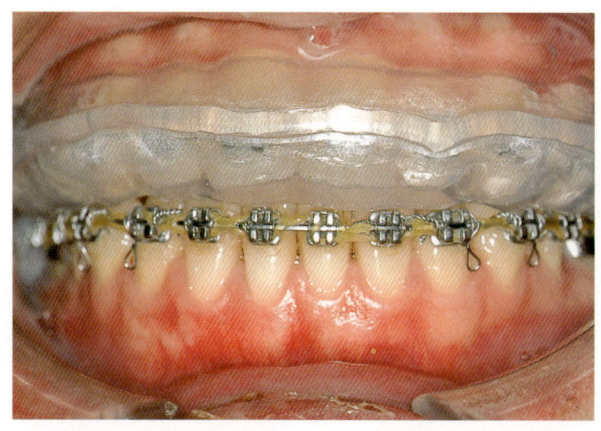

図IV-22：上顎に装着された矯正治療時用マウスガード。歯の移動を考え、リリーフしてある部位を外側から補強してある（図は大阪大学歯学部歯科矯正学講座のご厚意による）。

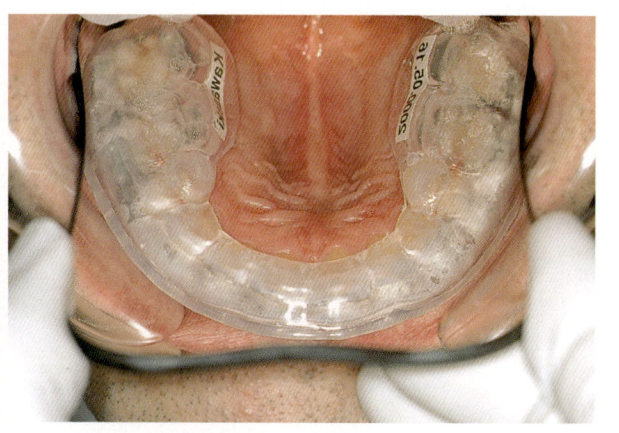

図IV-23：咬合面観では、口蓋側に名前と装着日までの情報を埋め込んである（ミラー像：図は大阪大学歯学部歯科矯正学講座のご厚意による）。

より、唇頬側のブラケットによる軟組織の損傷を防止する目的がある。マウスフォームドタイプでは熱湯を使用するため、火傷をしないよう細心の注意が必要である。

■参考文献
4) Yamada J：Mouthguard for athletes during orthodontic treatment.Endod Dent Traumatol, 13(1)：40-1 1997.
5) 松田信介, 多賀義晃, 前田芳信, 他：矯正患者に対するマウスガードの制作方法, 第11回スポーツ歯科医学会学術大会プログラム抄録集, 42, 2000.

5. 義歯装着者のマウスガード

　部分欠損、あるいは無歯顎の症例においても、マウスガードが製作される可能性は増加している。部分欠損症例でパーシャルデンチャーが装着されている場合には、クラスプなどの鋭利な金属部分で思わぬ大きな外傷となることが予想される。部分欠損患者の場合には、プレー中はパーシャルデンチャーを外しておくことや、その状態で装着できるマウスガードを製作する必要性が出てくる。無歯顎者は、義歯をはめない状態では咬合支持が得られないので、静止時の安定が得にくくなることもあり、可能であれば上下顎用のマウスガードを装着することが望ましい。
　以下に、部分欠損患者のマウスガード製作方法、および無歯顎患者のマウスガード製作方法を示す。

部分欠損患者のマウスガード製作方法
① パーシャルデンチャーが装着された状態で上下顎の印象を採得し、模型を製作する。また、パーシャルデンチャーを外した状態の印象をも採得し、同様に模型を製作する。
② 通法に従ってマウスガードを製作する。
③ 欠損部の人工歯ならびに床の部分に、ヒートガンなどを用いてシート材を注入し補強する。このとき、デンチャーを外した模型上で、欠損部粘膜面との関係を調整する。
④ 咬合調整、辺縁の研磨を行い装着する。

無歯顎患者のマウスガード製作方法
　現在は、まだ効率的な無歯顎用のマウスガード製作方法は開発されていない。ここではBaraovichの方法[6]を紹介する。
① 上下顎印象採得する。
② ビニールレジンのベースにろう堤を付与した咬合床の製作する。
③ 咬合採得する。
④ 咬合器に装着する。
⑤ 前歯部は呼吸しやすいようにろう堤を削除する。
⑥ ワックス部をビニールレジンに置き換える。

■参考文献
6) Baraovich GJ：Mouth protector for an edentulous patient.JProsthet Dent, 34：588-590, 1975.

第Ⅴ章 マウスガード製作の実際③
技工操作

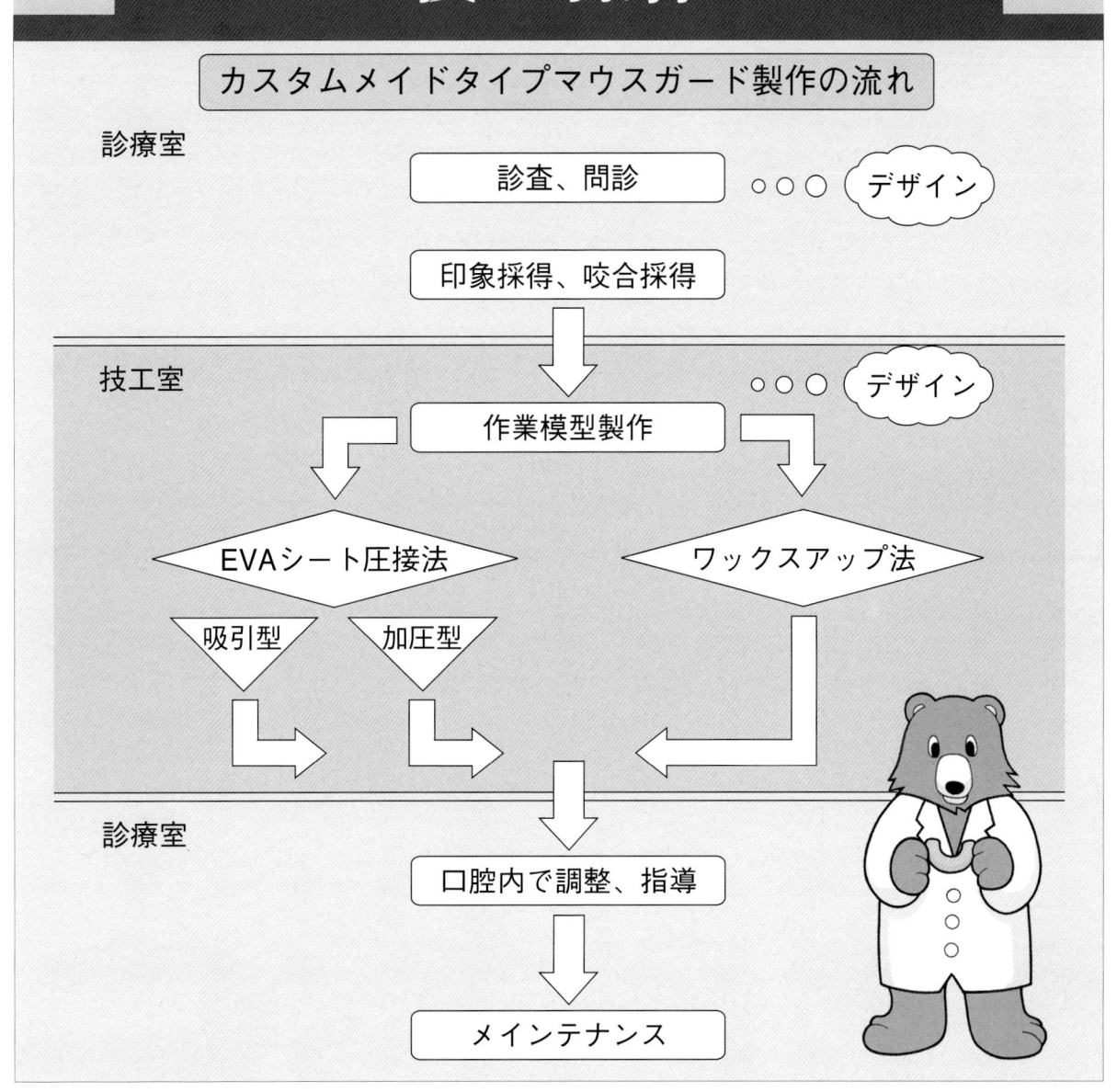

カスタムメイドタイプマウスガード製作の流れ

診療室
- 診査、問診 ○○○ デザイン
- 印象採得、咬合採得

技工室
- 作業模型製作 ○○○ デザイン
- EVAシート圧接法
  - 吸引型
  - 加圧型
- ワックスアップ法

診療室
- 口腔内で調整、指導
- メインテナンス

　先に紹介したように、カスタムメイドタイプマウスガードの製作法で現在一般的なのは「EVAシート圧接法」である。この方法に対応する材料、器械、器具も多く市販されておりバラエティに富んでいる。本章では、器械の仕組みが単純であり安価な吸引型による操作を軸に、シングルレイヤー(1層)マウスガードの製作を解説し、さらに、加圧型によるラミネートマウスガードのデザインと技工操作にも触れる。もうひとつの方法「ワックスアップ法」についても写真とともに技工操作を紹介する。

1. EVAシート圧接法 —吸引型—

　加熱軟化したEVAシートをステージ下部より吸引することによって圧接、成型する方法である。加圧型よりも適合性が劣るといわれるが、ポイントをおさえればマウスガードに十分な適合性を得ることは可能である。逆にいえば、ポイントとなる操作を誤れば、適合性に大きな影響が出てしまうので注意しなければならない。吸引型シート圧接器は、安価である、操作が単純でわかりやすい、といった利点がある。欠点としては、ラミネートタイプの製作ができない、模型の乾燥度の影響を受けやすい、などである。一般的な吸引型のシート圧接器は、ヒーター、シートを保持するフレーム、模型を置くステージ、吸引モーター、スイッチからなっている。スイッチは、ヒーターのものと吸引モーターのものの2つだけ、という単純な仕組みのものがほとんどである。シートは通常、角形を用いる（第Ⅱ章「2. マウスガードの種類」参照）。

1）作業模型の製作、準備

　作業模型の製作には、吸引型シート圧接法におけるポイント、とくに適合性を向上させるためのポイントがぎっしり詰まっている。その理由を知れば、単純明解なものばかりである。キーワードは"模型の通気性"である。

　加熱軟化されたシートが作業模型に圧接された瞬間、シートと模型の間には空気が入ってしまう。吸引型シート圧接器では、この空気をバキュームプレート下部より吸引し逃がすことによって、シートと模型は適合していく（図V-4、5）。このとき、空気の逃げ道は石膏模型を通じてのルートしかない（図V-6）。よって、空気がどれだけ石膏模型を通り抜けやすいか、つまり"模型の通気性"が良好な適合を得るためのポイントとなる。

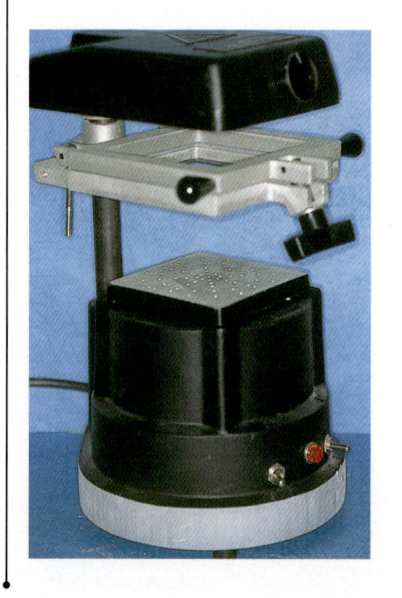

図V-1(左)：吸引型シート成型器（バキュームフォーマー；T&S社）。
図V-2(中)：角形シート。マウスガード用として様々な色がある。厚みは2～4mmぐらいのものがある。
図V-3(右)：角形シート。2～3色の模様になっているシートもある（フィットガード；マートリーダー社）。

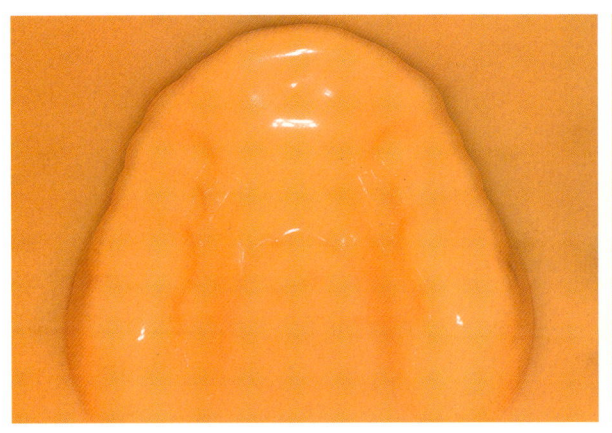

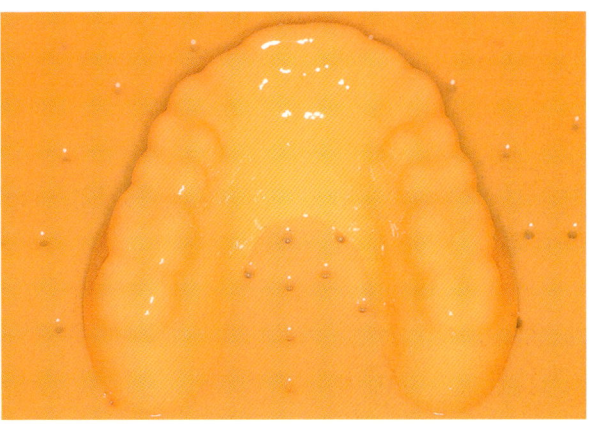

1．EVAシート圧接法—吸引型—

図 V-4（上左）：シートを模型に圧接した瞬間。まだほとんど適合していない。
図 V-5（上右）：吸引圧接が終了したところ。圧接を始めたとき、*図 V-4* よりも歯の形がくっきりし、シートと模型が合っている様子がわかる。
図 V-6（右）：吸引型シート圧接器では、作業模型とシートの間に入ってしまった空気を下部より吸引し逃がすことによって、シートと模型は適合していく。したがって、空気の通り道となる"模型の通気性"が良好な適合を得るためのポイントとなる。

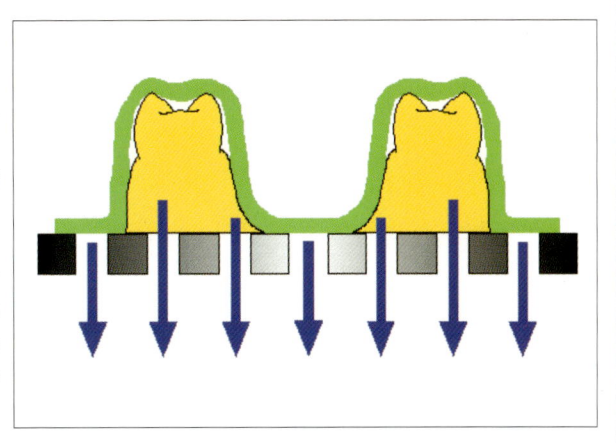

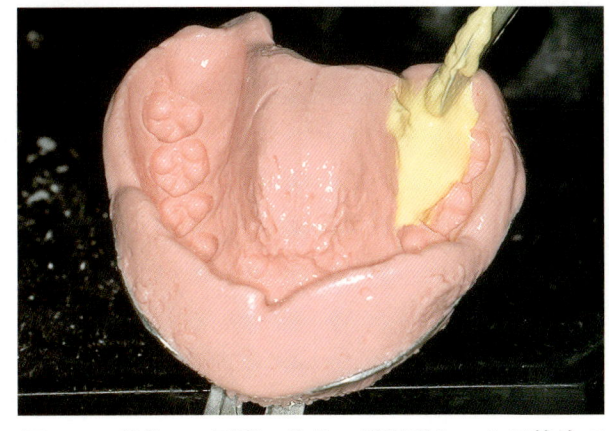

図 V-7：印象への石膏の注入。吸引型シート圧接法では、ここにひとつめのポイントが隠れている。
ポイント：①硬石膏を使用する、②手練和が好ましい。

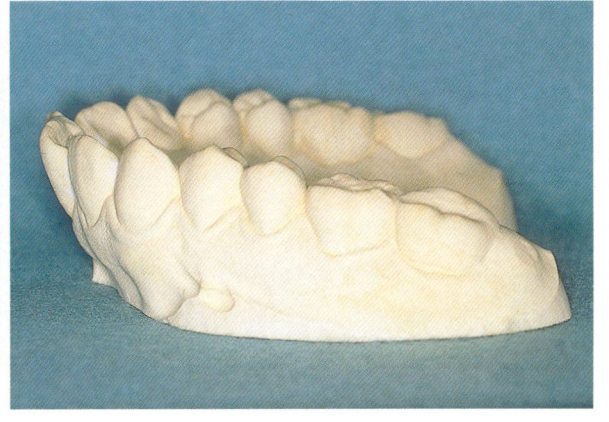

図 V-8：シートの厚みの確保、および良好な適合を得るため、作業模型は可及的に薄くする。底面を平らに仕上げておくことも重要である。

（1）石膏練和、注入　　**ポイント**　硬石膏を使用する。手練和が好ましい。

① 模型の通気性を向上させるため、石膏は硬石膏を使用し手練和を行うのが好ましい（*図 V-7*）。超硬石膏や真空練和では石膏模型の通気性が減少するので、シート圧接時に空気の逃げ道が少なくなり適合性が悪くなる可能性がある。

② 石膏を印象に注入する。

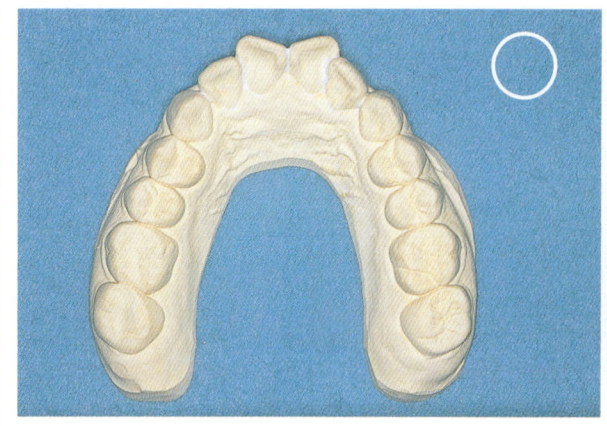

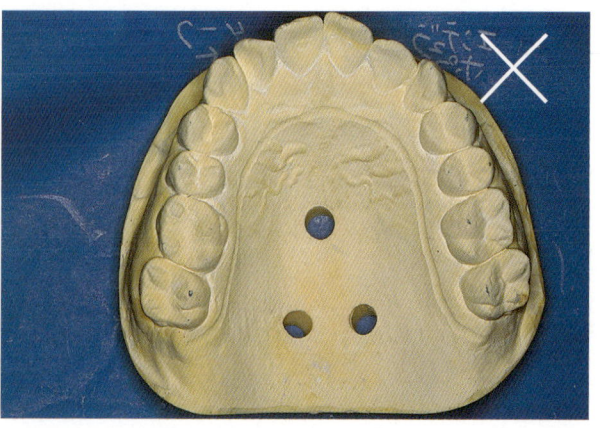

第Ⅴ章　マウスガード製作の実際③ 技工操作

図 V-9：作業模型の口蓋部を抜くことは必須ではないが、模型を薄くなるようトリミングすると結果的に抜けることが多い。

図 V-10：作業模型の口蓋部に小さな孔をあけることは意味がない。シート圧接した瞬間に塞がれてしまうから通気孔としての役目は果たさない。

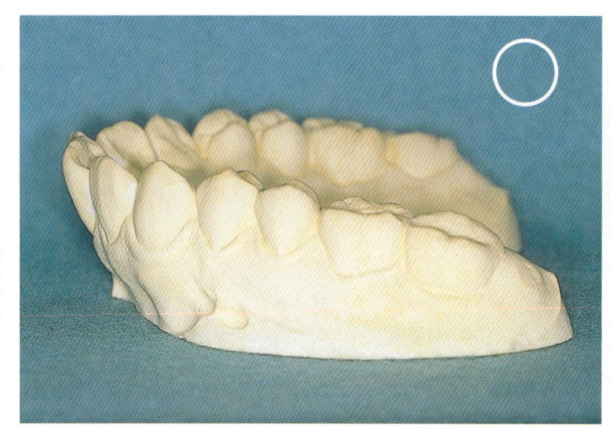

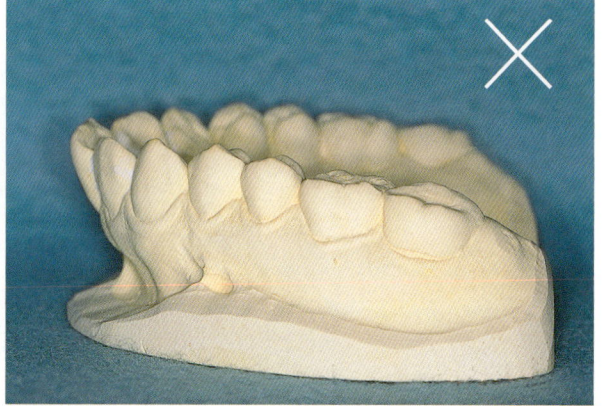

図 V-11a(左)、b：シートがスムーズに圧接されるような形態にする。aの形態がよい。bはトリミング不足。

（2）トリミング、形態修整

ポイント　模型の基底面は平坦に。模型は可及的に薄く。エッジをつくらない。深いアンダーカットはなくす。

① 石膏模型基底面は、トリマーを用いてステージにフィットするように平坦に仕上げておく。基底面が平坦でないと、シートが底面に入り込んでしまったり、模型が割れる原因となったりすることがある。

② 可及的に石膏模型は薄くする（図 V-8）。口蓋は抜けてしまってもよい。概形としては馬蹄形にすることが多い（図 V-9）。石膏模型を低くすることにより、軟化されたシートをできるだけ延ばさないようにする（成型後のシートの厚みの確保）。空気の通過する距離を短くすることで模型を通しての吸引力を得ること（良好な適合を得ること）ができる。

注：吸引力を得る目的で口蓋に小さな孔をあけることは意味がない（図 V-10）。シートが模型面に接した瞬間にこの孔は封鎖されることになるため、通気孔としての役目を果たさないからである。

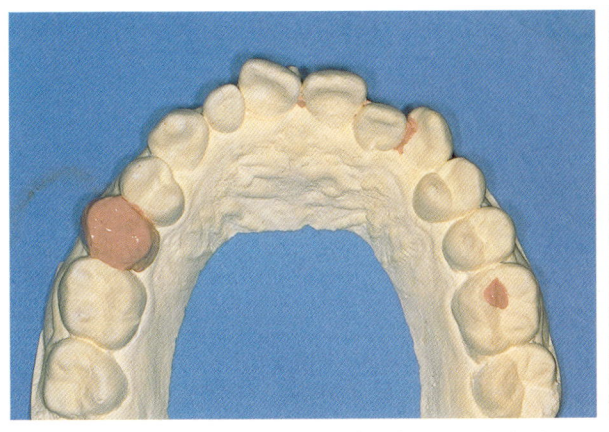

図 V-12：歯列不正部、カリエス、治療中、などをブロックアウトしたもの。治療予定部位（カリエス）、治療中部位、歯列不正による大きなアンダーカットはブロックアウトしておく。

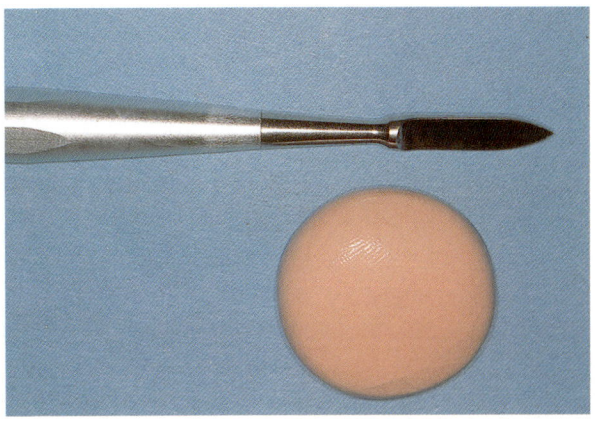

図 V-13：ブロックアウトコンパウンド。シート成型のブロックアウト材として市販されている。粘土状で硬化しない。

③ エッジ状になっている部分はカーバイドバーなどで丸める。模型に鋭利なエッジを残すと、成型時にシートが裂けて圧接ができなくなる恐れがある。
④ 齦頬移行部は、深いアンダーカットとならないよう形態修整する。模型下底面へ垂直的になめらかに移行する形態に近づける（*図 V-11a、b*）。
⑤ 印象に混入した気泡による石膏模型の凸部はすべて弾く。

（3）ブロックアウト(図 V-12、13)

① 石膏に混入した気泡による凹部の形態修整を行う。
　模型の凹部はシートが入ってしまうと口腔内で適合しなくなってしまうので注意を要する。
② 現在治療中の部分（根管治療中の歯、修復物・補綴物が入る予定部位など）は最終形態を予想してブロックアウトする。
③ 今後治療予定のある部分、治療が必要と考えられる部分（カリエスによる欠損部、破折による欠損部など）についてもブロックアウトしておく。
④ マウスガード材料には弾性があるが、歯の捻転、傾斜などによって生じる大きなアンダーカットはブロックアウトした方がよい。

■ブロックアウトに用いる材料

ブロックアウトには石膏、即時重合レジンなどを用いればよい。ワックスはシート成型時に溶けてしまうので使用しない。ブロックアウトに用いる材料を以下に紹介する。

　ⅰ．石膏
　ⅱ．即時重合レジン
　ⅲ．コンパウンド…硬化しない粘土状の材料（*図 V-13*）
　ⅳ．ブロックアウトレジン…ブロックアウト用の光重合レジン。操作性がよい
　ⅴ．高融点ワックス

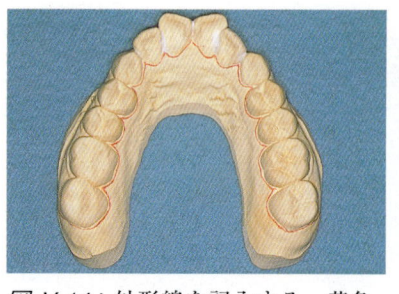

図 V-14：外形線を記入する。黄色、オレンジ色などの色の薄めのシートを圧接する場合には、黒の油性ペンで記入しておくとシートの上からでも十分みえる。

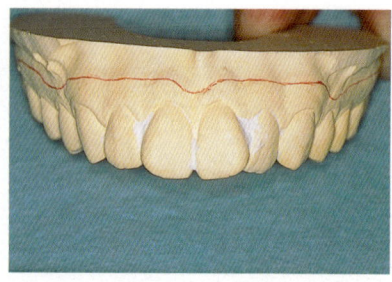

図 V-15：正面からみた外形線の記入例。小帯部を避ける。

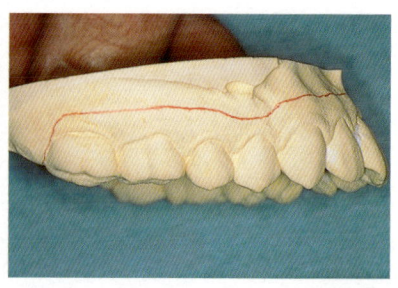

図 V-16：側面からみた外形線の記入例。

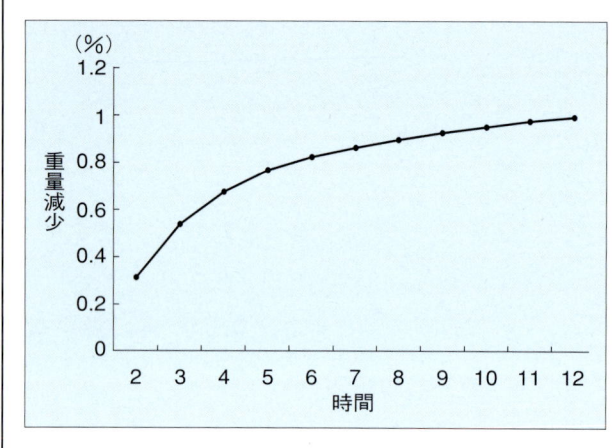

図 V-17：石膏の乾燥と放置時間の関係。石膏硬化後の重量減少を計測した。長時間放置すれば石膏は乾燥し通気性がよくなる。石膏の乾燥は、吸引型シート成型で適合性を向上させるためにもっとも重要な要素である。少なくとも3時間は乾燥すること。

（4）外形線を記入する(図 V-14〜16)

ポイント 第Ⅳ章のデザインを基本に！

クリアのシートを圧接する場合には、何で記入してもよい。黄色、オレンジ色などの色の薄めのシートでは、黒の油性ペンで記入しておくとシートの上からでも十分見える。濃い色のシートを圧接する場合には、シートの上からは外形線がみえなくなるので、記入するとともにだいたいの位置は覚えておかなければならない。外形線のデザインについては、第Ⅳ章『マウスガード製作の実際②マウスガードのデザイン』を参照のこと。

（5）模型を乾燥する

ポイント 模型は必ず乾燥させる。

石膏硬化後、3時間以上（できるだけ長く）放置し模型を乾燥させる（図 V-17）。急ぐ場合はオーブンを使用してもよい。

模型の乾燥は、通気性に非常に大きく関与する。つまり、適合性を左右することになる。

（6）分離剤を塗布する

ポイント 分離剤は薄く。

模型は決して水にはつけない。表面の焼きつきを防ぐことが目的なので分離剤は薄く塗布する。分離剤の塗り過ぎは模型の通気性低下の原因となるので注意する。分離剤としてはシリコーンスプレー、アルギン酸系分離剤（図 V-18、19）などがある。シリコーンスプレーが体に有害で

1．EVAシート圧接法―吸引型―

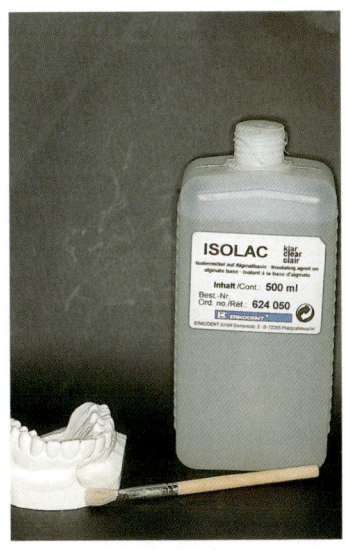

図 V-18：アルギン酸系分離剤―アクロセップ（ジーシー社）。

図 V-19：アルギン酸系分離剤―イソラック（エルコデント社）。

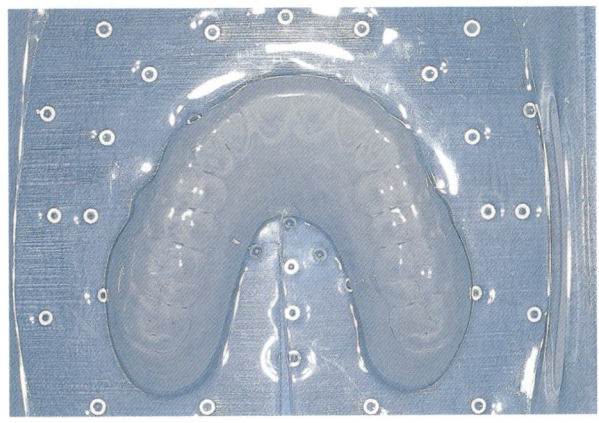

図 V-20：シリコーンスプレーを分離剤として用いた場合。シートの細かな凹凸に入ってしまい透明なシートを成型すると白く曇ってしまう。

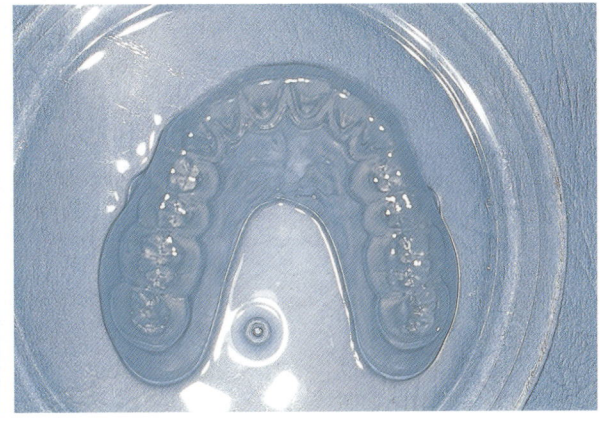

図 V-21：アルギン酸系分離剤を使用した場合。石膏表面に薄い層をつくるため、透明なシートでも曇らない。不適合の原因となるので、分離剤はごく薄く塗布すること。

あるとされることと、透明シートの仕上がりがきれいなことから（図 V-20、21）、アルギン酸系分離剤がすすめられる。通気性に影響するので、このとき決して水に浸けたりしないこと。

2）シート圧接

　吸引型シート成型器はいたってシンプルな仕組みでわかりやすい。前項の1）作業模型の製作、準備で述べたポイントに従い、作業模型の製作、準備ができていれば、シート圧接はうまくいき、適合の良好なマウスガードが成型される。成型後は変形しやすいので、すぐ外してはいけない。十分冷却してから、次のステップへ進む。

（1）シート、模型のセット
① EVAシートをフレームにセットし、ヒーター方向へスライドさせる（図 V-22）。

第Ⅴ章　マウスガード製作の実際③ 技工操作

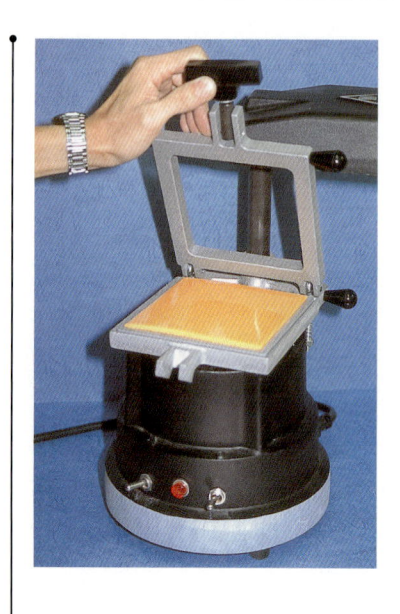

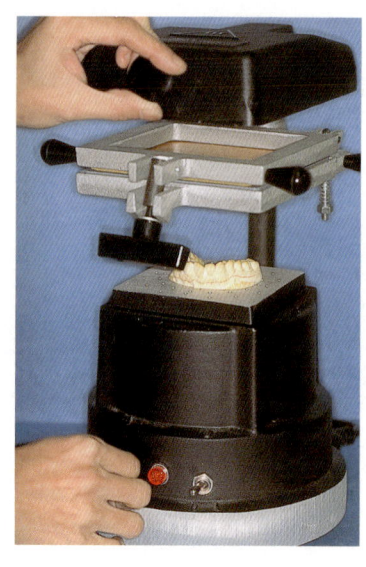

図 V-22(左)：シートをフレームにセットする。
図 V-23(右)：作業模型をバキュームプレートの中央にセットする。

② 作業模型をステージにセットする(図 V-23)。

（2）シートの加熱軟化、圧接　　**ポイント**　作業模型の製作、準備における操作がマウスガードの適合を左右する。シートは自然に放冷する。すぐに外さない。

① ヒーターのスイッチを入れ、EVAシートを軟化する。
② シートは少し軟化されたところで一度上へ上がる(スプリングバック、第Ⅱ章p.62参照)。その後、急速に垂れ下がってくる。シートが約1〜2cmほど垂れ下がったところが圧接のタイミングの目安である(図 V-24)。圧接のタイミング、シートの軟化時間は製品によって異なる。使用するEVAシート、圧接器の性質に合わせて微調整するとよい。
③ バキュームのスイッチを入れ、フレームをステージの位置まで下げ(シート枠を一度持ち上げてから下げると、スムーズに動く)、EVAシートを圧接する。すぐに、ヒーターを回転させてシートから離し、ヒーターのスイッチを切る。
④ シートを圧接した瞬間に、シートと石膏模型の間に入った空気が石膏模型を経由して排除され、シートが石膏模型と適合していく様子が観察できる(図 V-25、図 V-4、5 参照)。このとき、手指でシートを圧接したり、押さえてはならない。その部分が薄くなったり、表面が汚くなってしまう(図 V-26)。模型の通気性が十分であれば、指で圧接しなくても良好な適合が得られる。
⑤ 十分に圧接されたら、バキュームのスイッチを切る。シートを触ってみて(触るのは平らな部分。マウスガードになる、成型中の部分は触ってはならない)粘着性がある間はまだ成型が可能である。その間は吸引圧接を続ける(目安は3.8mmシートで4分以上)。
⑥ 成型されたシートは模型から外さずに放冷する(図 V-27、28)。冷水などで急冷するのは、シート内部に応力が残留して使用時の変形や、使用効果の減弱を招く恐れがある(図 V-29)。

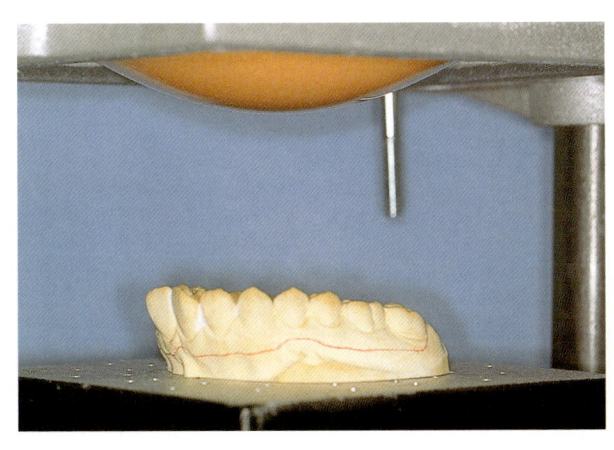

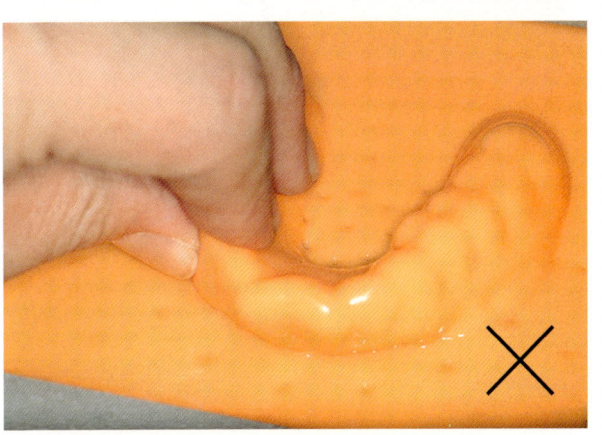

1. EVAシート圧接法—吸引型—

図 V-24(上左)：圧接のタイミング、シートの軟化時間は製品によって異なる。使用するEVAシート、圧接器の性質に合わせて微調整するとよい。

図 V-25(上右)：シートと模型の間の空気が吸引されることによって、シートが圧接されていく。

図 V-26(右)：シート圧接中は、手指でシートを触ると表面が汚くなってしまう。石膏が乾燥していれば手指による圧接は全く必要ない。

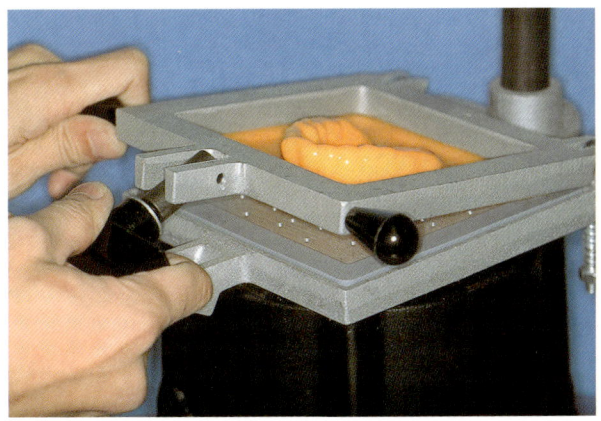

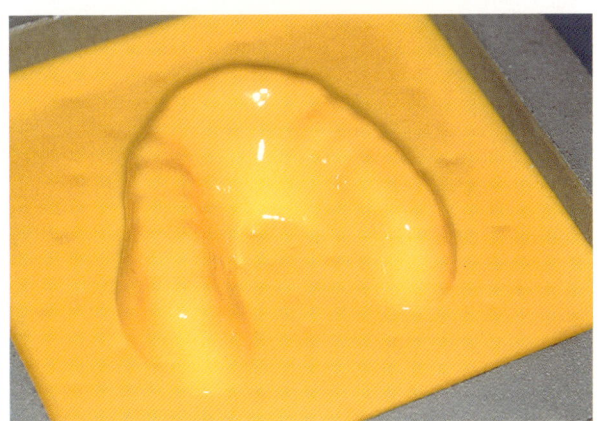

図 V-27(上左)：十分に圧接されたら、バキュームのスイッチを切り圧接を終了する。シートをフレームから外す。

図 V-28(上右)：3.8mmシートが十分に圧接された状態。

図 V-29(右)：成型されたシートは自然に放冷する。急冷はしない。

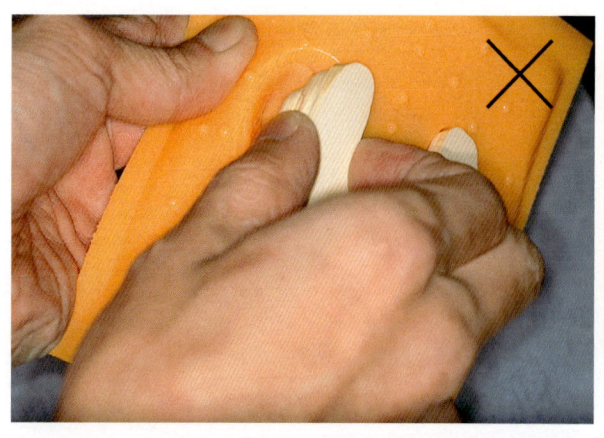

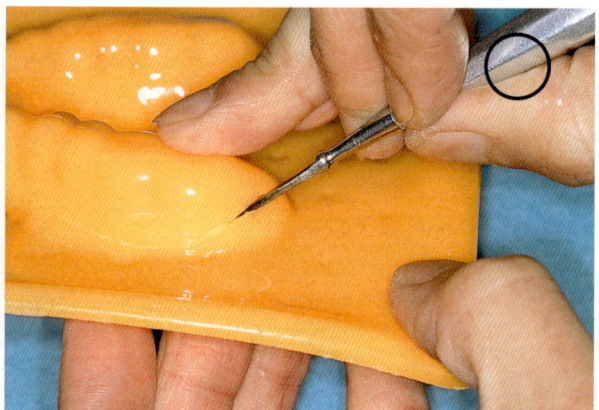

第Ⅴ章　マウスガード製作の実際③ 技工操作

図 V-30（上左）：シートを切り取らずにむりやり模型から外すことは、永久変形の原因となる。
図 V-31（上右）：シートは模型から外す前に、加熱した技工用彫刻刀などで外形を切り取る。
図 V-32（左）：ソニックカッター。カット面がきれいであるが、少し時間がかかる。

3）シートの取り外し

　圧接が終わったら、あわててシートを模型から外してはならない（図 V-30）。シートが冷えるのを待って、さらに外形を切り取り、初めて取り外しとなる。シートを永久変形させないため、石膏模型の破損を防ぐための細心の配慮である。
　このステップで、いよいよ、マウスガードらしい形になってくる。

（1）シートの切り取り

ポイント　シートを模型から外す前に、大まかに外形を切り取る。

① シートが完全に冷めたことを確認する。
② 石膏模型から成型されたシートを外す前に、加熱した技工用彫刻刀あるいはソニックカッターなどで外形線上あるいは少し大きめに切り取る（図 V-31、32）。
③ シートが切り取れたら、石膏模型より取り外す。

（2）適合性の確認

① シートの内面を観察し、適合状態をチェックする。咬合面、歯頸部などの再現性をみればよい。アルギン酸系分離剤を使用していない場合には、しっかり圧接されている部分は成型前にあったシートの光沢がなくなっている（図 V-33〜36）。

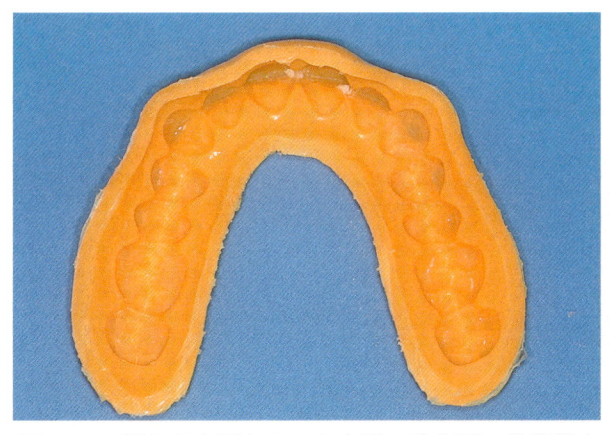

図 V-33：適合が良好なシート内面。咬合面、歯頸部まできれいに再現されている。

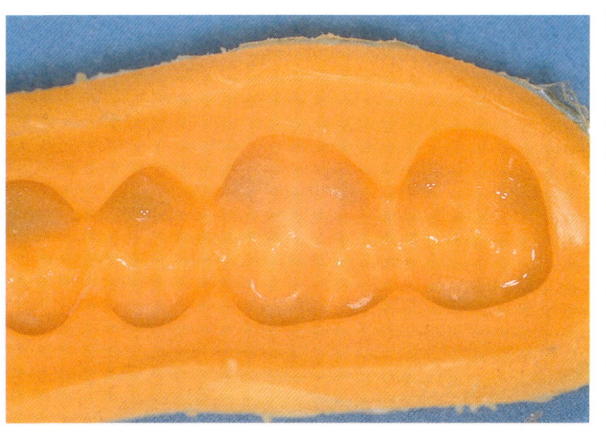

図 V-34：アルギン酸系分離剤を使用していない場合には、しっかり圧接されている部分は、成型前にあったシートの光沢がなくなっている。

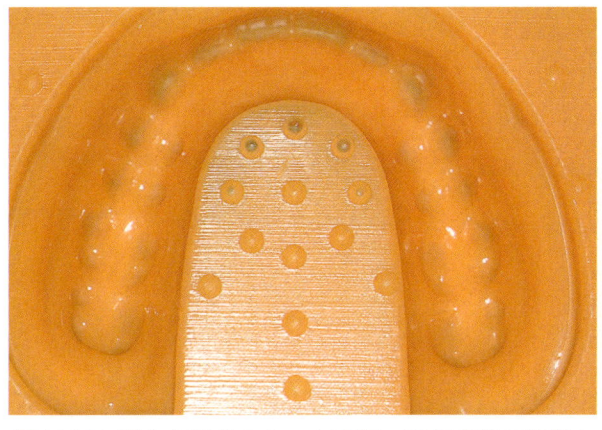

図 V-35：適合が不良なシート内面。硬化直後の乾燥していない作業模型を用いて成型したもの。

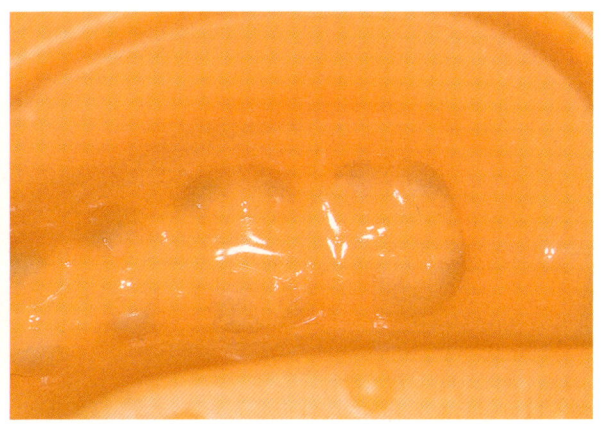

図 V-36：適合が不良なシート内面。圧接されていない部分はシートに光沢が残っている。

② さらに、十分な維持力があることを模型上で確認する（図 V-37）。

4）形態修整

外形を切り取った後の操作―辺縁形態、研磨、仕上げ、咬合調整―については、操作が前後してもかまわない。外形については、アンダーカットによる着脱時の変形を最小限にするために、初めに行う。

(1) 外形

まずは辺縁を外形線にバットジョイント状に合わせていく。加熱した技工用彫刻刀、金冠ばさみ、カーバイドバー、フィッシャーバーなどを使用するとよい（図 V-38）。

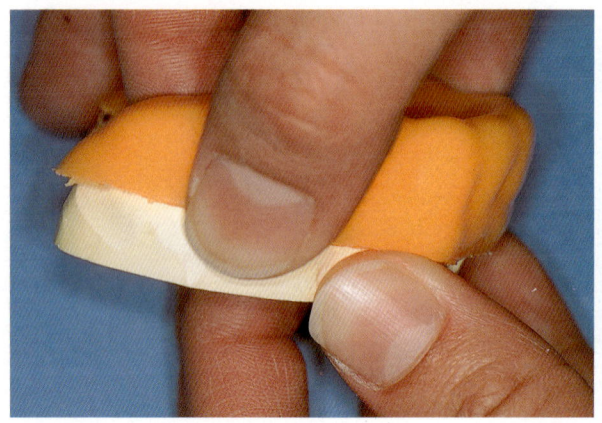

第Ⅴ章　マウスガード製作の実際③ 技工操作

図 V-37：模型上で十分な維持力があることを確認する。適合が不良であると、維持力は低い。

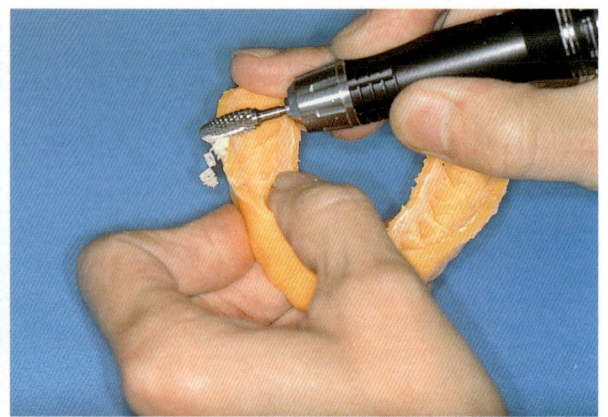

図 V-38：カーバイドバーやフィッシャーバー、加熱した技工用彫刻刀、金冠ばさみなどを使用し、辺縁を外形線に沿って、まずバットジョイント状に合わせていく。

(2) 辺縁形態

　カーバイドバー、カーボランダムバー、荒研磨用ポイント（後述）などを用いて、辺縁を丸める。ナイフエッジ状にすると装着感がよい。ただし薄くしすぎると装着感はよいが変形しやすくなることがあるので注意する。

5) 研磨、仕上げ

　EVAに限らず、義歯に使用する軟質裏装材などの軟質素材は研磨が難しい。マウスガードの研磨に関しては、まだまだ発展段階といえるのではないだろうか。しかしながら、研磨、仕上げ、というステップを踏めば、それなりの効果は得られる。

　以下には、研磨、仕上げ、それぞれについて主な方法を列挙しておく。また、参考までに組み合わせ例もあげておく。

(1) 荒研磨

　辺縁形態付与と荒研磨を厳密に分けることは難しい。両者を兼ねた操作として行ってもよい。バー、ポイントには以下のようなものがある。

① 荒研磨、形態修整用のバー、ポイント（図 V-39、40）
- カーバイドバー、フィッシャーバー：口蓋側辺縁を歯頸部ラインとする際の形態修整に便利である。
- カーボランダムポイント。
- コメットカーバイドカッター（コメット社）：従来のカーバイドバーよりも熱の発生を抑える設計になっている。バリが出にくい。
- ルビニット（大榮歯科産業）：ルビーの細かな粒が表面についている。バリが出にくい。

1．EVAシート圧接法―吸引型―

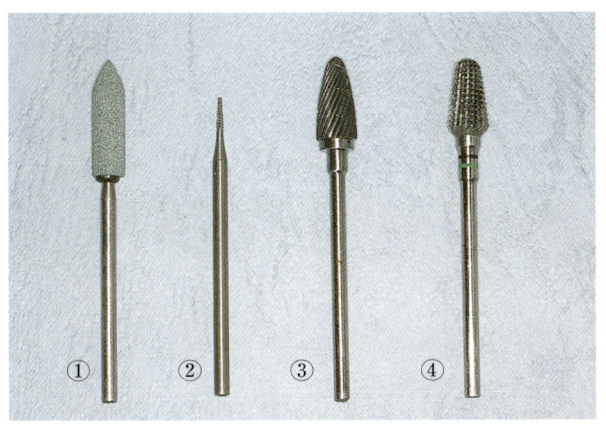

図V-39：荒研磨、形態修整用のバー、ポイント。①カーボランダムポイント、②フィッシャーバー、③カーバイドバー、④コメットバー。

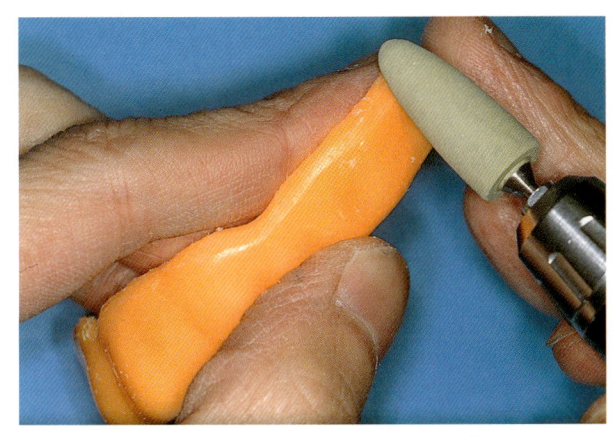

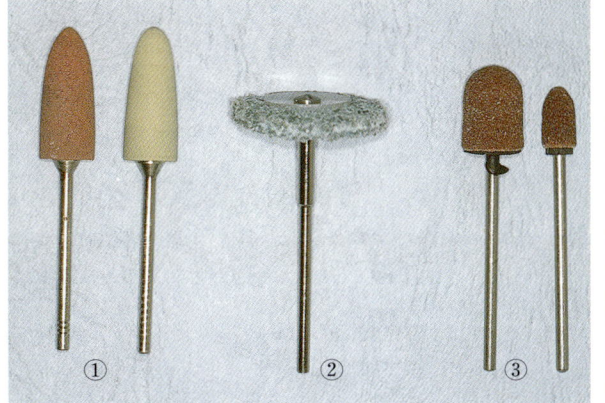

図V-40：ルビニット4種。

図V-41：シリコーンポイント使用中。研磨はシートに無理な力を加えず、指などで補強して研磨する。

図V-42：細研磨用のポイント。①ビッグポイント、②リスコS、③グラインディングキャップ。

（2）細研磨

① 細研磨用（図V-41～44）

- シリコーンポイント（井上アタッチメント社）：シリコーンポイントで研磨するとき、シートに対して押し付けると発熱によりシートの変形や表面のうねりができるので、フェザータッチで研磨していく。研磨はシートに無理な力を加えず、指などで補強して行う。
- リスコS（エルコデント社）：エルコプレスなどのシート成型器を取り扱っている会社のもの。マウスガードの研磨用として紹介されている。
- グラインディングキャップ（ドレーブ社）：ドゥルフォマットなどのシート成型器を取り扱っている会社のもの。マウスガードの研磨用として紹介されている。
- デンチャーポリッシャー（シンエイ社）：特殊合成繊維からできている。軟性材料専用ではなく、レジンにも金属にも使用できる、とされている。
- 軟質レジン研磨用のポイント：たとえば、ジーシーデンチャーリライン（ソフト）のセットに

105

第V章　マウスガード製作の実際③　技工操作

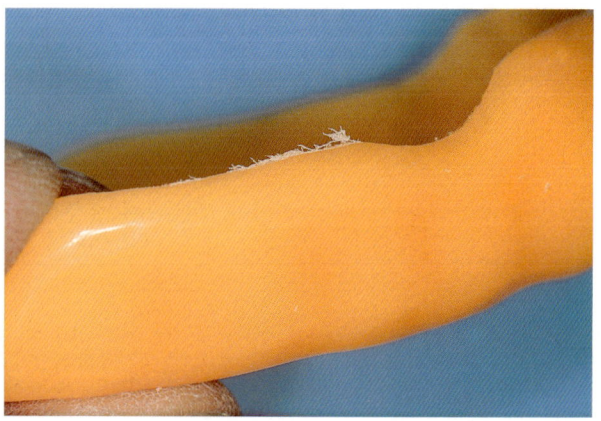

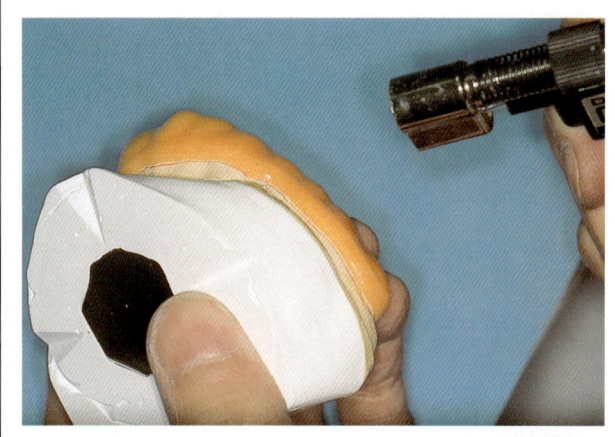

図 V-43（上左）：細研磨用のポイント。
左側2本：デンチャーポリッシャー（大榮歯科産業）。
右側2本：ジーシーソフトリライナー（ジーシー社）の付属品。
図 V-44（上右）：研磨でバリが出てしまった場合は、GPソルベント（日本歯科薬品）などの有機溶媒を浸した綿花で拭き取ればよい。
図 V-45（左）：トーチでごく表面だけ1層溶かすと光沢が出る。トーチを近づけすぎてシートを焦がしたり、長く当てすぎて変形させたりしないように注意すること。

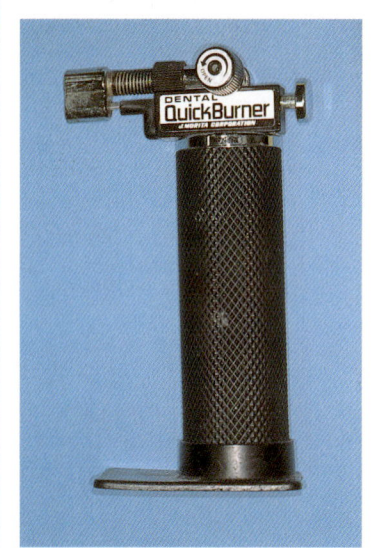

図 V-46：熱による仕上げ①。オルソフレームを使用する。

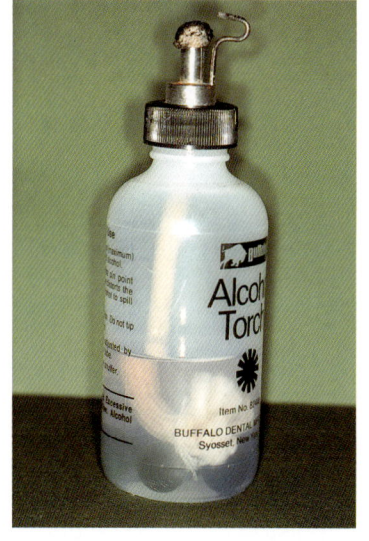

図 V-47：熱による仕上げ②。バッファロートーチを使用する。

図 V-48：熱による仕上げ③。ホットバーナーを使用する。炎が直接当たらないよう、温風だけが出るようになっている。

入っているバーなど。
　以上の研磨でバリが出てしまった場合は、GPソルベント（日本歯科薬品）などの有機溶媒を浸した綿花で拭き取ればよい。

1．EVAシート圧接法—吸引型—

図 V-49：有機溶媒による仕上げ。フィニッシングリキッド（ドレーブ社）を使用する。

組み合わせの例①（左）：診療室あるいは技工室に通常あるものを利用する方法。
組み合わせの例②（右）：比較的マウスガードに向いている器具を使用する方法。

| ① 形態修整：カーバイドバー、フィッシャーバー、カーボランダムバー |
| ② 研磨：シリコーンポイント（ビッグポイント） |
| ③ バリ除去：GPソルベント |
| ④ 仕上げ：バッファロートーチ |

| ① 形態修整：コメットカーバイドカッター |
| ② 荒研磨：ルビニット |
| ③ 細研磨：リスコS |
| ④ 仕上げ：フィニッシングリキッド |

5）仕上げ

シート表面を1層溶かし、光沢に仕上げることができる。熱を利用する方法と有機溶媒を利用する方法がある。

① 熱によるもの（*図 V-45～48*）
研磨による糸状のバリを残したままトーチを当てるとバリが黒く焦げるので、必ずバリは取り除かなければならない。また、加熱しすぎて表面を焦がしたり変形させたりしないよう注意する。
- オルソフレーム（ロッキーマウンテン社）
- バッファロートーチ（バッファロー社）
- ホットバーナー（エルコデント社）：炎が直接当たらないよう温風を出す仕組みになっているので、シートが焦げない。

② 有機溶媒（*図 V-49*）
- フィニッシングリキッド（ドレーブ社）：筆あるいは綿球に浸して塗布する。

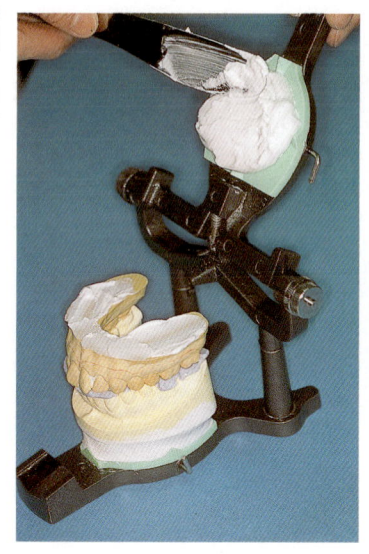

図 V-50：上下顎模型をチェックバイトに合わせて咬合器に装着する。
図 V-51：中心咬合位で咬合採得を行った場合にはピンを挙上する。

6）咬合調整

　マウスガードの咬合に関しては不明な点が多く、科学的根拠のあるものはまだない。しかしながら、咬合調整が必要であることは明らかである。ここでは、筆者らが採用している方法を示した。詳細およびその他の方法に関しては、第Ⅳ章『マウスガード製作の実際②マウスガードのデザイン』を参考にしていただきたい。

（1）咬合器装着

　シート圧接時には作業模型は薄くなくてはならない。したがって咬合器装着はシート成型が終わってから行う。

① 上下顎模型をチェックバイトに合わせて咬合器に装着する（図 V-50）。
② 中心咬合位で咬合採得を行った場合にはピンを挙上する（図 V-51）。挙上量は臼歯部のもっとも薄くなるところで安静空隙量が確保できるよう調節する。

（2）圧痕付与

① シート咬合面を軟化する（図 V-52）。トーチなどで咬合面を左右が均等になるように軽く軟化する。このとき加熱しすぎてシートを焦がしたり、変形させて辺縁が浮かないよう注意する。
② シートが軟化したら静かに咬合器を閉じ、シートの咬合面に対合歯の圧痕をつける。軟化したシートが硬化してから咬合器をあけるのが望ましい（図 V-53、54）。

（3）削合

　圧痕の周りにある余剰部分を削除し、フラットな面に圧痕が軽くついている状態に削合する。技工用カーバイトバー、カーボランダムポイントなどを使用する（図 V-55、56）。

1．EVAシート圧接法—吸引型—

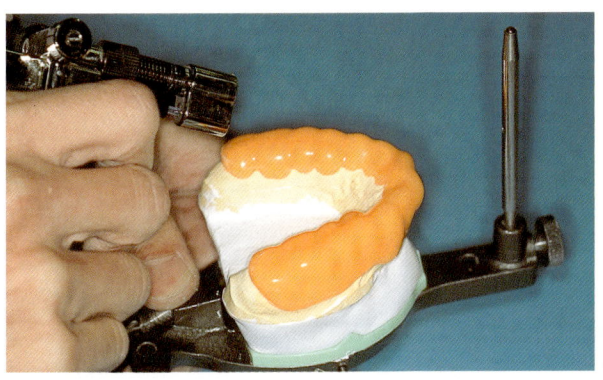

図 V-52（左）：トーチ等で咬合面を左右が均等になるように軽く軟化する。加熱しすぎてシートを焦がしたり、辺縁を浮かしたりしないよう注意する。
図 V-53（右）：シートが軟化したら静かに咬合器を閉じ、シートの咬合面に対合歯の圧痕をつける。

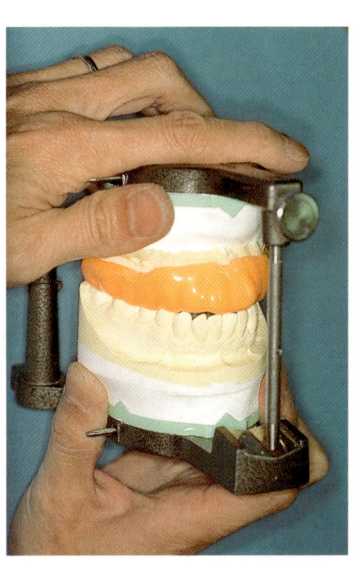

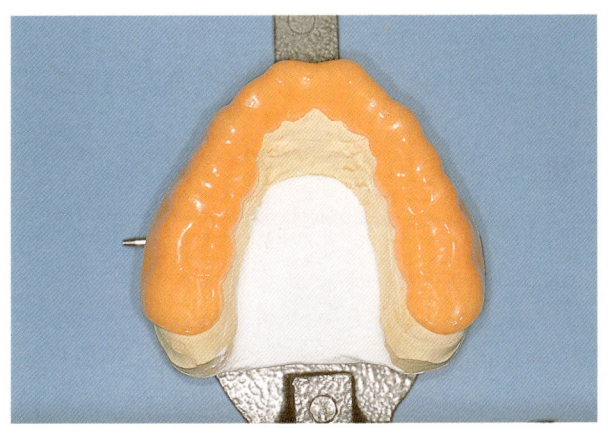

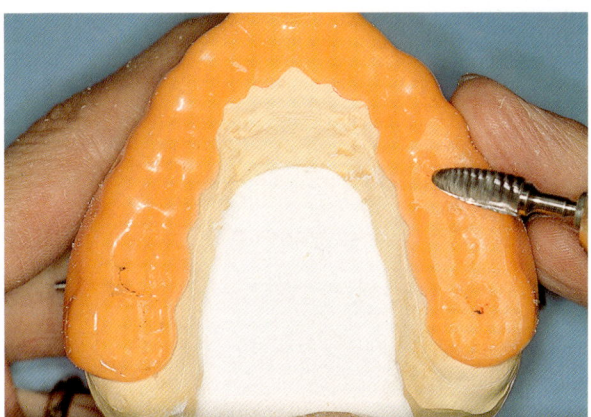

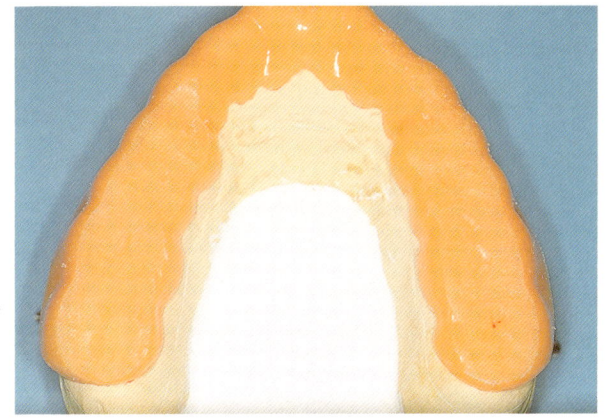

図 V-54（上左）：咬合面に付与された圧痕。
図 V-55（上右）：バーで削合。圧痕の周りにある余剰部分を削除し、フラットな面に圧痕が軽くついている状態に削合する。
図 V-56（右）：削合が終わった状態では両側に圧痕が得られる。

7）仕上がり

以上でマウスガードの完成である。仕上がりをチェックしよう（図 V-57〜60）。

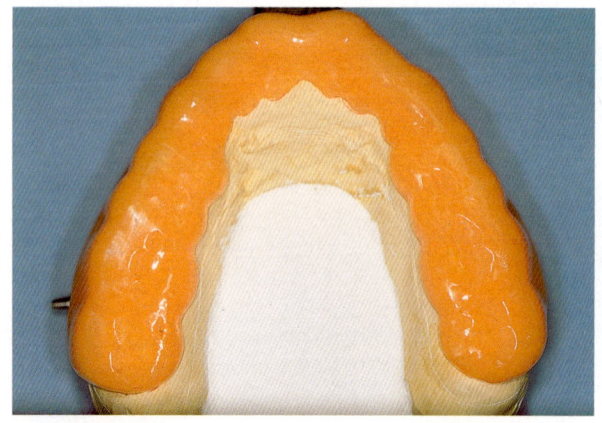

図V-57：完成したマウスガードの咬合面観。 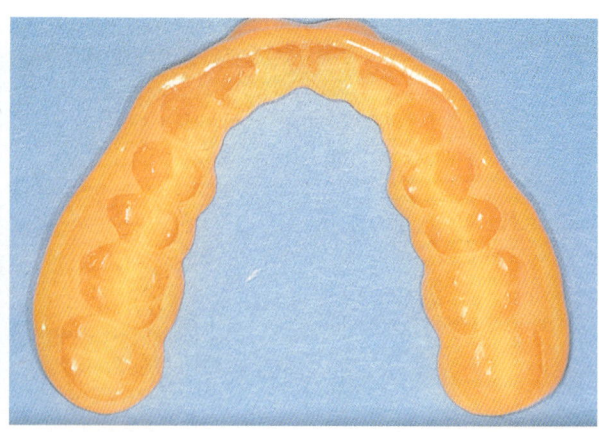　　　図V-58：完成したマウスガードの内面。

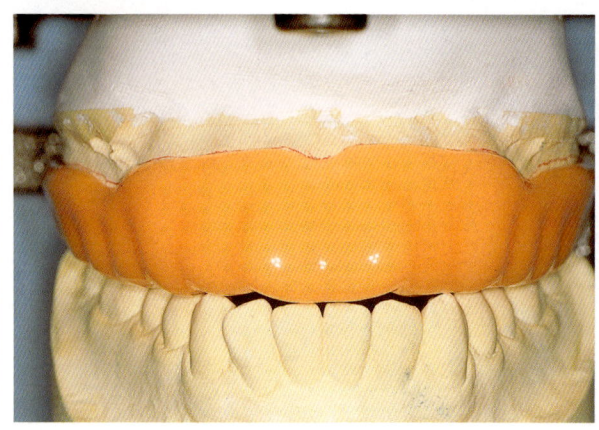

図V-59：完成したマウスガードの前面。 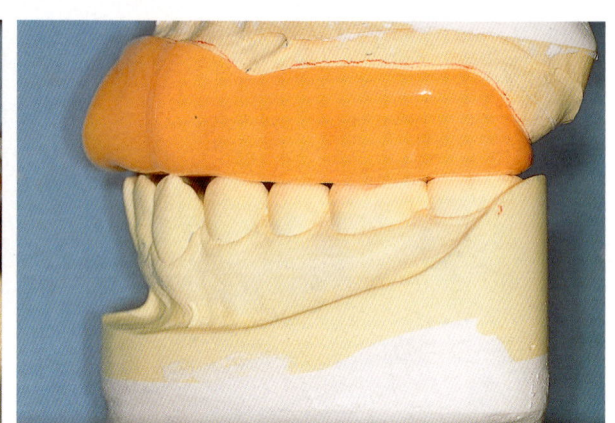　　　　　図V-60：完成したマウスガードの側面。

付1）上顎模型のみでマウスガードを製作する場合の咬合調整
　マウスガードを即日で渡す場合、一度に大量に製作する場合などには、上顎模型のみでマウスガードを製作することがある。その際には、咬合調整が問題となる。この咬合調整としては以下の2つの方法が考えられる。

① 方法1：口腔内で圧痕を付与する
　口腔外で咬合面をトーチで加熱軟化したマウスガードを口腔内に挿入し、噛んでもらうことで圧痕を付与する。この方法では、両側を均等に、シートが薄くなりすぎないように、またマウスガード全体が変形しないように軟化せねばならないので熟練が必要だと考えられる。

② 方法2：バーにより削合していく
　問診や咬合紙の印記により咬合面が均等に当たるよう削合していく。多少、時間がかかる。

付2）改良吸引型を使用する場合について
　第Ⅱ章の「2．マウスガードの種類」で紹介した改良吸引型を使用する場合であるが、基本的に技工操作は従来の吸引型と変わらない。注意するポイントも基本的に同じであるので、本章では「1．EVAシート圧接法－吸引型」を参考にしてもらいたい。

1. EVAシート圧接法—吸引型—

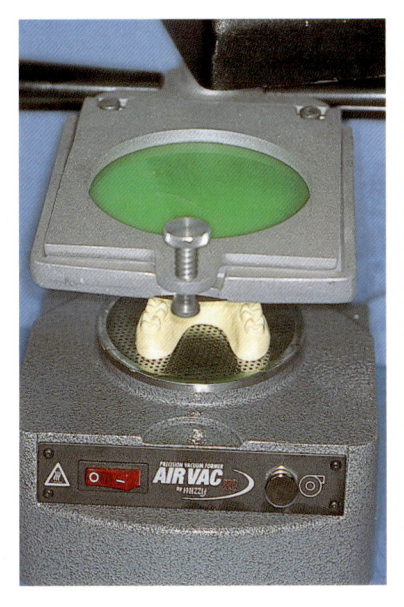

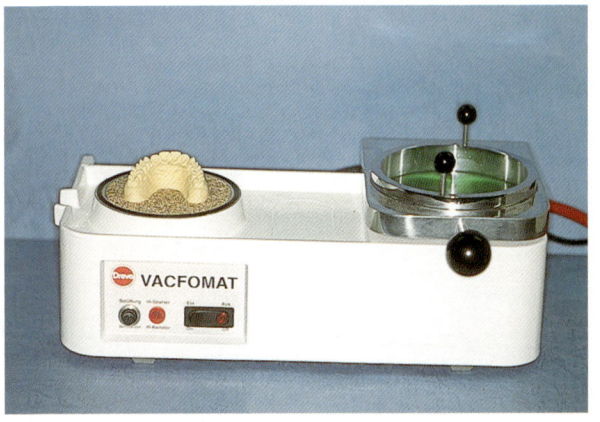

図 V-61(左)：改良吸引型シート成型器①—エアバック（山八歯材工業）。
図 V-62：改良吸引型シート成型器②—バキュフォマット（ドレーブ社）。

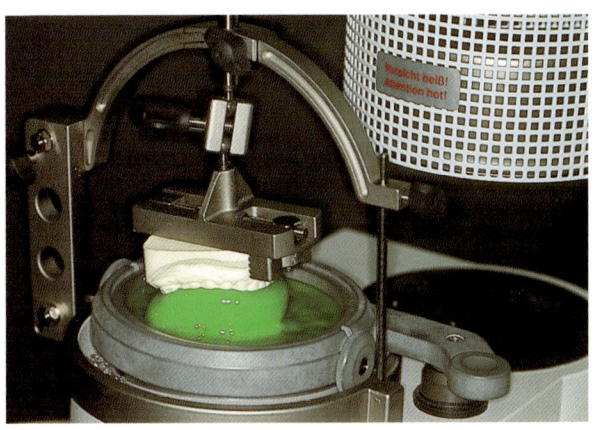

図 V-63：オクルフォーム（エルコデント社）。

改良吸引型の特徴—従来の吸引型と異なる点—（図 IV-61、62）
- 吸引圧が高い。
- 別にエアコンプレッサーが必要となるものがある。
- 静かである。
- 円形シートを使用する（角形シートを使用できるものもある）。
- メタルビーズに模型を埋め込むことができる（加圧型シート成型器と同じ）。
- ラミネートが可能なものもある。

なお、吸引型ならではのおもしろい製品がある。シートを吸引圧接しながら、対合歯の印記ができるという画期的なものである。名前は「オクルフォーム」（図 IV-63；エルコデント社）といい、同社の改良吸引型シート成型器「エルコフォーム」にオプションとして取り付けることができる。

加圧型シート成型器では、加圧するためシートの上部で密閉してしまわなければならないので、このような器具は不可能である。

第Ⅴ章　マウスガード製作の実際③ 技工操作

2. EVAシート圧接法―加圧型―

　加熱軟化したEVAシートを2〜8気圧でシート上部より加圧することで圧接、成型する器械を使用する（図V-64、65）。作業模型の通気性は必要であるが、吸引型ほどは気を使わなくても良好な適合が得やすい。以下の技工手順については、ドレーブ社のドゥルフォマットという成型器を使用しているが、他の加圧型成型器についても基本的な仕組みは変わらない。後に、他の成型器の操作を紹介しているので参照されたい。

　加圧型シート成型器は、吸引型に比べ高価な製品が多いが、ラミネートマウスガードの製作が可能であるという大きな特徴がある（本章「3. ラミネートマウスガードの製作方法」参照）。

1）作業模型の製作、準備

　作業模型の製作でも、"模型の通気性"は必要であるが、それほど厳密ではない。また、加圧型シート成型器では、厚い模型であっても余分な厚みの部分をビーズに埋め込むことができるという特徴をもっている。

（1）石膏練和、注入

① 石膏は硬石膏または超硬石膏を使用する。高圧で加圧するため、模型が破折してしまうことがあるので超硬石膏の方が安心であろう。しかし、硬石膏でもかまわない。
② 石膏を印象に注入する。

（2）トリミング、形態修整

　メタルビーズを使用する場合には、模型を埋め込むことで高さや傾きを調節したり、アンダーカットをブロックアウトしたりできるので、厚みや底面の形態を気にしなくてもよい（図V-66、67）。

　しかし、成型後のビーズを除去する煩わしさや模型の通気性を考慮すると、できれば模型自体を薄くして、フォーマリングテーブルを使用したい（図V-68）。

フォーマリングテーブルを使用する場合（図V-68）

ポイント　模型の基底面は平坦に。模型は可及的に薄く。エッジをつくらない。深いアンダーカットはなくす。

① 石膏模型基底面は、トリマーを用いてフォーマリングテーブルにフィットするように平坦に仕上げておく（図V-69）。これは基底面が平坦でないと、模型が割れる原因となりやすいからである。
② 可及的に石膏模型は薄くする。石膏模型を低くすることにより、軟化されたシートをできる

2．EVAシート圧接法—加圧型—

図 V-64：加圧型シート成型器の一例—ドゥルフォマット（ドレーブ社）。

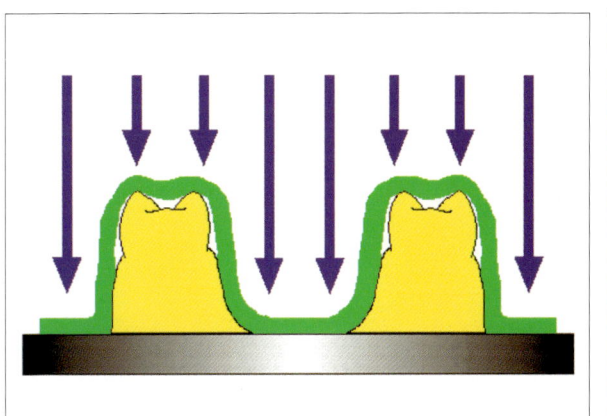

図 V-65：加圧型シート成型器は、加熱軟化したEVAシートを2〜8気圧でシート上部より加圧することで圧接、成型する器械である。

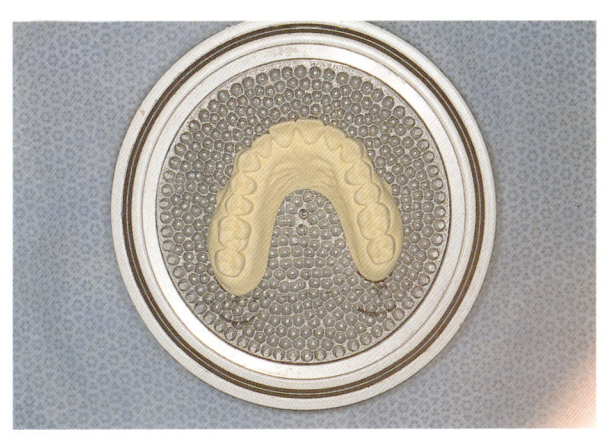

図 V-66（上左）：メタルビーズ。磁石にくっつくタイプのもの（散弾、エルコデント社）。
図 V-67（上右）：メタルビーズを使用すると、模型を埋め込むことで、高さや傾きを調節したり、アンダーカットをブロックアウトしたりできる。
図 V-68（右）：フォーマリングテーブルを使用すると、成型後のビーズを除去する煩わしさがない。

だけ延ばさないようにし、成型後のシートの厚みを確保する。口蓋は抜けてしまってもよい。概形としては馬蹄形にすることが多い（図 V-70）。また、前歯部歯肉部のアンダーカットが大きくなりすぎないよう底面の傾きをつくる（図 V-71、72）。加圧型シート成型器は、吸引型よりも前歯部顎堤のアンダーカットが苦手なようである。アンダーカットが大きいとシートが薄くなりすぎたり、シートが圧接されない場合がある。

第Ⅴ章　マウスガード製作の実際③ 技工操作

図 V-69：石膏模型基底面は、フォーマリングテーブルにフィットするように平坦に仕上げておく。

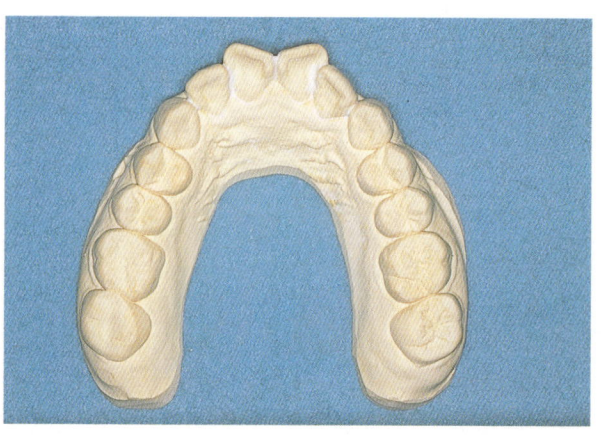

図 V-70：模型上から口蓋が抜けている。可及的に石膏模型は薄くする。

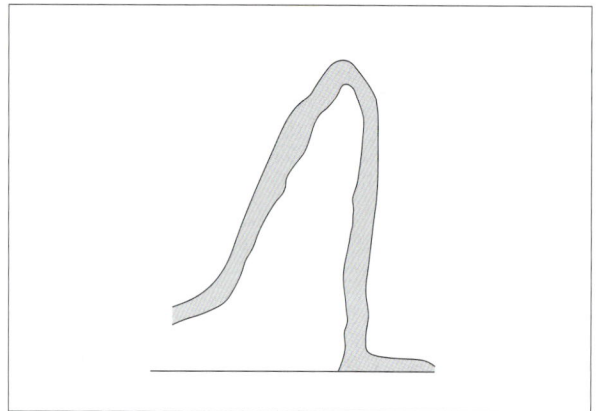

図 V-71：前歯部顎堤のアンダーカットがなるべく少なくなるように作業模型基底面の傾きを考慮してトリミングを行う。

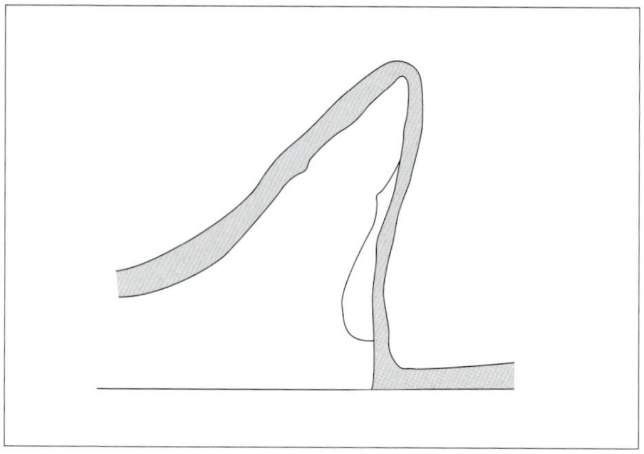

図 V-72：加圧型シート成型器では、前歯部顎堤のアンダーカットが大きすぎるとシートが薄くなりすぎたり、シートが圧接されない場合がある。

③　エッジ状になっている部分はカーバイドバーなどで丸める。模型に鋭利なエッジを残すと、成型時にシートが裂けてしまうことがある。
④　齦頬移行部は、深いアンダーカットとならないよう形態修整する。
⑤　印象に混入した気泡による石膏模型の凸部はすべて弾く。

メタルビーズを使用する場合

①　石膏模型基底面をトリミングしなくてもよい。先に、スプリットキャストをつけて咬合器に装着してもよい（図 V-73）。ただし、メタルビーズに埋まる程度の厚さにしておく。
②　エッジ状になっている部分はカーバイドバーなどで丸める。
③　印象に混入した気泡による石膏模型の凸部はすべて弾く。
④　アンダーカットや模型の傾きはメタルビーズで調整する。メタルビーズの上に出ている部分が、フォーマリングテーブル用にトリミングした模型と同様になるようにする（図 V-67 参照）。

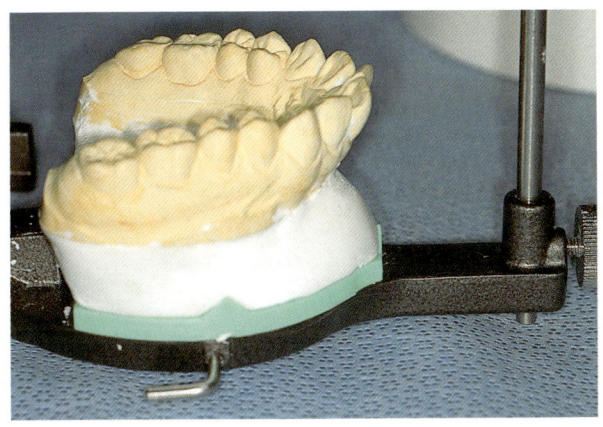

2．EVAシート圧接法―加圧型―

図 V-73：咬合器装着後のスプリットキャストと、マグネットのついた上顎模型。メタルビーズを使用する場合、先にスプリットキャストつきの咬合器に装着してもよい。

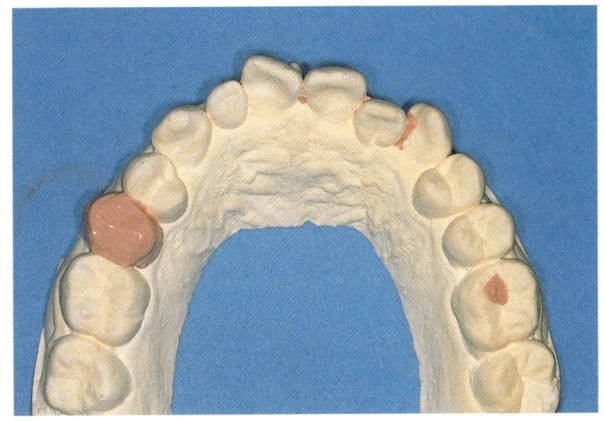

図 V-74：ブロックアウトの例。治療予定部位（カリエス）、治療中部位、歯列不正による大きなアンダーカットはブロックアウトしておく。本図ではブロックアウトコンパウンドを使用している。

（3）ブロックアウト(図 V-75)

① 石膏に混入した気泡による凹部の形態修整を行う。
   模型の凹部はシートが入ってしまうと口腔内で適合しなくなってしまうので注意する。
② 現在治療中の部分（根管治療中の歯、修復物・補綴物が入る予定部位など）は最終形態を予想してブロックアウトする。
③ 今後治療予定のある部分、治療が必要と考えられる部分（カリエスによる欠損部、破折による欠損部など）についてもブロックアウトしておく。
④ マウスガード材料には弾性があるが、歯の捻転、傾斜などによって生じる大きなアンダーカットはブロックアウトした方がよい場合もある。
⑤ ブロックアウトには石膏、即時重合レジンなどを用いる（本章「1．EVAシート圧接法―吸引型」参照）。
   i．石膏
   ii．即時重合レジン
   iii．コンパウンド
   v．ブロックアウトレジン
   v．シリコーン系ブロックアウト材
   vi．高融点ワックス

（4）外型線を記入する

クリアのシートを圧接する場合には、何で記入してもよい。黄色、オレンジ色などの色の薄めのシートでは、黒の油性ペンで記入しておくとシートの上からでも十分みえる。濃い色のシートを圧接する場合には、シートの上からは外形線がみえなくなるので、記入するとともにだいたい

の位置は覚えておかなければならない。外形線のデザインについては、第Ⅳ章『マウスガード製作の実際②マウスガードのデザイン』を参照のこと。

（5）分離剤を塗布する　ポイント　分離剤は薄く。

表面の焼きつきを防ぐことが目的なので分離剤は薄く塗布する。分離剤の塗りすぎは模型の通気性低下の原因となるので注意する。分離剤としてはアルギン酸系分離剤（アクロセップ；ジーシー社、イソラック；日機装、など）を使用すると、仕上がりに表面の光沢が得られる。また、ソーピングを行ってもよい。

2）シート圧接

加圧型シート成型器の操作は、器械によって異なる。基本的には、シートを加熱軟化するヒーターとシートを圧接する加圧機構からなる。加圧は2～8気圧という高圧で行うので、器械と別にエアーコンプレッサーが必要となることが多い。シングルレイヤー（1層、シート1枚）の成型に慣れたら、ラミネートマウスガードにも挑戦してみよう。

ここでは、ドゥルフォマット（ドレーブ社）を用いて説明する。

（1）シート、模型のセット

① EVAシートをフレームにセットする（図V-75）。

　加圧型では通常、円形のシート（図V-76）を用いるが、四角形のシートを切って用いてもよい。この場合、円形にしなくても、止め具が当たる部分だけを切って使用できる機種もある（図V-77、78）。

② 作業模型をステージにセットする（図V-79）。

　加圧型では、前歯部唇面のシートの厚みが薄くなる傾向がある。これは、模型を少し後方に（つまり、前歯部が中央に近くなるように）セットすると改善できる。あるいは、前歯部にラミネート（本章「3．ラミネートマウスガードの製作方法」参照）を施すとよい。

（2）シートの加熱軟化、圧接

① ヒーターのスイッチを入れ、EVAシートを軟化する。
② シートは少し軟化されたところで一度上へ上がる（スプリングバック）。その後、急速に垂れ下がってくる。シートが約1cmほど垂れ下がったところ、あるいはメーカー指定の加熱時間が圧接のタイミングの目安である（図V-80）。
圧接のタイミング、シートの軟化時間は製品によって異なる。
使用するEVAシート、成型器の性質に合わせて微調整するとよい。
③ ヒーターを外し、シートの加圧圧接を開始する（図V-81）。
④ 十分に圧接されたら加圧を終了する。ドゥルフォマットの場合、メーカー指示では約10分、Dorneyはより長く、できれば一晩ほどの加圧を推奨している（図V-82）。

2．EVAシート圧接法―加圧型―

図 V-75：シートをフレームにセットする。

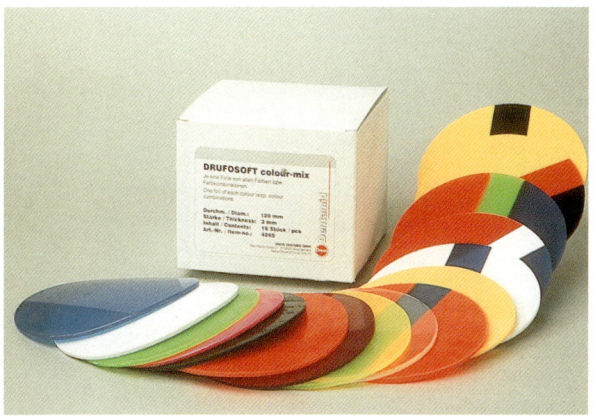

図 V-76：加圧型シート成型器では通常、円形のシートを用いる。

図 V-77：ドゥルフォマット（ドレーブ社）での場合、角シートを円形に切らなくても、止め具が当たる部分だけを切って使用できる。

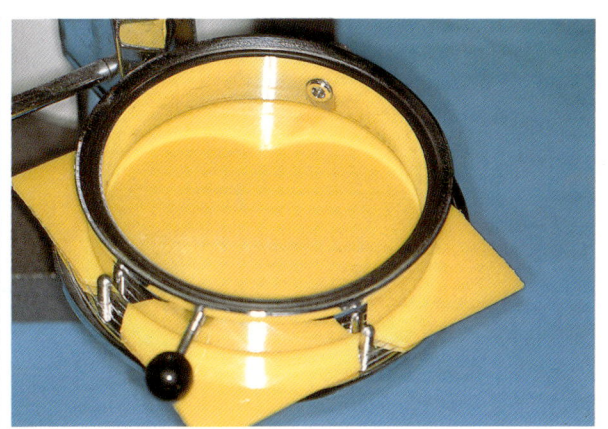

図 V-78：角シートがセットされた状態。

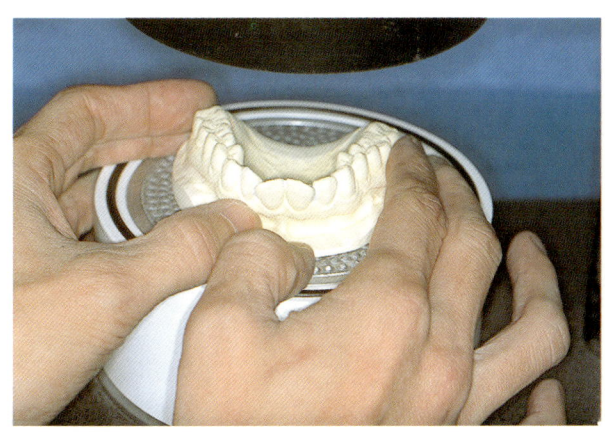

図 V-79：作業模型をセットする（図はフォーマリングテーブルを使用）。

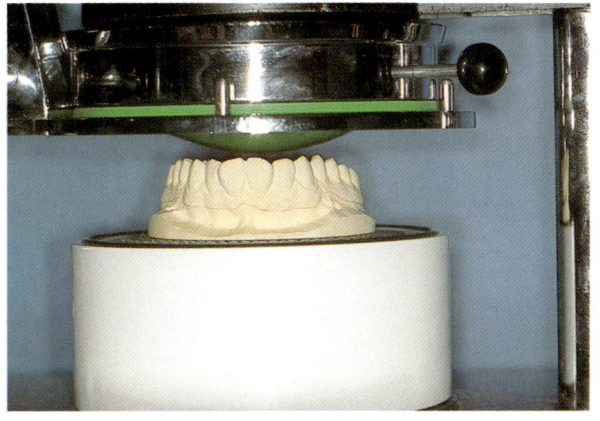

図 V-80：シートが約1cm垂れるまで軟化。圧接のタイミング、シートの軟化時間は製品によって異なる。使用するEVAシート、成型器の性質に合わせて微調整するとよい。

第Ⅴ章　マウスガード製作の実際③　技工操作

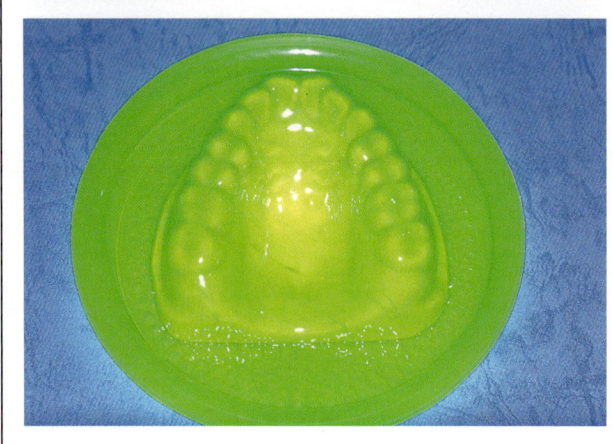

図 V-81(上左)：シートが適度に軟化されたらヒーターを外しシートの加圧圧接を開始する。
図 V-82(上右)：十分に圧接されたら加圧を終了する。
図 V-83(左)：長時間加圧した場合にはシートは冷えている。まだ熱が残っている場合には模型から外さず放冷すること。

⑤　長時間加圧した場合にはシートは冷えている。まだ熱が残っているときは模型から外さず放熱すること(*図 V-83*)。

　シートの取り外し、適合性の確認、形態修整、咬合調整、研磨、仕上げの操作は、吸引型に準ずる(p.102～参照)。

付3） その他の加圧成型器

　加圧型シート成型器は、どの機械もEVAシートを軟化し加圧圧接するという基本的な仕組みは同じである。異なるのは、シートの加熱面、加圧開始時の操作、タイマーの有無（タイマーがあっても時間が出るだけで全自動ではない）などである。

　以下に主な特徴を記す。ミニスター（ショイデンタル社）はシート加熱面が模型圧接面になる。エルコプレス（エルコデント社）は、加圧をスタートする際に模型ののった台ごとスライドさせる。デュアルフォーム（大榮歯科産業）は、吸引型としても加圧型としても使用できる国産の器械である。

①　ミニスター（ショイデンタル社）の場合

図 V-84a：モデルプラットホームに模型を設置しプレートを加圧チャンバー上に置きロッキングリングで固定する。

図 V-84b：ヒーターを下げて所定時間プレートを加熱する。内蔵のタイマーが連動しカウントを開始する。

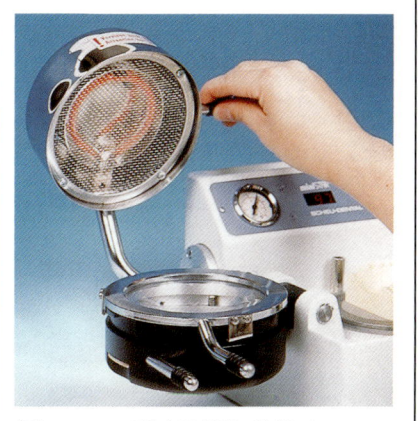

図 V-84c：所定時間加熱後は、ヒーターを元の位置に戻す（タイマーがリセットされる）。

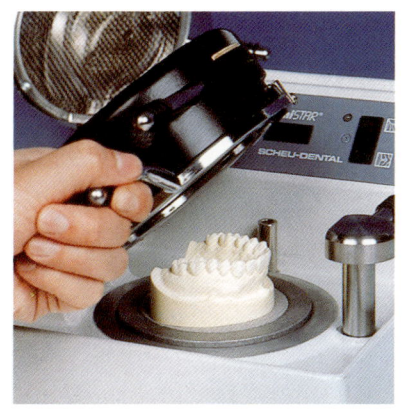

図 V-84d：チャンバーを模型上にかぶせてロッキングハンドルを回しロックする（タイマーがカウントを開始する）。

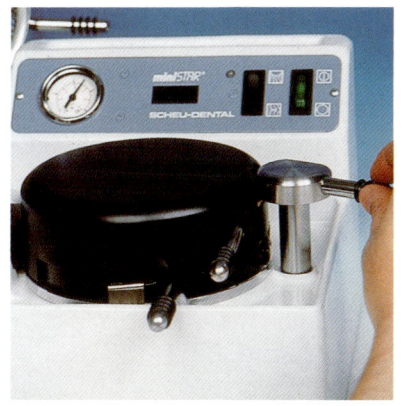

図 V-84e：冷却時間が経過したら排気スイッチを押し、ロッキングハンドルを戻す。

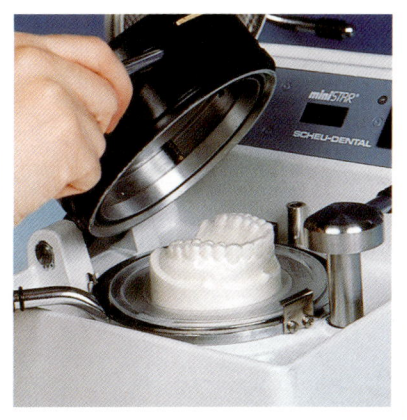

図 V-84f：ロッキングリングを回し、チャンバーを開き、圧接操作が完了する。

② エルコプレス(エルコデント社)の場合

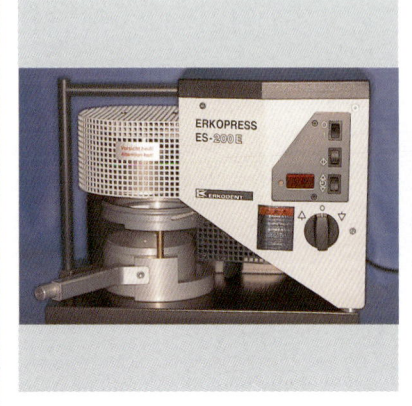

図V-85a：左がヒーター、右が加圧機構となっている。

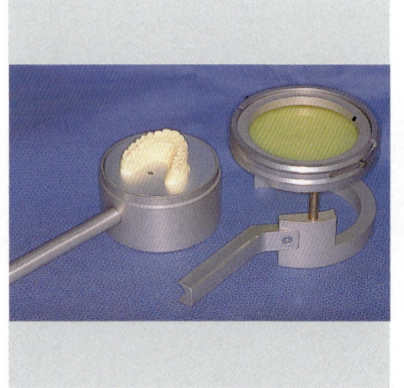

図V-85b：横型台(左)とシートホルダー(右)は分離している。

図V-85c：シートホルダー部。

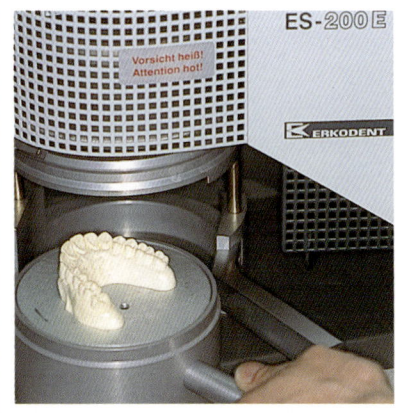

図V-85d：シートホルダー部に模型台を組み合わせてシートを軟化する。

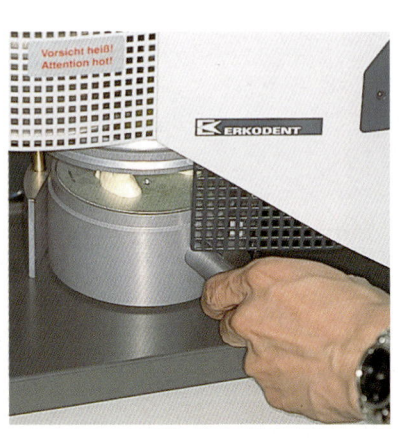

図V-85e：シートの軟化が終了すれば、右の加圧機構へスライドさせ、加圧をスタートする。

図V-85f：加圧が終了すれば、加圧を解除し左にスライドさせる。

③ デュアルフォーム(大榮歯科産業)の場合

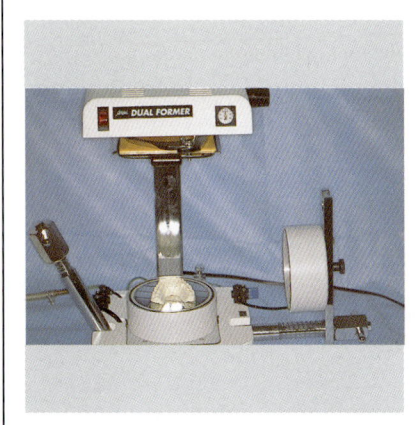

図V-86a：吸引型としても加圧型としても使用できる器械である。

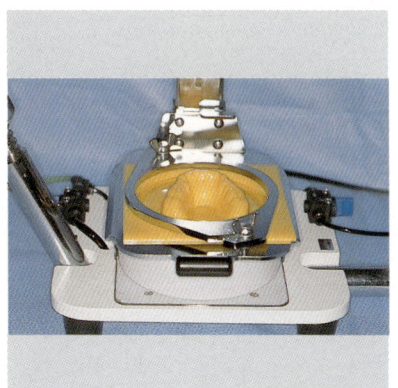

図V-86b：吸引によるシート圧接の場合。

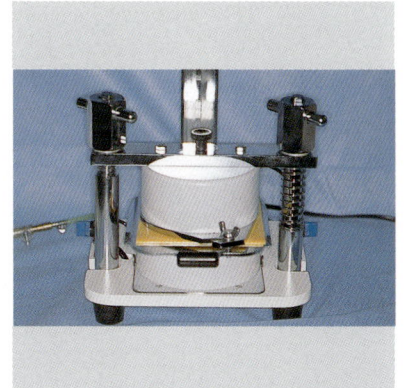

図V-86c：加圧によるシート圧接の場合。

3. ラミネートマウスガードの製作方法

　ラミネートとは、積層加工、つまりシートを2枚以上使用する（2層以上にする）ことを指す。ラミネートマウスガードの定義としては、

① 成型されたシートの上に、もう1枚の成型を行ったマウスガード。さらに重ねて成型し、3層以上になることもある（図V-87）。
② 成型前に2枚のシートを接着させているシート（ラミネートシート）で成型したマウスガード。

　以上の2つが考えられるが、通常はラミネートマウスガードといえば①を指すので、本章においても①をラミネートマウスガードとして扱う。
　シングルレイヤー（1層）マウスガードと比較して、ラミネートマウスガードには以下のような特徴がある。

- 厚くできる（シングルレイヤーでは5mmのシートが限界）
- 厚さの変化がつけられる
- 様々なデザインが楽しめる
- 名前や模様のシールを封入できる
- 加圧型か改良吸引型のシート成型器が必要である

1）ラミネートマウスガードの設計

　ラミネートマウスガードは、色、厚み、硬さなどに関してデザインできることが大きな特徴である。ここでは、基本的なデザインと応用について述べるが、慣れてきたら自己流のデザインに挑戦してもよいだろう。とくに、色や模様についてはファッション性が高く、バリエーションは限りない。

(1) ファーストレイヤーの形態

　ファーストレイヤーの外形としては、大まかにいえば、a. 最終外形と同じ範囲を被覆する場合（図V-88）と、b. 部分的に被覆する場合（図V-89）とがある。aでは、全体に厚みを確保することが、bでは、厚みに勾配をつけることが主な目的となる。被覆する範囲（歯）以外に、口蓋側の設定位置にもバリエーションがある。

① 被覆する歯
- 最終外形に含まれるすべての歯
- 前歯部のみ

部分的に覆う場合には、外傷を受けやすい前歯部のみにすることが多い。

② 唇頬側

唇頬側は通常、最終外形と同様な位置に設定する。辺縁は切りっぱなしではなく、なめらかな

第Ⅴ章　マウスガード製作の実際③ 技工操作

図 V-87：成型されたシートの上に、さらにもう1枚の成型を行ったマウスガード。さらに重ねて成型し、3層以上になることもある。

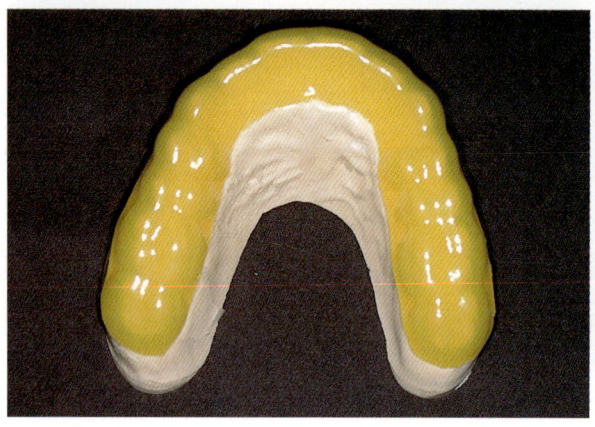

図 V-88：ファーストレイヤーの例。最終外形と同じ範囲を被覆する場合。

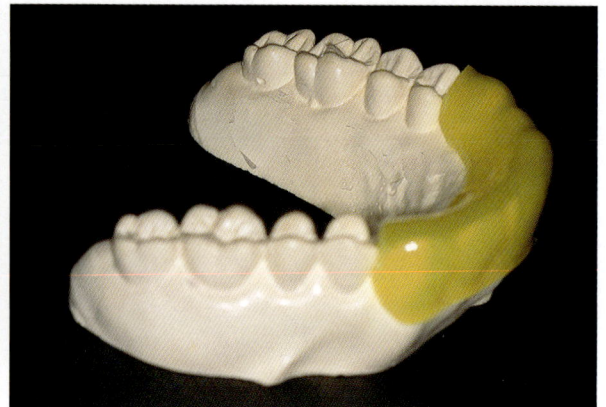

図 V-89：ファーストレイヤーの例。部分的に被覆する場合。

形態をつくっておく。すると、セカンドレイヤーの圧接で、辺縁形態がきれいに出る。

③　**口蓋側**
- 最終外形の位置
- 切端を少し越えた位置または口蓋側咬頭

マウスガードの口蓋側の形態は、装着感、発音などに影響する。よってファーストレイヤーの口蓋側は切端を越えた位置または口蓋側咬頭でとめておくと、口蓋側はほとんど2層目の厚みだけとなり、薄くすることができて都合がよい。この場合は、辺縁を移行的に仕上げる。最終外形の口蓋側での設定位置は、それぞれのマウスガードの設計により様々である。最終外形の位置とする場合には、唇頬側と同様になめらかにするか、あるいは移行的に薄く仕上げる（図 V-90）。

④　**ファーストレイヤーのデザイン**
以上のデザインを具体的に示すと、図 V-91のようになる。

（2）シートの組み合わせ

① **シートの厚さ**
2mm、3mm、4mmのシートを組み合わせる。ファーストレイヤーを部分的に行うとき、とく

図 V-90：ファーストレイヤーの口蓋側辺縁設定位置。
図左：最終外形の位置。ただし、マウスガードの設計により異なる。
図右：切端を少し越えた位置、臼歯部では咬頭頂でとめる。

a:全体被覆タイプ　　　　b:全体被覆／口蓋側改良タイプ

c:前歯部被覆タイプ　　　d:前歯部被覆／口蓋側改良タイプ

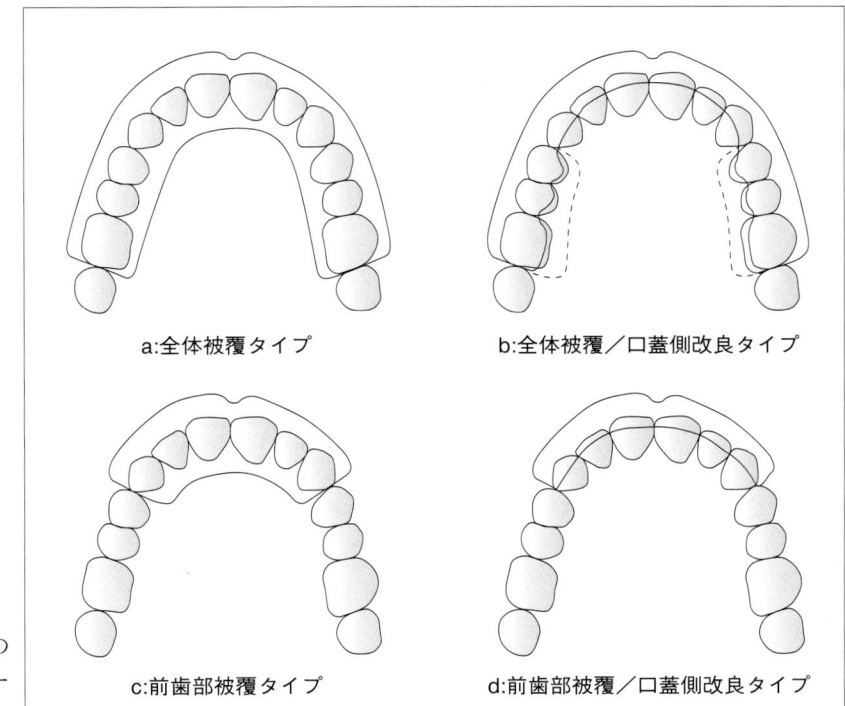

図 V-91：ファーストレイヤーのデザイン例（点線部はマウスガードの設計が異なる場合を示す）。

に前歯部のみを覆うときには、厚すぎると前突感がかなり強くなるので2mmから始めた方が無難である。マウスガードを装着したことがない選手には、最初は薄めのものから始める方がよい。

② シートの色

シートの色は基本的に自由である。ただし、名前や模様をシールで封入できるという特徴を利用するには、上の層をクリアにしなければいけない。

③ シートの硬さ

通常は、ソフトシートを用いるが、ソフトシートのなかでも硬さの異なるものを組み合わせたり、もっと硬いものを補強構造として入れ込むこともある。しかし、これらが外傷予防効果に及ぼす影響に関して明確な研究結果はまだない。

第Ⅴ章　マウスガード製作の実際③ 技工操作

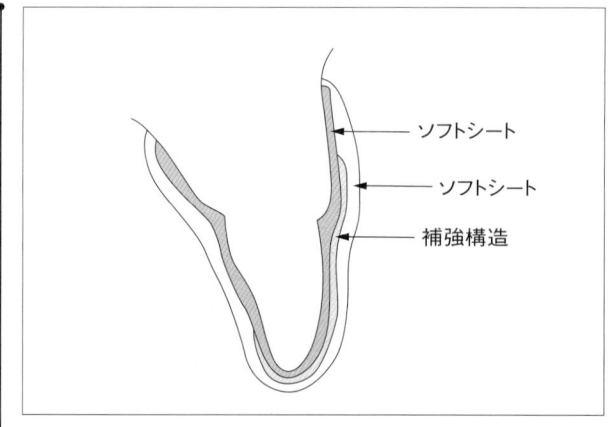

図 V-92：補強構造を入れたデザイン例。プラスチック状の薄いシートを成型し（ソフトシートには接着しない）、切り取ったものを挿入する。

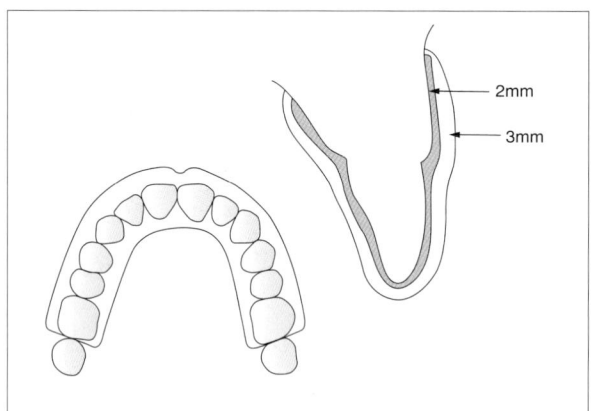

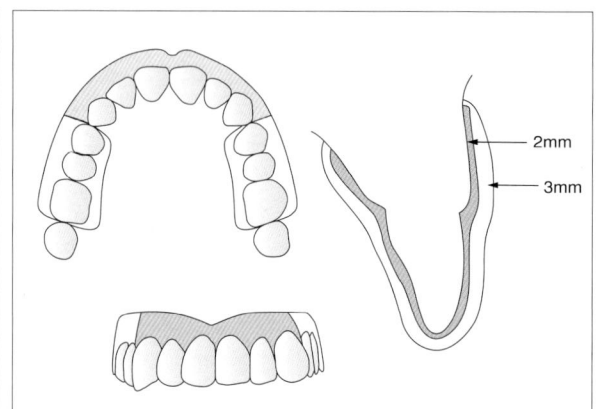

図 V-93：ラミネートマウスガードデザイン例。ファーストレイヤーを全体被覆タイプとし、全体の厚みを確保することを目的としたデザイン。使用するシートの厚みの組み合わせで様々な厚みのマウスガードを製作できる。

図 V-94：ラミネートマウスガードデザイン例。ファーストレイヤーを前歯部被覆／口蓋側改良型としたデザイン。

● ソフトシート
　通常はソフトシートのみを使用する。
● 硬度の異なるソフトシート
　ソフトシートとはいっても、酢酸の含有量によって硬さが異なる（EVAの場合）。ゆえに、製造会社によって販売されているマウスガード用のシートの硬さは微妙に異なる。また、意図して比較的硬いソフトシートと軟らかいソフトシートの2種を販売している会社もある。これら硬度の異なるソフトシートを組み合わせる場合がある。
● 補強構造
　ソフトシートの間に補強構造の層を入れる方法がある。補強構造としては、プラスチック状の薄いハードシートを成型する場合と、専用の器械で溶かしたEVAをバンド状に付与する場合とがある。しかし、マウスガードが厚くなるとそれだけで剛性は増すことを考慮して、補強構造を入れるかどうか決定しなければならない（図 V-92）。

（3）デザイン例

① 2mm（全体）＋2mm（全体）
② 2mm（全体）＋3mm（全体）→（図 V-93）
③ 2mm（全体）＋4mm（全体）
④ 2mm（前歯部）＋3mm（全体）→（図 V-94）
⑤ 2mm（前歯部）＋4mm（全体）

◆Dorneyの提案するデザイン◆

オーストラリアのDorneyは、次のようなデザインを提案している。

マウスガードの臨床経験の豊富な先生のデザインではあるが、日本人にとっては、全体的に少し厚すぎるようである。とくにマウスガード装着が初めてで格闘技ではない場合には、慣れるために3mmのシングルレイヤーから始めた方がよい。マウスガード経験者であっても、マウスガードが厚すぎると、口唇を閉じられないと訴える人が多い。Dorneyも慣れに合わせて、厚みを増加させること（1段階上のデザインにすること）を推奨している。

① ルーキー（Rookie）：14歳まで……3mm＋2mm
② クラシック（Classic）：14歳以上の男女のスポーツ選手用……3mm＋3mm
③ エリート（Elite）：口腔の外傷発症の危険性の高いラグビーのスポーツ選手用……2mm（前歯部）＋3mm＋3mm
④ ボクサー（Boxer）：ボクシング選手などが利用する……3mm（前歯部）＋3mm＋3mm

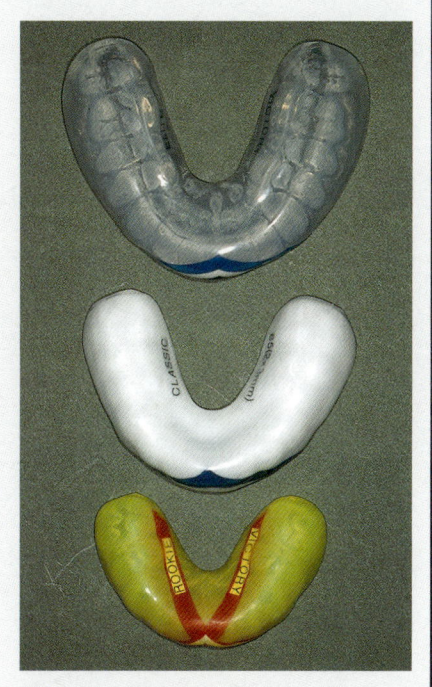

図 V-95：Dorneyのデザイン例。

2）ラミネートマウスガード製作の実際

ラミネートマウスガードの技工では、シートとシートをしっかり接着させることが重要となる。シートがしっかり接着していないと、早期にはがれてしまい再製を余儀無くされることがある。

（1）ファーストレイヤーの成型（図 V-96）

ファーストレイヤー（1層目）の成型は、加圧型、吸引型、どちらのタイプの成型器を使用してもよい。

まず、外形線の記入は最終外形線とファーストレイヤーの外形線の両者を書き込む。その後の技工操作は、基本的にシングルレイヤー（1層）の場合と同様である。詳しい技工操作については、本章「1．EVAシート圧接法－吸引型」、「2．EVAシート圧接法－加圧型」を参照されたい。

加圧型シート成型器は、吸引型と比較して、アンダーカットへの圧接が甘く、かつ薄くなる傾向を示す場合がある。吸引型シート成型器では、作業模型が乾燥していないと適合が悪くなる、など、それぞれの特徴を把握して成型器を選択してもよい（両者をもっている場合であるが）。

（2）切り取り

シートの切り取りは、設計に従い、全顎被覆型か前歯部被覆型のいずれかで行う。辺縁形態が仕上がりに大きく影響する。セカンドレイヤー圧接までの作業は、ファーストレイヤーの変形を防ぐため、模型上で行うのが望ましい。

① シートが十分に冷めたら、シートを切り取る（図 V-97、98）：シートは模型から外さずに、加熱した技工用彫刻刀やブレードでファーストレイヤーの外形線に沿って切り取っていく。この時点での辺縁形態はバットジョイントになるように切り取るのがよい。
② シートが切り取れたら、辺縁形態をつくっていく（図 V-99）：最終外形線となる部分の辺縁形態は、最終形態と同様にしておくと、セカンドレイヤー（2層目）がその形態を覆うように圧接され、辺縁がきれいに仕上がる。最終外形線でない部分では、移行的にする。

図 V-96：ファーストレイヤー（1層目）の成型。加圧型、吸引型、どちらのタイプの成型器を使用してもよい。

図 V-97(上左)：ファーストレイヤーの切り取り。シートは模型から外さず、加熱した技工用彫刻刀やブレードでファーストレイヤーの外形線に沿って切り取る。
図 V-98(上右)：ファーストレイヤーの切り取り。この時点での辺縁形態は、バットジョイントになるように切り取るのがよい。
図 V-99(右)：ファーストレイヤーの辺縁形態：荒研磨、形態修整用のバーや加熱した技工用彫刻刀などで辺縁形態をつくる。最終外形線となる部分の辺縁形態は、最終形態と同様に、最終外形線でない部分では、移行的にする。

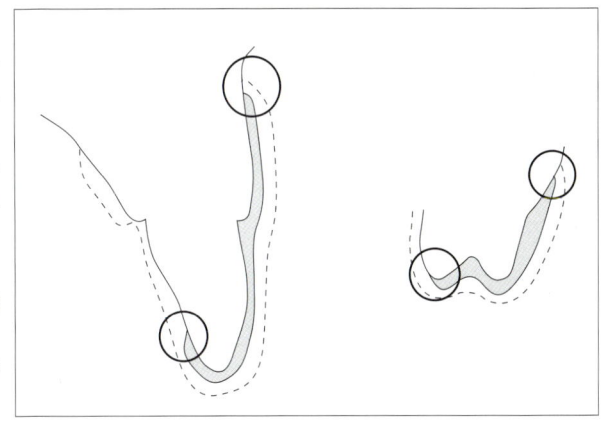

　以上のことに注意して、荒研磨、形態修整用のバー（p.104参照）や加熱した技工用彫刻刀などで辺縁形態をつくる。

（3）表面処理

　次に、セカンドレイヤー（2層目）の接着をよくするために、ファーストレイヤー（1層目）に表面処理を施す。表面処理には、有機溶媒を用いる方法と荒研磨を行う方法がある。

　成型器のマニュアルでは表面処理を指示していない場合もある。表面処理なしでも、シートは接着するが、耐久性を考えると表面処理を行った方がよい。

① 有機溶媒を用いる方法：専用のスポンジに浸して、シートにしっかり塗り込む（*図 V-100*、エンフィッター；エルコデント社）。

② 荒研磨を行う方法：シート全体を研磨し、表面を粗くすることで接着を強くする。

（4）シールなどの貼付

　セカンドレイヤー圧接前に、ファーストレイヤーにシールを貼ることで情報や模様を入れることができる。市販のラベルライターを用いて、選手の名前、チーム名、製作日、製作者、連絡先などを情報として入れることが可能である。市販の模様シールやチームオリジナルシールなどを貼ってもよい（*図 V-101、102*）。

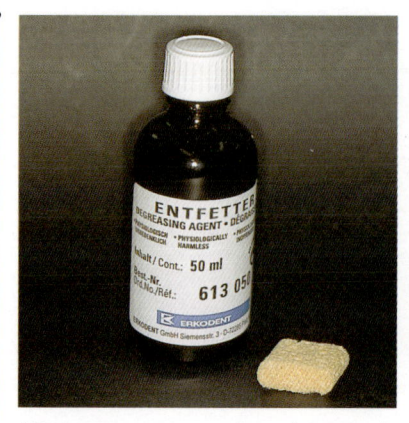

第V章　マウスガード製作の実際③ 技工操作

図V-100：ファーストレイヤーの表面処理に使用できる有機溶媒、エンフィッター（エルコデント社）。

図V-101：シールなどの貼付①。市販のラベルライターを用いれば、選手の名前、チーム名、製作日、製作者、連絡先などを情報として入れることができる。

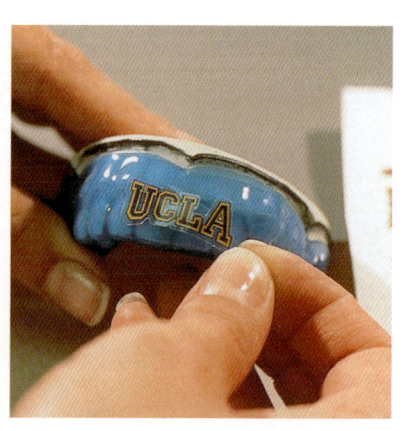

図V-102：シールなどの貼付②。ファーストレイヤーにシールを貼付する。

　シールを貼付した後で、接着のための表面処理をすると、シールが溶けたり汚くなってしまうので、シートの表面処理は、シール貼付前に済ませておく。

（5）セカンドレイヤーの成型

　セカンドレイヤーの成型には、加圧型シート成型器を使用する。吸引型では、ファーストレイヤー部で石膏模型を封鎖していることになるため、その部分ではシート圧接ができない（p.95参照）。改良吸引型シート成型器のなかには、吸引圧が高いためにラミネートマウスガードを製作できるとしている製品もある。シートの接着強さに関しては、圧接機構から考察すれば、加圧型の方が高いと思われるが、まだ比較研究はない。

　シートの接着をよくするため、技工操作としては、次のような工夫をするのが望ましい。

① ヒーターの予備加熱を兼ねて、模型上のファーストレイヤーを変形しない程度に少し加熱する。
② セカンドレイヤー用のシートを加熱する際に、スプリングバックをしたらシートをひっくり返す。すると、粘着性をもった面（最初に加熱された面）がファーストレイヤー側にくることになる。
③ セカンドレイヤー用のシートはファーストレイヤーよりも長めに加熱する。ファーストレイヤーに接触してもよい（ドゥルフォマット；ドレーブ社の場合）。粘着性を高めるとともに、2層の間に気泡が入るのを少なくする効果もある（図V-103、104）。

（6）さらにラミネートする場合

　さらに3層目以上ラミネートしていく場合には、（2）〜（5）の作業を繰り返せばよい。

3．ラミネートマウスガードの製作方法

図 V-103：セカンドレイヤーの軟化。セカンドレイヤー用のシートはファーストレイヤーよりも長めに加熱する。

図 V-104：セカンドレイヤーの成型。さらに3層目以上ラミネートしていく場合には、（2）〜（5）の作業を繰り返せばよい。

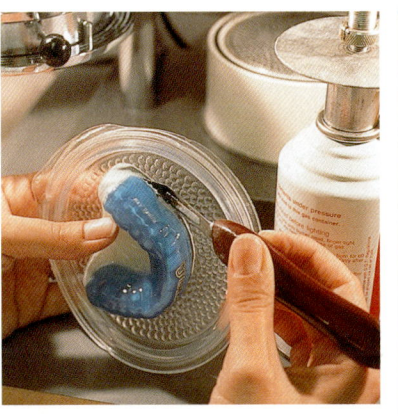

図 V-105：セカンドレイヤーの切り取り。ファーストレイヤーの辺縁処理がうまくできていれば、シートの切り取りだけで研磨がほとんど必要ないこともある。

図 V-106：辺縁はポイントで削除し、形態修整しながら研磨する。

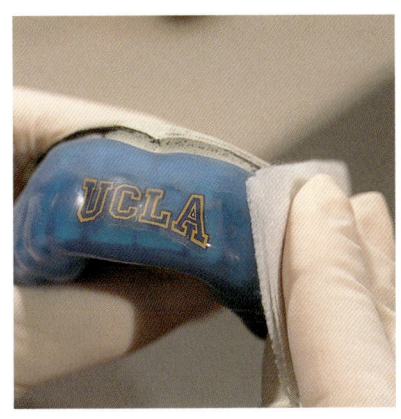

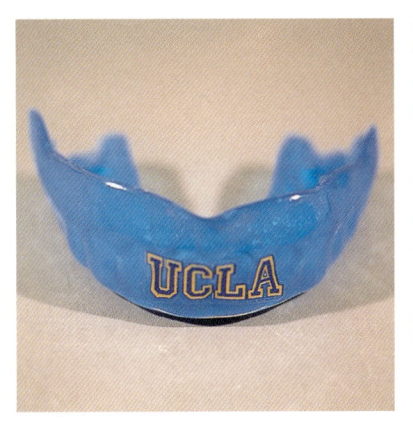

図 V-107：仕上げに有機溶媒で清拭してもよい。

図 V-108：ラミネートマウスガード完成。

（7）仕上げ

　最終層を圧接した後の操作—シートの切り取り、形態修整、研磨、仕上げ—は、シングルレイヤーの場合と同様であるので、本章「1．EVAシート圧接法－吸引型」、「2．EVAシート圧接法－加圧型」を参照されたい（図 V-105〜108）。

第V章 マウスガード製作の実際③ 技工操作

豆知識⑤　　　　◆ラミネートマウスガードを製作できる成型器◆

図 V-109：加圧型シート成型器①—ドゥルフォマット（ドレーブ社）。

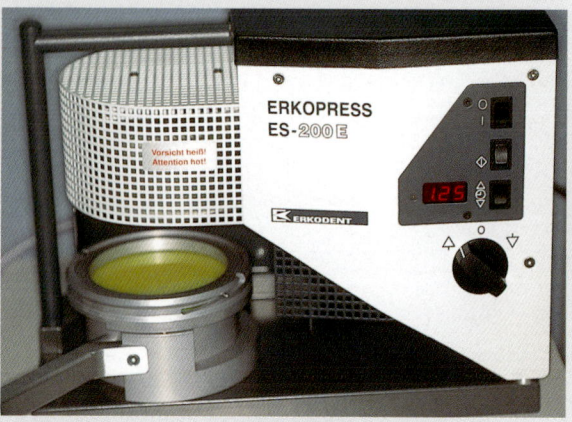

図 V-110：加圧型シート成型器②—エルコプレス（エルコデント社）。

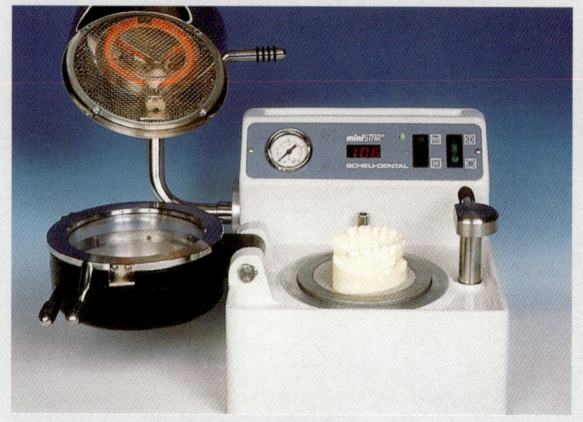

図 V-111：加圧型シート成型器③—ミニスター（ショーイデンタル社）。

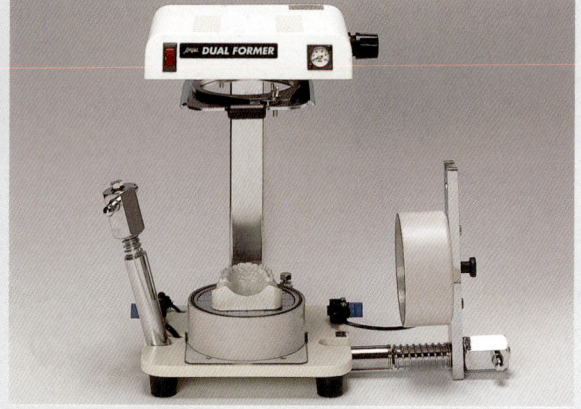

図 V-112：加圧型シート成型器④—デュアルフォーマー（大榮歯科産業）。

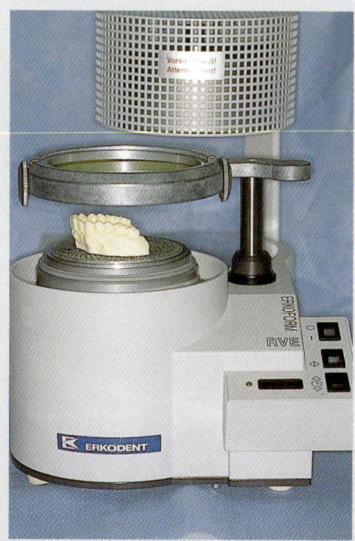

図 V-113（左）：改良吸引型シート成型器①—エアバック（ミジー社）。

図 V-114（右）：改良吸引型シート成型器②—エルコフォーム（エルコデント社）。

3）ラミネートマウスガードのファッション性

　ラミネートマウスガードはシートの色の組み合わせやファーストレイヤーに貼付するシールで、ファッション性を考慮したデザインを楽しむことができる。選手とデザインを相談して決めることや名前を入れることは、選手のマウスガードへの愛着を高める効果がある（図 V-115～117）。

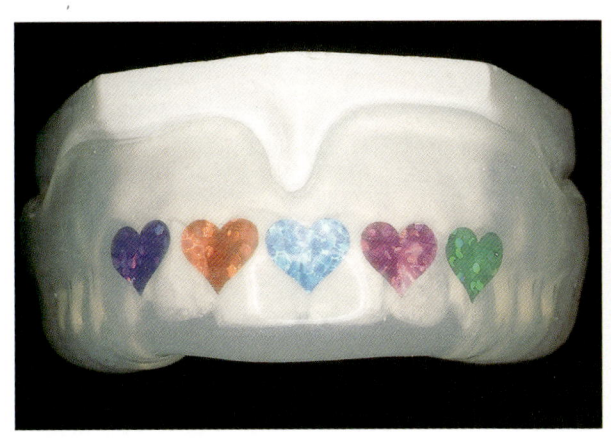

図 V-115(上左)：ラミネートマウスガードデザイン例①（ハートシール；Dorneyによる）。
図 V-116(上右)：ラミネートマウスガードデザイン例②（キャラクターシール；Dorneyによる）。
図 V-117(右)：ラミネートマウスガードデザイン例③（Vマーク；Dorneyによる）。

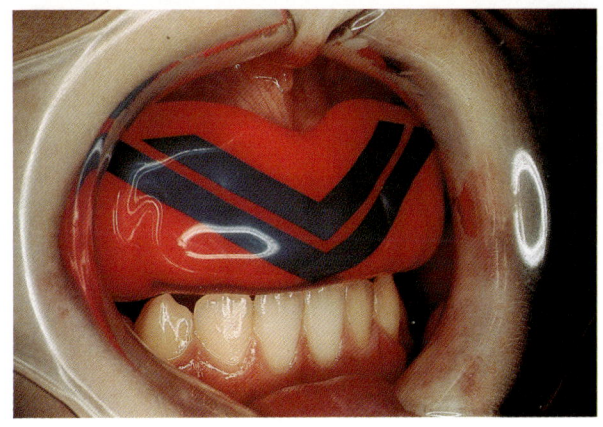

4. ワックスアップ法

　シート圧接法は、技工操作が簡便であり、器械も改良され質のよいマウスガードが製作できるようになっていることから、現在広く普及している。

　シート圧接法以外には、ワックスアップ法がある。ワックスアップ法は、その名のとおり模型上でワックスアップを行い、埋没、塡入、割り出し、研磨を行う。利点としては、ワックスアップによりデザインの自由度が大きいことがあげられる。欠点としては、技工操作が複雑であること、色が少ないこと、などがあげられる。

　ここでは、マウスガード用材料であるモルテノ（*図 V-118*）と矯正用ポジショナー用であるオーソコン（*図 V-119*）を用いたマウスガード製作方法を紹介する。

1）モルテノを用いた場合

　モルテノはワックスアップ法マウスガード用の材料である。素材は、ポリオレフィン樹脂を使用しているため、耐久性、強度の点でEVAより優れているとされている。しかし、熱可塑性材料であるため、技工操作においてはその性質をよく理解して、扱いに習熟する必要がある。

（1）作業模型の準備

① 上下顎模型を咬合器に装着する（*図 V-120*）。挙上した位置で咬合採得した場合はそのままでよいが、中心咬合位で採った場合には、切歯指導ピンを2～3mm挙上する必要がある。
② 外形線を記入する。ここでは松田式デザイン（アメリカンフットボール選手に使用する）を示す。マウスガードのデザインについては第Ⅳ章を参照のこと（*図 V-121、122*）。

（2）ワックスアップ

① 歯間の段差をなくすようにパラフィンワックスを移行的に盛る（*図 V-123*）。
② レディーキャスティングワックスで外形線を決定する（*図 V-126*）。
　ⅰ．R25レディーキャスティングワックスで頰側面外形線を決定する（*図 V-124*）。
　ⅱ．R15レディーキャスティングワックスで舌側面外形線を決定する（*図 V-125*）。
③ 左右第1小臼歯間（4—4）にパラフィンワックスを1枚圧接する（*図 V-127*）。
④ 全体にパラフィンワックスを1枚圧接する（*図 V-128*）。
⑤ 面が歯肉に移行的になるよう整える（*図 V-129、130*）。
⑥ 咬合面形態を付与する。対合歯による圧痕だけでなく、側方運動時の平均的な滑走路も付与する（*図 V-131*）。
⑦ 辺縁をワックスで焼き付ける。

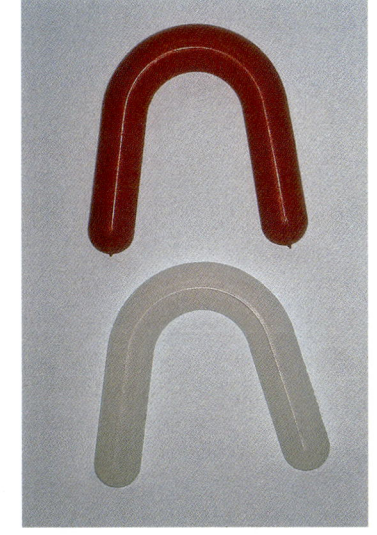

4．ワックスアップ法

図V-118（左）：モルテノ（モルテンメディカル社）。
図V-119（右）：オーソコン（三金工業）。

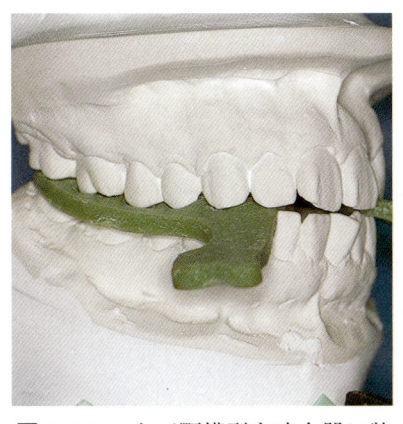

図V-120：上下顎模型を咬合器に装着する。ビーズが入っており、挙上した状態でバイトが採れるため、バイトアップリテイナーを使用している。

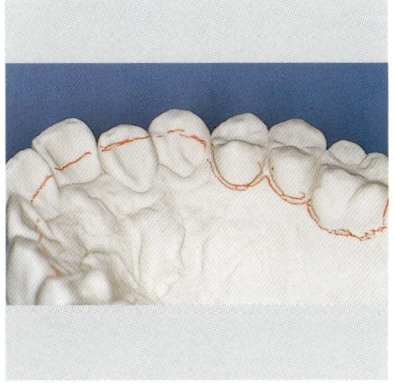

図V-121：外形線を記入する。舌側の外形線。

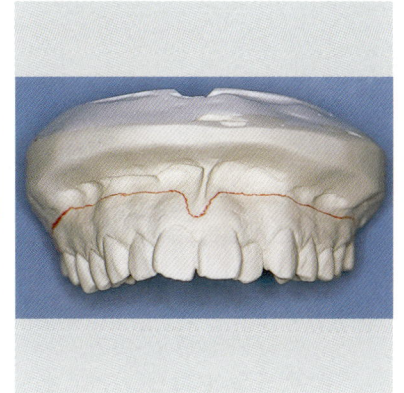

図V-122：頬側の外形線。

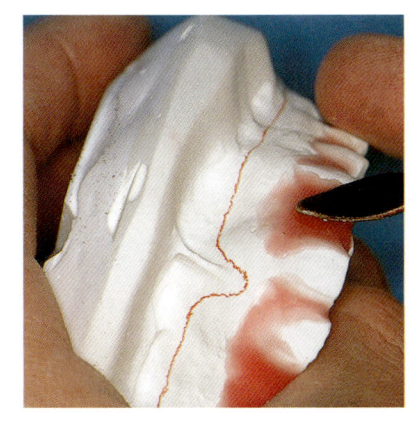

図V-123：歯間の段差をなくすように、パラフィンワックスを移行的に盛る。

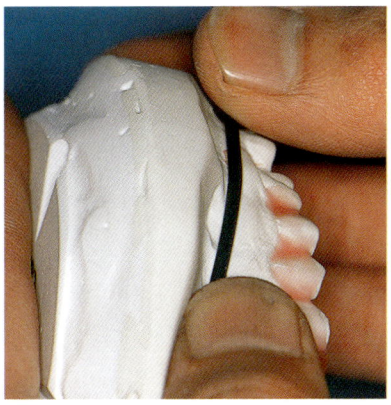

図V-124：R25レディーキャスティングワックスで、頬側面外形線を決定する。

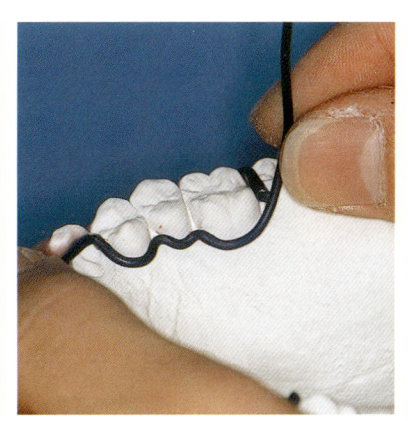

図V-125：R15レディーキャスティングワックスで、舌側面外形線を決定する。

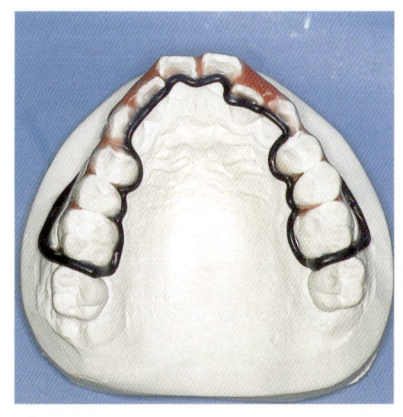

第Ⅴ章　マウスガード製作の実際③ 技工操作

図 V-126：レディーキャスティングワックスによる外形線が決定されたところ。

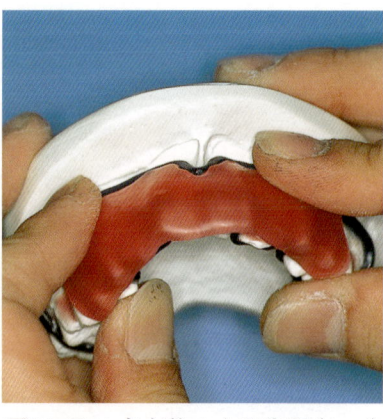

図 V-127：左右第1小臼歯間(4—4)に、パラフィンワックスを1枚圧接する。

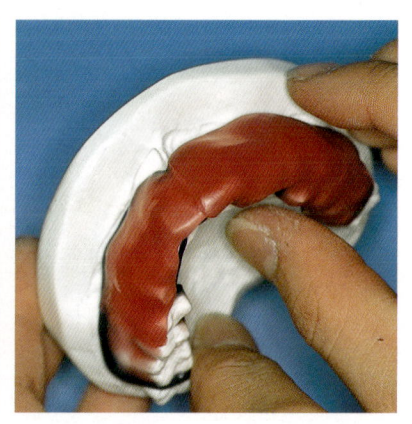

図 V-128：全体にパラフィンワックスを1枚圧接する。

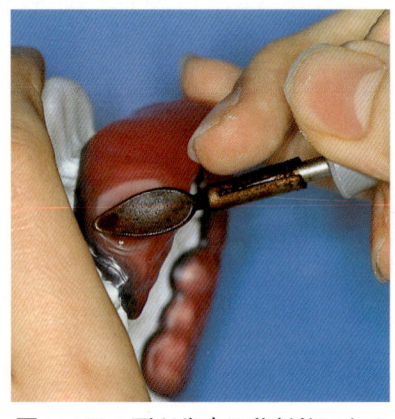

図 V-129：面が歯肉に移行的になるよう整える。

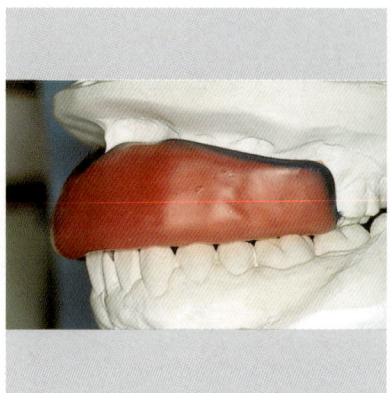

図 V-130：外形のワックスアップの完成。

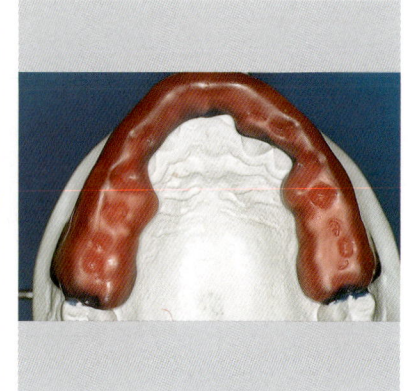

図 V-131：咬合面形態を付与する。

（3）埋没、重合

① フラスコに分離剤を塗布する（図 V-132）。
② ワックスパターンの咬合面が石膏面と同一平面になるように一時埋没を行う。石膏は、普通石膏と硬石膏を等量混ぜたものとを使用する（図 V-133）。
③ 石膏分離剤を塗布する（図 V-134）。
④ 咬合面に気泡を入れないように二時埋没を行う。石膏は、普通石膏と硬石膏とを等量混ぜたものを使用する（図 V-135）。
⑤ 脱蠟を行う。中性洗剤で脱蠟スチーマーにより完全に脱蠟する（図 V-136）。
⑥ シリンダーパイプからマウスガード部までベントを形成し、上下の石膏面に分離剤を塗布する（図 V-137）。
⑦ ヒーティングボックスにて軟化したモルテノ（図 V-138）を下蓋フラスコに置く（図 V-139）。モルテノは温度が高いと軟らかく流動性がよく、温度が低いと硬くなり流動性が悪くなる。ヒーティングボックスで軟化されたモルテノは素早くフラスコに塡入しないと、温度が低下

図V-132：フラスコに分離剤を塗布する。

図V-133：ワックスパターンの咬合面が石膏面と同一平面になるように一時埋没を行う。

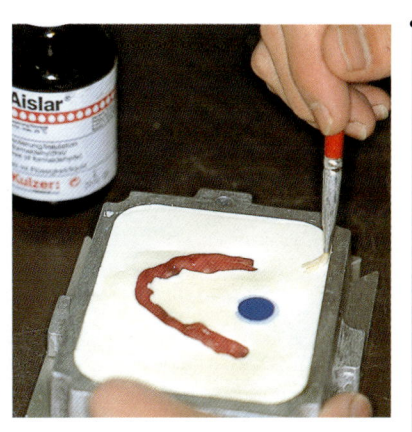

図V-134：石膏分離剤を塗布する。

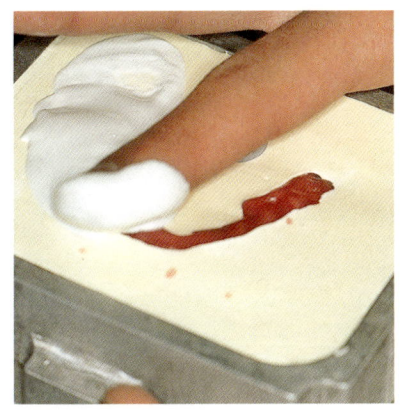

図V-135：咬合面に気泡を入れないように二次埋没を行う。

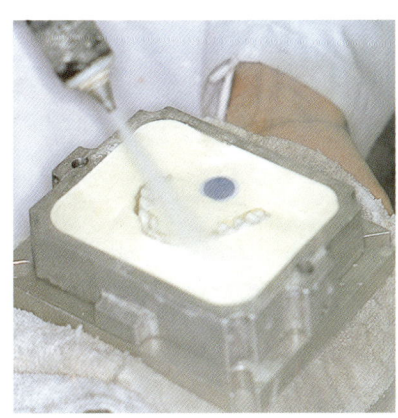

図V-136：脱蠟スチーマーにより中性洗剤で完全に脱蠟する。

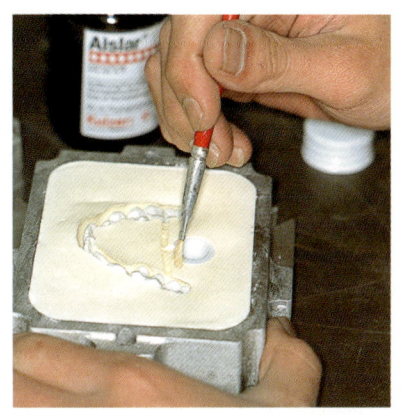

図V-137：シリンダーパイプからマウスガード部までベントを形成し、上下の石膏面に分離剤を塗布する。

し硬くなって、加圧時に石膏模型の薄い部分が破損する恐れがある。

⑧ 上蓋フラスコをかぶせ、プレスフレームおよびゴムスプリングをセットし、油圧プレスにかける（40〜50kg/cm²）。加圧した状態でプレスフレームボルトを閉める（図V-140）。
⑨ 沸騰水に10〜15分浸ける（図V-141）。
⑩ モルテノが軟化されている状態で、再度、油圧プレスにかけてプレスフレームボルトを閉めなおす（図V-142）。
⑪ 再度、沸騰水に10〜15分浸けた後、油圧プレスにかけてプレスフレームボルトを閉めなおす。
⑫ 内側シリンダーに、スプリングおよびスプリングホルダーをセットし、ハンドルを最大限ねじ込む（図V-143）。
⑬ 沸騰水に10〜15分浸ける。
⑭ 大気中で室温まで放置した後、石膏鉗子やエジェクターにてフラスコをあけ、石膏を取り出す（図V-144、145）。

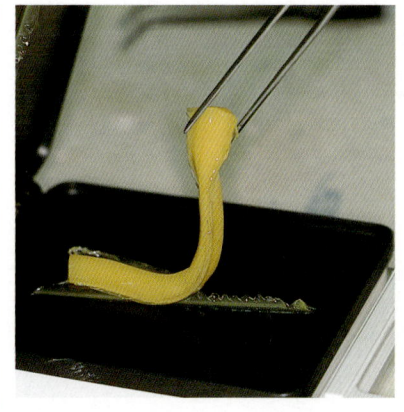

図V-138：ヒーティングボックスでモルテノを軟化する。

図V-139：軟化したモルテノを下蓋フラスコに置く。

図V-140：上蓋フラスコをかぶせ、プレスフレームおよびゴムスプリングをセットし、油圧プレスにかける（40～50kg/cm²）。加圧した状態でプレスフレームボルトを閉める。

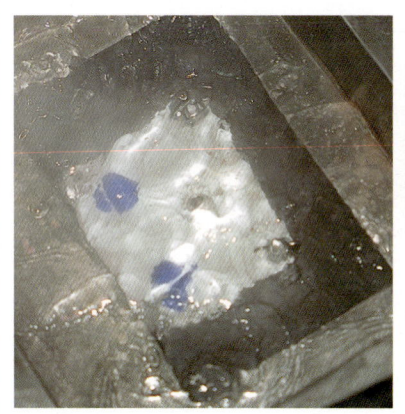

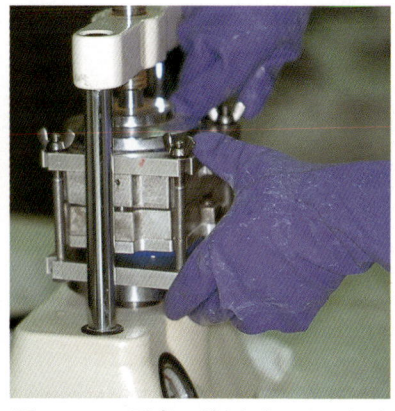

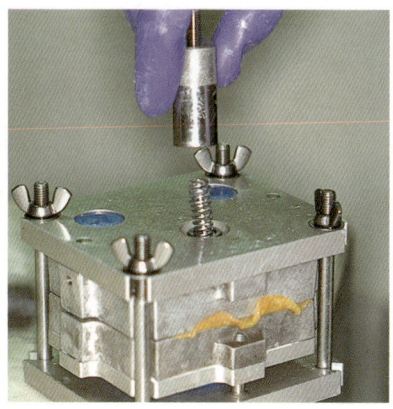

図V-141：沸騰水に10～15分浸ける。

図V-142：再度、油圧プレスにかけてプレスフレームボルトを閉め直す。さらに、図V-139、140の作業をもう一度行う。

図V-143：内側シリンダーに、スプリングおよびスプリングホルダーをセットし、ハンドルを最大限ねじ込む。

（4）取り出し、研磨

① 石膏を破壊し、マウスガードと作業模型を一塊に取り出す。マウスガードを模型から外さずに、カーバイドバーでバリなどを研磨する（図V-146～148）。

② 模型から外さずにポリッシングローラーで表面を研磨し、光沢を出して完成（図V-149、150）。

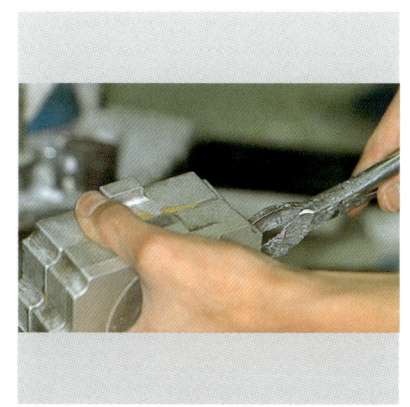

4．ワックスアップ法

図 V-144：沸騰水に10〜15分浸けた後、大気中で室温まで放置してから、石膏鉗子やエジェクターにてフラスコをあける。

図 V-145：石膏を取り出す。

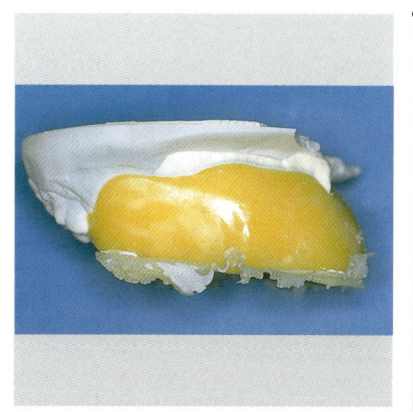

図 V-146：石膏を破壊しマウスガードと作業模型を一塊に取り出す。

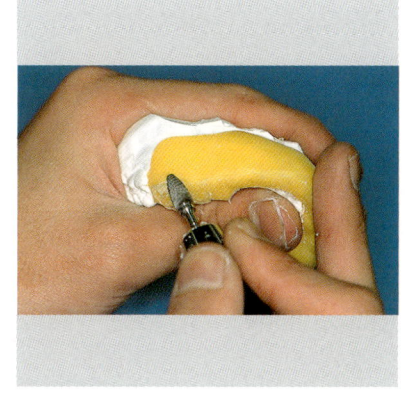

図 V-147：マウスガードを模型から外さずに、カーバイドバーでバリなどを研磨する。

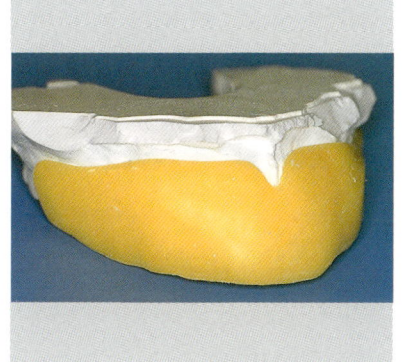

図 V-148：カーバイドバーによる研磨後。

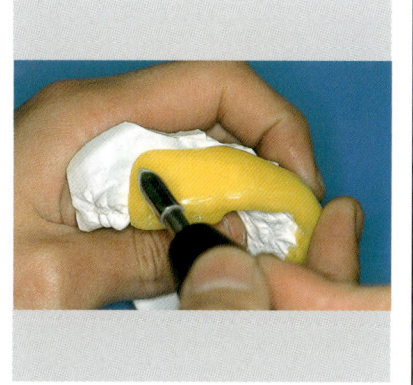

図 V-149：模型から外さずにポリッシングローラーで表面を研磨して光沢を出す。

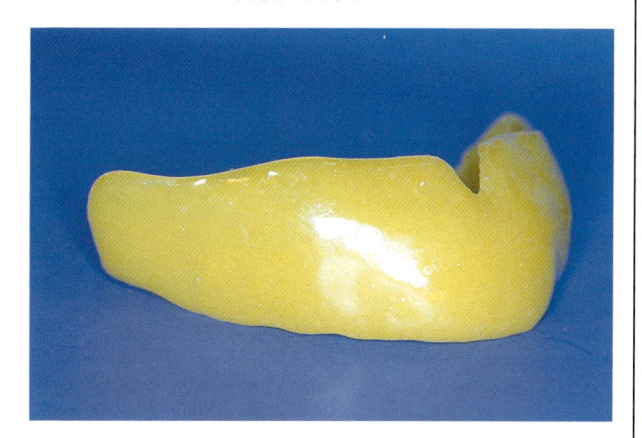

図 V-150：モルテノを用いたマウスガードの完成。

2）オーソコンを用いた場合

オーソコンは本来、歯科矯正ダイナミック・ツース・ポジショナーを製作する材料として販売されているが、マウスガードを製作することも可能である。L：ライト、M：ミディアム、H：ヘビーの3種類の硬さがある。色はクリアのみである。

（1）作業模型の準備
（2）ワックスアップ

以上は、モルテノを用いた場合と同様である。

（3）埋没、重合

① FRPフラスコに埋没し、流蠟する（図 V-151）。
② オーソコンは、常温では餅状である。そのままフラスコに填入する（図 V-152）。
③ 内側面3分、咬合面3分、電子レンジで重合する（図 V-153）。

（4）研磨、仕上げ

① 石膏より割り出した後、カーバイドバーなどで形態修整を行う（図 V-154）。
② コーティング剤を塗布する（図 V-155）。
③ 約70℃で40分間、オーブンで乾燥する（図 V-156）。
④ 完成（図 V-157）。

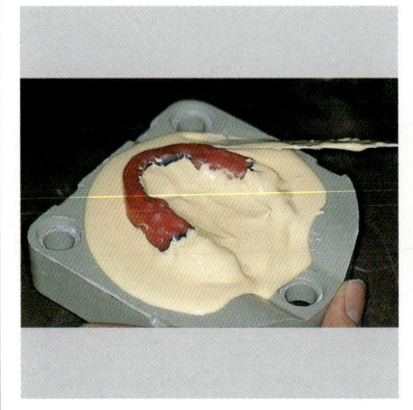

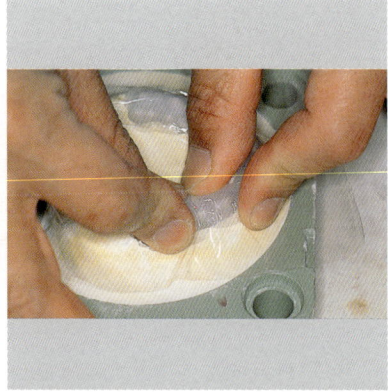

図 V-151：FRPフラスコに埋没し、流蠟する。

図 V-152：オーソコンをフラスコに填入する。

図 V-153：内側3分、咬合面3分、電子レンジで重合する。

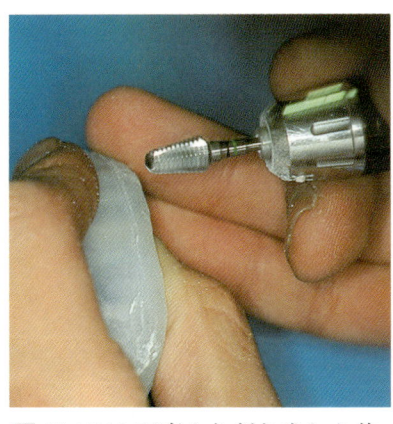

4．ワックスアップ法

図 V-154：石膏より割り出した後、カーバイドバーなどで形態修整を行う。

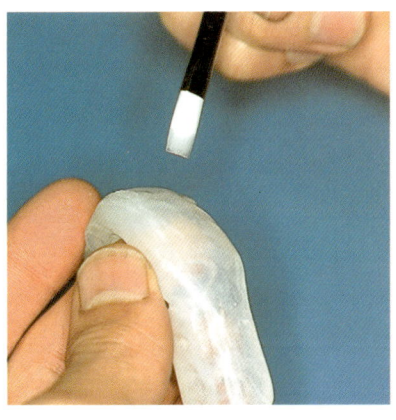

図 V-155：コーティング剤を塗布する。

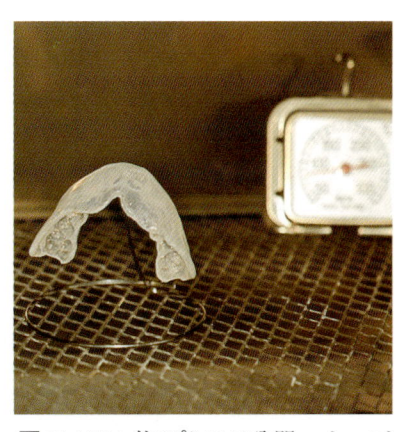

図 V-156：約70℃で40分間、オーブンで乾燥する。

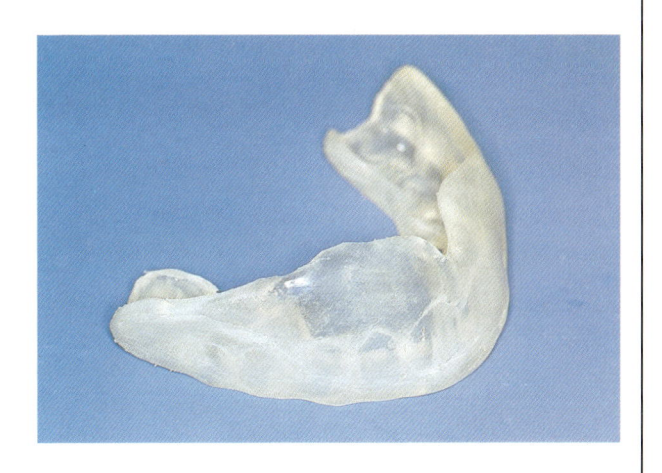

図 IV-157：オーソコンを用いたマウスガードの完成。

第Ⅵ章 マウスガード製作の実際④
装着時の調整、指導

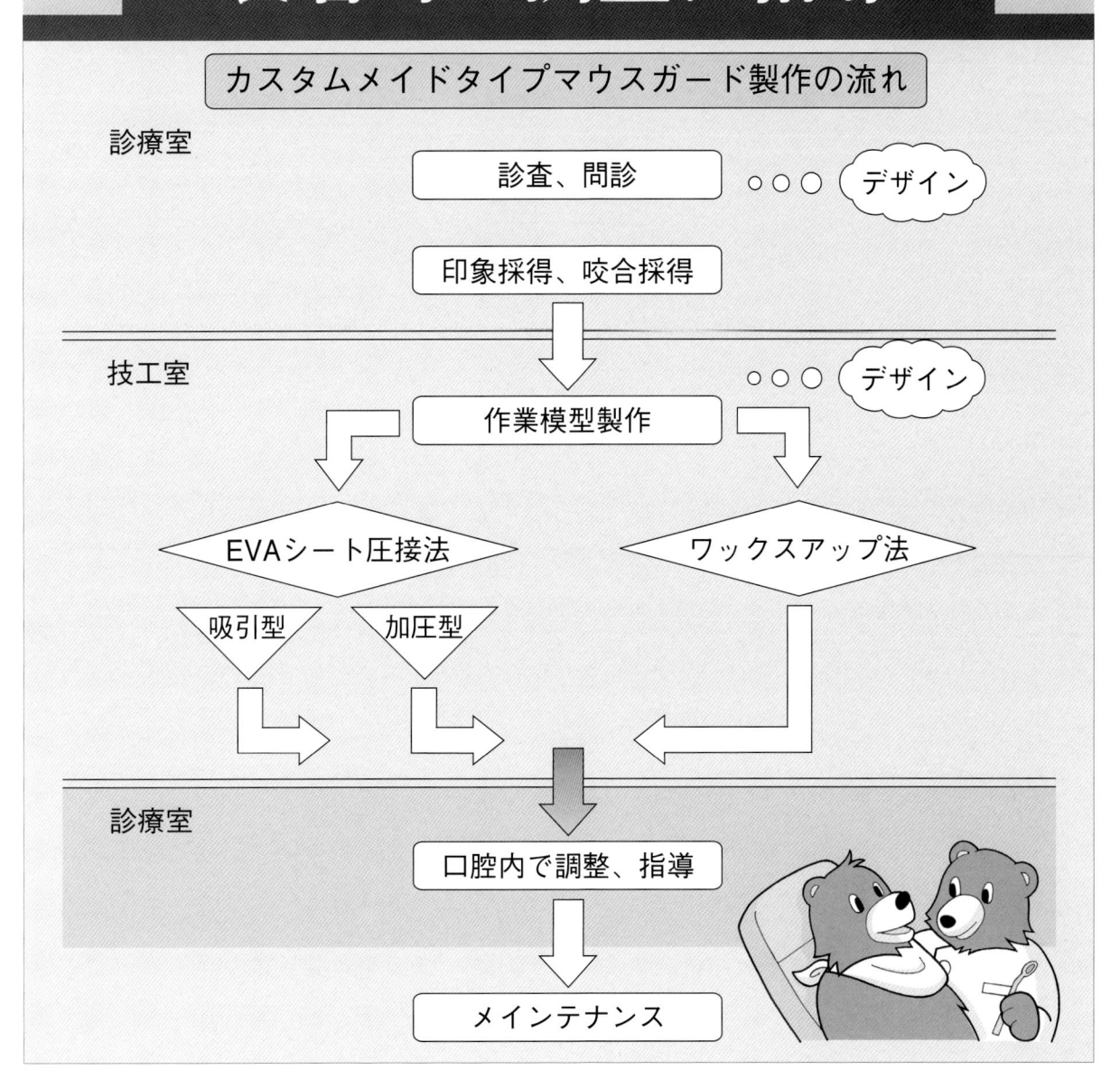

カスタムメイドタイプマウスガード製作の流れ

診療室
- 診査、問診　○○○ デザイン
- 印象採得、咬合採得

技工室
- 作業模型製作　○○○ デザイン
  - EVAシート圧接法
    - 吸引型
    - 加圧型
  - ワックスアップ法

診療室
- 口腔内で調整、指導
- メインテナンス

　本章で述べる装着時の調整、指導は、カスタムメイドタイプマウスガードの特徴のひとつであり、怠ってはならないステップである。なぜなら、これまでマウスガードの使用が普及しなかった原因として、不適合なマウスフォームドタイプが多く使用されてきたこと以外に、カスタムメイドタイプにおいても個々の症例に応じた外形辺縁や咬合の調整が十分に行われてこなかったことが考えられるからである。これらのことがマウスガードの不使用、異物感、呼吸障害、発音障害にもつながってきたともいえるのである。

第Ⅵ章 マウスガード製作の実際④ 装着時の調整、指導

1. 口腔内での調整

　完成したマウスガードを選手（患者）に装着する際には、まず口腔内でのチェック、調整が必要となる。実際には以下の項目をチェックし、必要であれば修整、または調整を行うことになる。
　(1) 適合
　(2) 維持
　(3) 外形線
　(4) 歯肉、歯の痛み
　(5) 嘔吐感、不快感
　(6) 異物感、発音、呼吸
　(7) 咬合
　(8) ざらつき
　このために必要な器具には、辺縁の形態修整のための器具や、咬合調整のための器具がある（図 VI-1）。各項目でのチェックポイントを以下に示す。

(1) 適合

　マウスガードが歯列弓にぴったりとおさまることを確認する（装着前には模型上での適合を確認しておく）。透明な材料で製作している場合には、外部からの観察が可能である（図 VI-2〜4）。

(2) 維持

　臼歯部を引張ってみる。適度な維持があることを確認する（図 VI-5）。
　開口しただけで落ちてくるのは問題外、再製の必要がある。

(3) 外形線

　石膏模型上で設定した外形線が口腔内で適切か、小帯を十分に避けているかを確認する（図 VI-

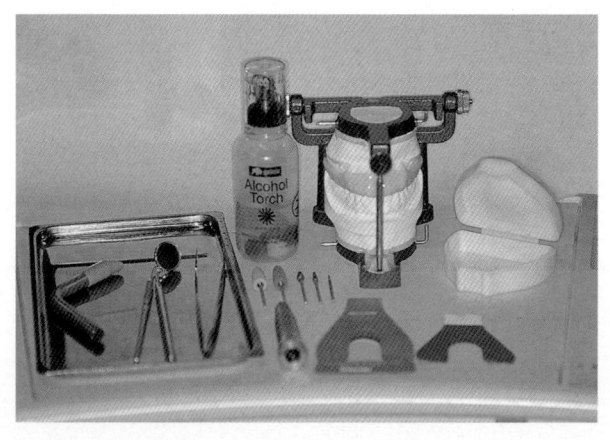

図 VI-1：マウスガード装着時の準備器具：基本セット、マウスガード調整のための器具、保管のケースなど。この他に辺縁の長さを調整するためのハサミなども利用できる。

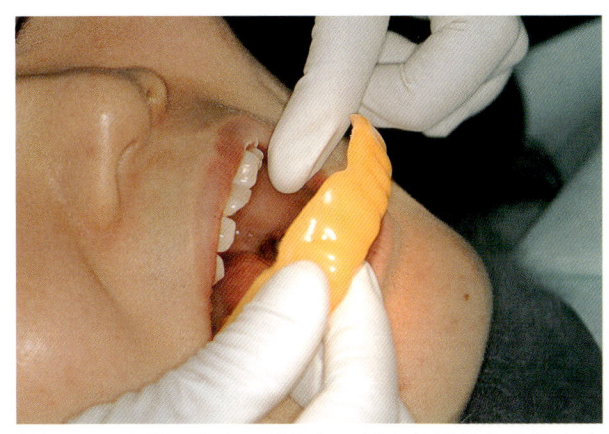

1. 口腔内での調整

図 VI-2：まず口腔内へ挿入して適合と維持力を確かめる。装着は前歯部から適合させると入れやすい。

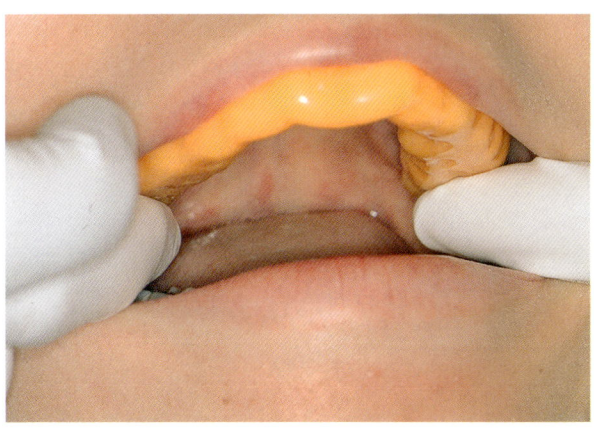

図 VI-3：装着ができたら各部位での適合を確かめるために指先で押してみる。

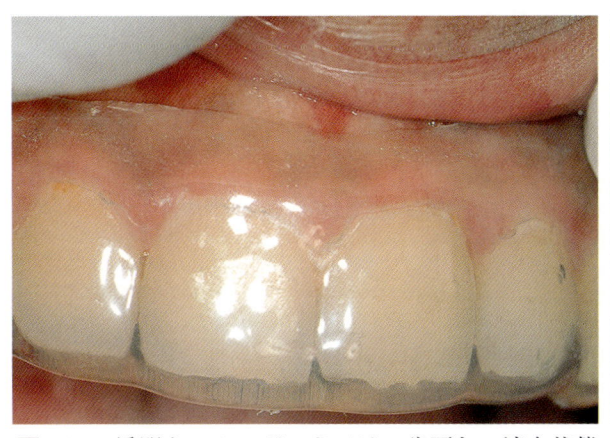

図 VI-4：透明なマウスガードでは、歯面との適合状態もよく観察できる。

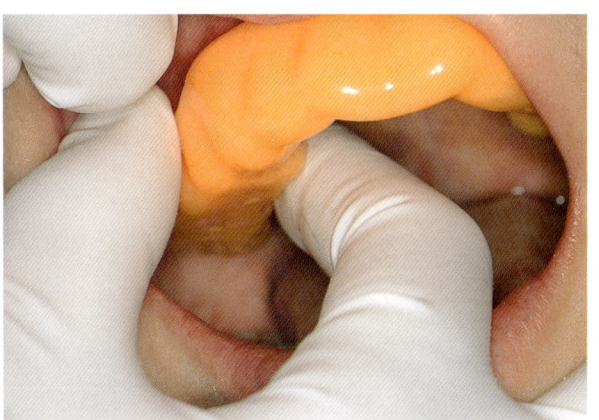

図 VI-5：臼歯部での維持力を確認する。臼歯部を指で引張ったとき、ある程度の抵抗があればよい。

6〜8)。小帯の動きを妨げると裂傷を生じることがある。

（4）歯肉、歯の痛み

歯肉、歯に痛みがないか問診する。もし痛みを訴えた場合には、次の順序で確かめるとわかりやすい。

① マウスガードを外して、もともと齲蝕、歯周病、粘膜疾患などの問題がないか一般的な口腔内診査を行う。
② 異常がなければ、痛みを訴える部位とマウスガードの内面、石膏模型を診査する。圧迫している部分がわかれば削除する。
③ わかりにくければ、フィットチェッカーなどの適合診査材を用いて診査し、相当部位を削除する。

なお、痛みの出やすい部位としては以下の2か所があげられる。

歯間乳頭部：マウスガードが歯間乳頭部にしっかり入り込んでいると、痛みを訴えることがある。

全顎的に痛み、あるいは強い圧迫感を感じる場合には、石膏模型上で歯間乳頭部のブロックアウトをしっかり行いマウスガードを再製する。

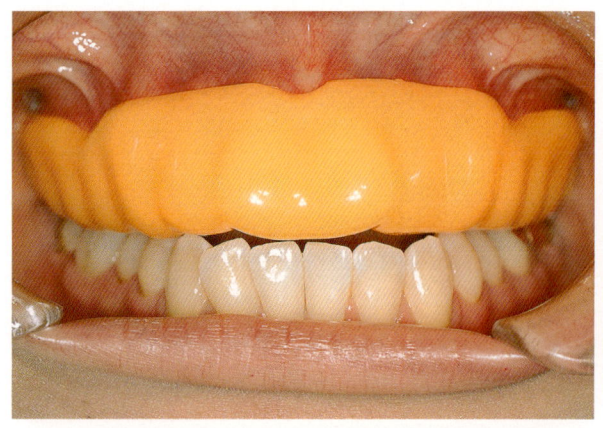

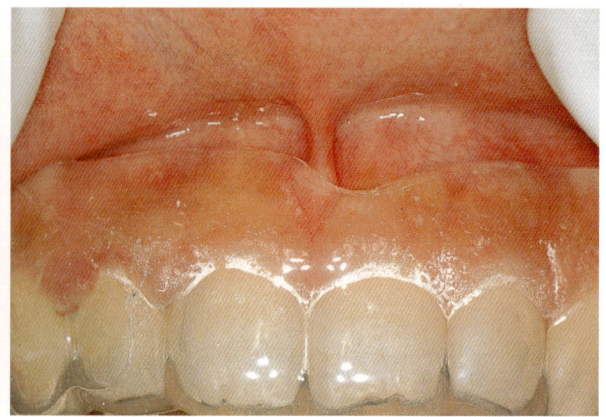

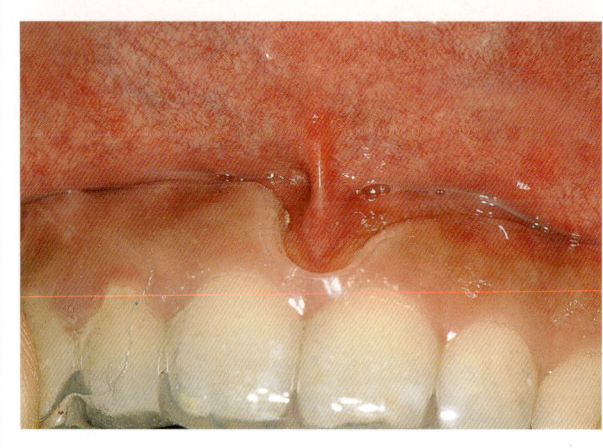

第Ⅵ章　マウスガード製作の実際④ 装着時の調整、指導

図 VI-6（上左）：外形線の設定が適切であるかを確認する。図は唇頬側で歯頸部から約4mmの位置に設定されている。次に小帯部を十分に避けているかを確認する。この場合、口唇を前方や下方に引張ってみるとよい。この例では上唇小帯、頬側小帯の動きを妨げている。
図 VI-7（上右）：この症例では辺縁が小帯の上にのってしまっている。
図 VI-8（左）：図 VI-7 の調整後。マウスガードの小帯相当部を十分に削除した。義歯とは異なり、削除しても維持に大きく影響することは少ない。

唇側転位歯：唇側転位している歯の歯根部に相当する歯肉で痛みを訴えることがある。

（5）嘔吐感、不快感

多少の異物感は、日が経てば"慣れ"が出てくるが、強い嘔吐感、不快感が消えない場合には、確認のために次の順序での診査を要する。

① 後縁が長すぎないか？
　→マウスガードが最後方歯遠心面を覆っていると、嘔吐感、不快感を感じることが多く、1歯分短くしてみるとよい。
② 臼歯部口蓋側辺縁が長すぎないか？
　→適合に問題がなければ、歯頸部に辺縁を定めてもよい。

（6）異物感、発音、呼吸

異物感、発音、呼吸の問題に関しては、"慣れ"も必要である。しかし、口蓋部の辺縁をうまく設定すれば問題は生じにくい。

しばらく使用してもらってから調整を行うことも大切である。その具体的な方法については、第Ⅶ章『メインテナンス』を参照されたい。

（7）咬合

部分的に高く感じるところ、強く当たるところがないか問診する。このとき、左右のバランスについても確認し、問題があれば咬合調整を行う。咬合紙による印記は、マウスガードの表面性状や、圧により大きく異なるため、正確とはいいがたい。診査は、問診、咬合紙、視診を組み合わせて総合的に行う。口唇が閉じにくいとの訴えの場合にも、咬合調整で高径を下げることで対処できることもある。調整にはカーボランダムポイント、シリコーンポイントなどを用いる。

（8）ざらつき

舌でざらつきを感じるところがないか問診する。感じたところがあれば十分に研磨を行う。とくに、口蓋側の辺縁部分はなめらかにしておかなければならない。その方法は第Ⅴ章の研磨の項（p.104〜）を参照されたい。

2. 装着方法などの指導

一般に、マウスガードの正しい着脱法や使用方法、管理方法を理解している選手は少ないと考えるべきである。そこで、セット時には「なぜ、そうしなければいけないのか？」という理由を含めて、わかりやすく説明しておく必要がある（図Ⅵ-10）。

指導、説明をする内容としては、
① 装着時間
② 着脱方法
③ 洗浄方法
④ 保管方法
⑤ 調整の必要性
⑥ 定期検査の必要性

の6項目があげられる。以下、項目別に示す。

（1）装着時間

① 試合だけではなく練習中から使用する

異物感がある、発音しにくいという問題の解決には"慣れ"によるところが大きい。また、コンタクトスポーツでは、練習中にも受傷する可能性が高いため、普段から装着する必要がある。

② 試合中と練習中以外に長時間の装着をしない

無用に長時間使用することは顎関節、咬合への影響を引き起こす可能性がある。この点については第Ⅸ章『マウスガード使用による効果、影響』で詳しく述べる。

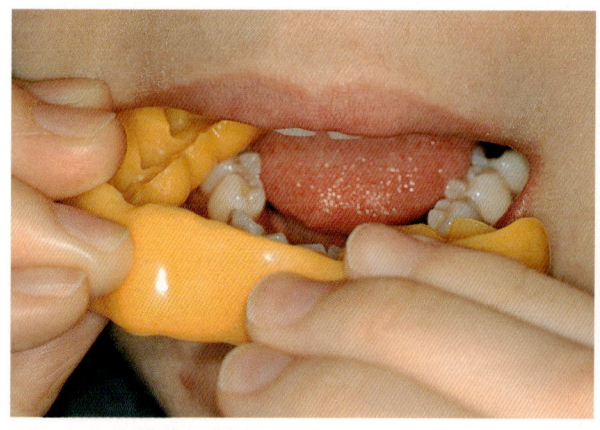

第VI章　マウスガード製作の実際④ 装着時の調整、指導

図 VI-9：口腔内に挿入する際には、水平に回転させて片側の臼歯部から入れ始める。

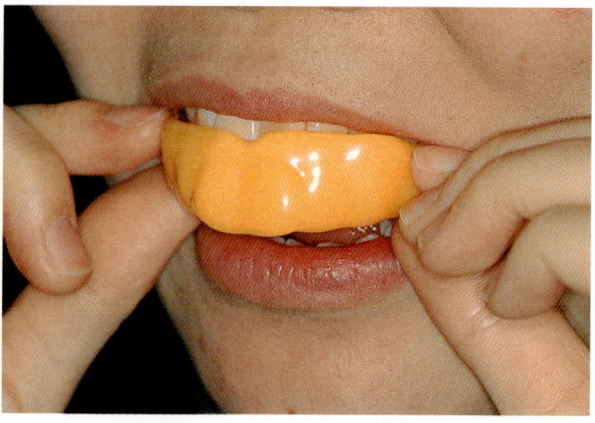

図 VI-10：口腔内に挿入したら、前歯部から歯面に適合させる。続いて、両側臼歯部の咬合面を押さえて装着を完了する。

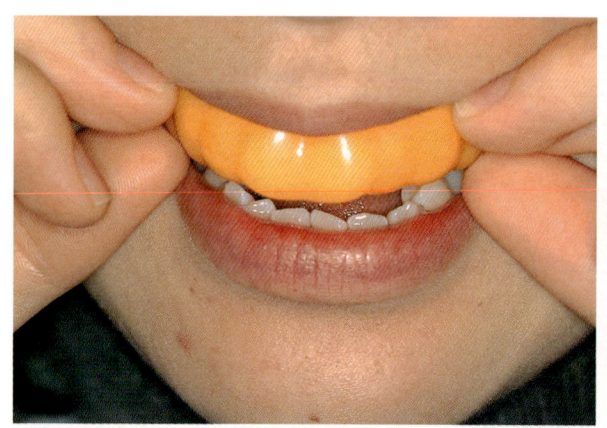

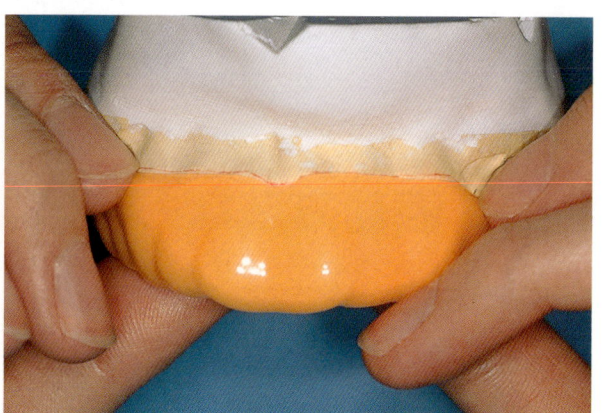

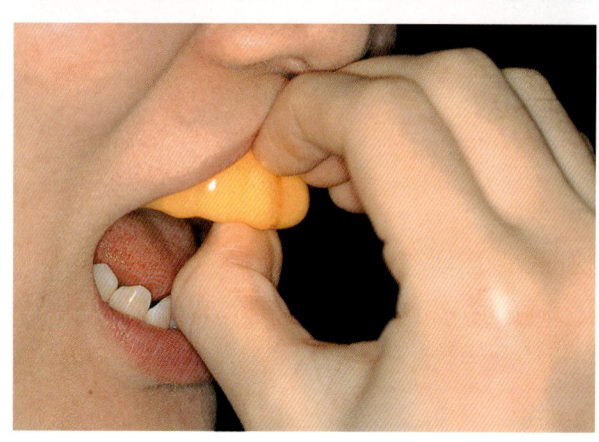

図 VI-11（上左）：外す際には、両側臼歯部の辺縁に指先をかける。
図 VI-12（上右）：図 V-11 におけるマウスガードの取り外しを模型上で示したもの。片側ではなく両側の臼歯部に指をかける。
図 VI-13（左）：適合のよいマウスガードでは、前歯部から外すことはできない。

（2）着脱方法

マウスガードの装着は水平に回転させて片側の臼歯部から口腔内に入れ、前歯部から歯面に適合させた後、臼歯部を適合させる（図 VI-9、10）。また、マウスガードの取り外しは両側の臼歯部をつかんで行う（図 VI-11〜13）。片側のみをつかんで外すと変形しやすくなる。

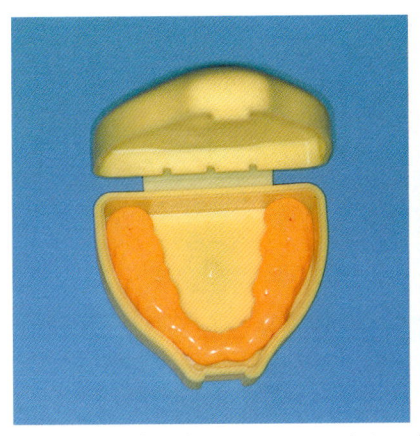

図 VI-14(左)：専用のケースに入れて保管させるのが最善であるが、専用のケースがなければプラスチック容器でもよい。
図 VI-15(右)：マウスガードの調整が済めば、マウスガードの使用方法について指導し、保管ケースとともにマウスガードを受け渡す。

(3) 洗浄方法

マウスガードを使用した後には必ず流水で汚れを洗い流すこと。このとき、変形の原因となるので決して高温の湯を使用してはならない。また、洗浄剤（リテイナー用、または義歯用のもの）の使用も推奨される[1]。

(4) 保管方法

装着時以外、マウスガードは専用のケースに入れて保管する（図 VI-14）。リテイナー用のケースを応用するのもよい。変形する恐れがあるため、高温になる場所には置かないよう注意する。

(5) 調整の必要性

使用中に次のような問題が生じたら、来院の必要があることを伝える。なお、これらの問題点の解決方法は、次章Ⅶ章『メインテナンス』で述べる。
① マウスガード使用時に噛むと痛みを感じる、マウスガード使用中あるいは使用後に顎がだるい、痛いなど→必ず来院しなければばならない。
② 開口すると落ちてくる、ゆるい、噛み合わせの面に穴があいているなど→再製が必要である。
③ 歯肉が痛い、しゃべりにくい、呼吸しにくい、舌触りが悪いなど→調整が可能である。

(6) 定期検査の必要性

口腔内の診査とマウスガードの点検のために、定期的な検査を受けさせる必要がある（図 VI-15）。不適合なマウスガードや摩耗したものを使用していても、外傷の予防効果がないばかりか、かえって運動の妨げとなる可能性もあるからである。
マウスガード使用時の注意事項を指示した用紙を、装着時にマウスガードとともに渡しておく

とよい(巻末付表参照)。

■参考文献
1) 林　良宣, 林　万紀子, 村上　弘, 他：マウスガードの洗浄効果について, 第8回スポーツ歯学研究会発表抄録, 20, 1997.

3. 装着時の診査、記録

　装着時には、①一般的な口腔内診査(選手の口腔健康のため)、②顎関節症状の診査(マウスガード装着による顎関節症の出現、消退を知るため)、③マウスガードの装着感に関する問診、④装着したマウスガードデザインの記録(再製時、調整時の参考になる)を行うとよい。

　大阪大学歯学部附属病院口腔総合診療部で用いている記録用紙の例を巻末の付表に示す。また、これらの記録により、どのようなデザインや調整をすればその競技に有効であるのかを考えることができる。

マウスガードの耐久性は？
マウスガードの交換の時期は？

　マウスガードの交換が必要となる原因は、磨耗、変形、口腔内の変化、などが考えられる。また、マウスガードの磨耗、変形には、マウスガードの材質、使用頻度、扱い方（着脱法、保管法など）、製作方法（適合性）、選手のクレンチング頻度などの多くの因子が関わる。

　たとえば、アメリカンフットボールやラグビーなどの選手では、数試合だけでマウスガードがぼろぼろになってしまった例も報告されている（図 VI-16）。一方で、数年以上の使用例も見受けられる。

　このため、耐久性に関して一定の期間を想定することは困難であり、むしろ選手にマウスガードを交換すべき時期がわかるようなチェックリストを手渡しすることが最善の策と考えらる。表 VI-1 は松田が選手にマウスガードを手渡す際に、セルフチェックができるように同時に配布するリストの例である。

　また、巻末の付表「マウスガード使用時の注意」にも同様の注意を付している。

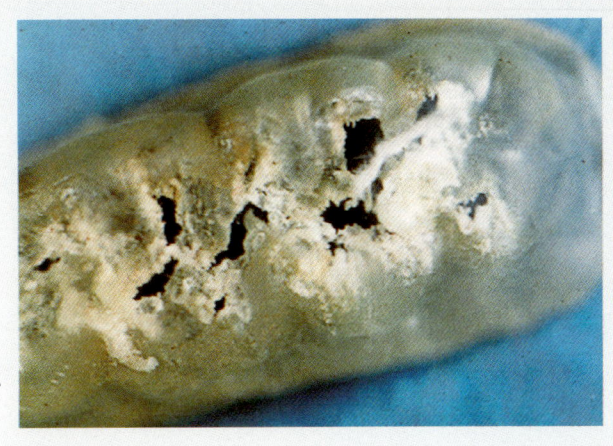

図 VI-16：使用後に、摩耗し破れてしまったマウスガードの例。

① 口を開いたときにマウスガードが落ちてこないか
　→落ちてくるようであれば、再製の必要があります。
② 噛みしめたときにうまく噛めない
　→その程度がわずかであれば調整で済みますが、再製しなければならない場合もあります。
③ 噛み合わせの面がボロボロになっている
　→衝撃の吸収効果がなくなってしまうので、再製の必要があります。

表 VI-1：マウスガード交換のためのセルフチェックリスト（松田による）

第Ⅶ章
メインテナンス

カスタムメイドタイプマウスガード製作の流れ

診療室

診査、問診 ○○○ デザイン

印象採得、咬合採得

技工室

作業模型製作 ○○○ デザイン

EVAシート圧接法　　ワックスアップ法

吸引型　加圧型

診療室

口腔内で調整、指導

メインテナンス

　これまでの章で述べてきたように、デザインや成型のポイントに注意して製作したマウスガードであればこそ、また、常に最良の状態で使用してこそ、その効果が期待できる。しかし、マウスガードは軟質材料で製作されているために、磨耗や劣化が生じる可能性は高いと考えなければならない。

　このような意味からも、マウスガードの装着後のメインテナンスが非常に重要になる。同時に、メインテナンスにおいては、マウスガードのみならず、スポーツデンティストの立場から口腔の健康管理を行う場であり、治療、予防的処置、口腔清掃指導などを行う絶好の機会でもある。

第VII章　メインテナンス

1．メインテナンス時期の決定

　メインテナンスに入るには、マウスガードが十分に調整されていなければならない。また、メインテナンスの時期（間隔）はマウスガードの調整を通して決定していく。

1）メインテナンスまで～マウスガードの調整～

　マウスガードの受け渡しの際に十分に口腔内での調整を行うが、プレー中に装着して初めて不都合や気になるところが出てくることも多い。マウスガードの使用を定着させるには、これをうまくフォローしなければならない。

　具体的には、受け渡しから約1か月後[注1]にマウスガードの調整として来院[注2]してもらう。この際、調整する必要がない、あるいは調整により問題が解決したことがその場で確認できる場合には、メインテナンスの時期を決定する。調整を行い再度確認が必要な場合には、さらに1か月後[注1]に来院[注2]してもらう。マウスガードの調整は問題が解決するまで続ける。

　　*注1：約1か月後というのは目安である。使用頻度が高い場合、早く調整を完了したい場合などにはもっと早く来院してもらうとよい。逆に、1か月の間に使用する予定がない場合などは1か月より長くなっても構わない。とにかく、受け渡し後早いうちに一度チェックすることが重要である。
　　*注2：チームでまとまって製作した場合には、歯科医師がフィールドへ出張していくこともある。

2）メインテナンスの時期

　基本的には、1年おき、あるいは毎シーズン終了後（翌シーズン開始前とすると、マウスガードを再製した場合、シーズンに間に合わなくなる可能性があるので、シーズン終了後としておいた方がよい）とする。

　マウスガードの摩耗やゆるみは、各選手のマウスガード使用頻度や嚙みしめ、厚み、デザインなどによって異なる。調整時に摩耗やゆるみが起こりやすいと評価されれば、半年、あるいはもっと短期間とする。

　マウスガード初心者で薄いマウスガード（2mmシート）を使用している場合は、3か月以内とする。混合歯列期の小児や矯正装置装着者については、状況に合わせて短期間のメインテナンスを必要とする。

　メインテナンスする時期でなくても、マウスガードに問題が生じれば来院するようしっかり伝えておくことも重要である（第VI章「2．装着方法などの指導」参照）。

2. 調整、メインテナンスの内容と記録

調整時、メインテナンス時には次のことをチェックする。

① マウスガードに関する訴え

マウスガードに関する主訴を問診し、調整などの対応を行う。

② マウスガードの効果

マウスガードを装着したことで、どんな効果があったかを確認する。

③ 使用感

感覚的なことであるので、VAS(Visual Analog Scale)による評価が有効であると考えられる。

④ マウスガードの使用状況

練習や試合の頻度とマウスガードの使用頻度を聞く(もちろん、100％の使用をすすめるべきである)。

⑤ 前回来院から今回来院までの受傷の有無

マウスガードの効果と改良点の確認のため。

⑥ 顎関節症状

マウスガード使用開始前にスクリーニングしておくことが必要である。

⑦ 口腔内所見(新たな歯科治療部位、要治療など)

選手の口腔健康管理も重要な仕事である。新たな治療部位があった場合には、マウスガードの調整または再製が必要となることがある。

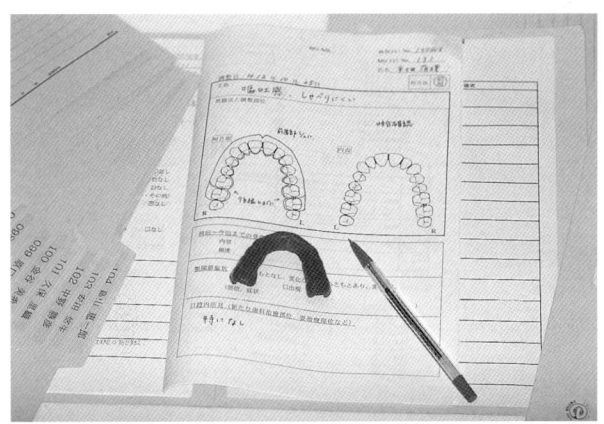

図 VII-1：メインテナンスの際には専用カルテを用意する。

図 VII-2：カルテには訴えと調整内容を記録する。

これらは、これまでの対応、各選手の特徴、データの蓄積のために、記録に残しておくべきである（巻末の付表参照）。

3. トラブルシューティング

メインテナンスの際に、以下のような訴えがあれば、それぞれの状況に応じて対応しなければならない。ここでは、想定される問題点をあげる。

① 違和感がある
② 開口すると落ちてくる、ゆるい
③ 穴があいた
④ 噛み合わせが高い（強い）部分があり違和感がある
⑤ 噛み合わせる場所がわかりにくい
⑥ 噛むと痛い
⑦ 歯肉が痛い
⑧ 歯間乳頭部が痛い、圧迫感が強い
⑨ しゃべりにくい
⑩ 呼吸しにくい
⑪ 舌感が悪い
⑫ 顎がだるい、筋の疲労感を感じる
⑬ 顎関節が痛い
⑭ 嘔吐感がある
⑮ 噛みしめてしまう

以下、これら問題点の一つひとつについて解決方法の例をあげる。

① 違和感がある

本来マウスガードは異物である。しかしながら、これまでの章で述べてきたような方法で適合性の確保、辺縁の設定、研磨を行えば、大きな違和感を感じることは少ない。また、当初違和感があっても慣れによって解消されることが多い。

マウスガード装着の経験がない場合には、とくに違和感、異物感を感じやすい。そこで、より早く慣れさせるために、まず薄いシートで製作したマウスガードを使用させ、慣れてきたところで、必要な厚みのマウスガードに交換する「ステップバイステップ法」（図VII-3a、b）を用いる。ただし、次項にも述べるように、薄いマウスガードでは変形によるゆるみが生じやすい。マウスガードのゆるみを訴えた場合には、マウスガードに慣れたことを確認した上で、厚いシートを用

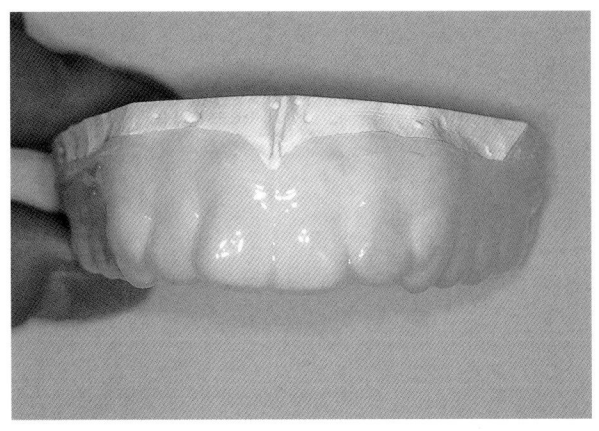

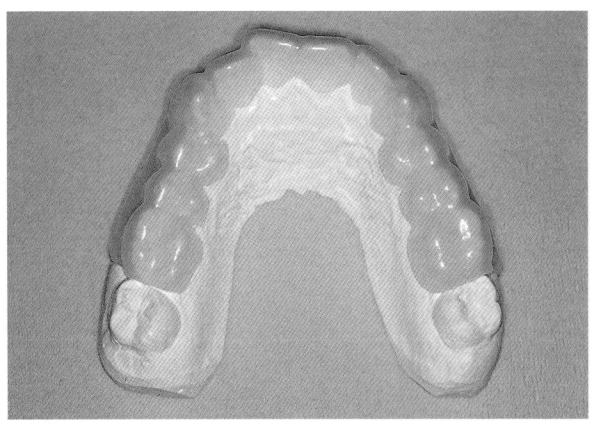

図 VII-3a(左)、*図 VII-3b*(右)：マウスガードが初めての場合のステップバイステップ方式の例。まず厚さ2mmのシートでマウスガードを製作する。この場合、辺縁も短めに設定する。ただし、2mmシートによるマウスガードは、変型によるゆるみが早期に出やすいので、来院回数（頻度）が限られる場合には、このステップを2mmのもの、3mmのものの2つを同時に渡し、装着方法を指導してもよい。

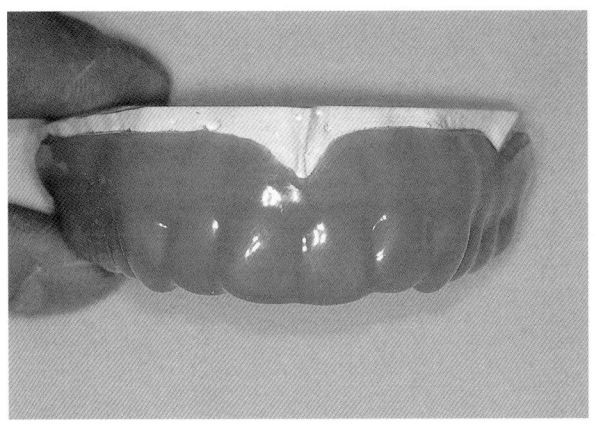

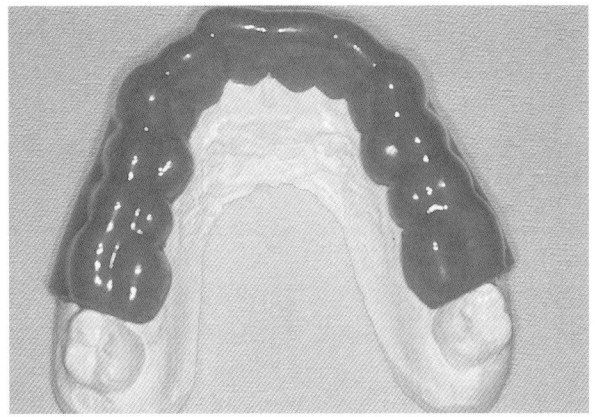

図 VII-4a(左)、*図 VII-4b*(右)：慣れてきたところで厚さ3mmのシートのマウスガードに交換する。辺縁の設定は標準的なものとする。さらに必要であれば 3.8（または4.0）mmシートのマウスガードへ移行する。

いて再製するべきである（*図 VII-4a*、*b*）。ただし、このプロセスは、マウスガードを理解してもらうためにも、事前に説明しておく必要がある（実際には、定期観察によってあるいは慣れた頃に来院してもらうことによって、ゆるむ前に再製するのが望ましい）。

② 開口すると落ちてくる、ゆるい

このような状況では、適合が不良あるいは変形が原因と考えられるので、基本的には再製の必要がある。しかし、部分的な不適合であれば、マウスガードをアルコールトーチなどで軟化し、石膏模型上で再度圧接しなおすことで修整できることもあるが、修整しきれない場合が多い。したがって、状況に応じた再製をしなければならない。以下に、製作時の適合不足が原因と考えられる場合、およびマウスガードの変形が原因と考えられる場合の修整方法を記す。

① 製作時の適合不足が原因と考えられる場合

とくに、装着してから短期間のうちにこのような状態になった場合には、製作時の適合性に問

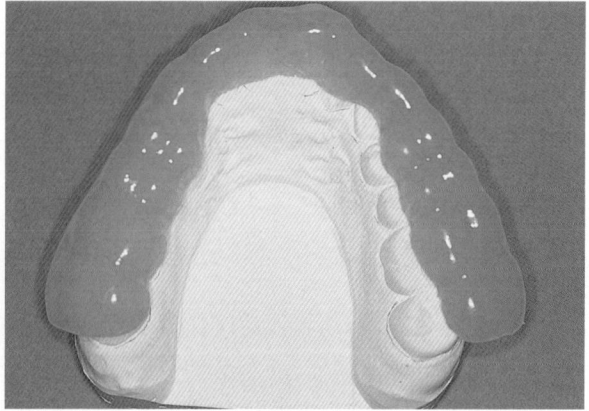

第VII章　メインテナンス

図 VII-5：放冷することなく模型からマウスガードを撤去したり、あるいは水などで急冷した場合には変形が生じると考えられる。

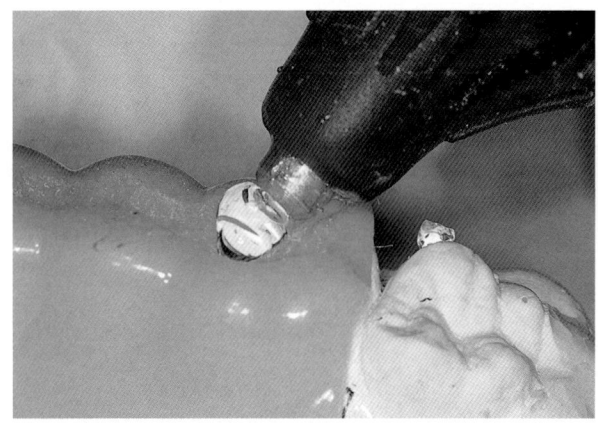

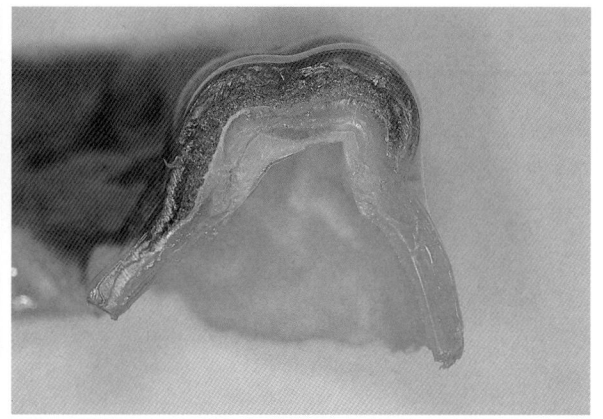

図 VII-6：熱湯に浸けられ変形したマウスガード。

図 VII-7：穴のあいた部分にヒーティングガンにより軟化したシート材を築盛する。なお、その前処置として、トーチなどでマウスガードの表面を少し軟化させるか、有機溶媒で1層溶かしておくと築盛しやすい。

図 VII-8：ラミネート法で積層して厚みを確保したマウスガードの断面。

題があったと考え、再製作時に改善しなければならない。その例としては、吸引型成型器での製作時に模型を十分に乾燥していなかったこと、シートの加熱が不十分であったことなど、また加圧型においては圧が十分に加わらなかったことなどがあげられる。

② マウスガードの変形が原因と考えられる場合

マウスガードは、脱着を繰り返すうちに変形を生じ、多少なりともゆるみを生じる可能性がある。とくに厚みが薄い場合には、変形によるゆるみが起きやすい。このような場合に再製する際には、厚みを増すことを考慮する。また、製作時において、シートを加熱成型した後に十分に時間をかけて放冷することなく模型からマウスガードを撤去したり、あるいは水などで急冷した場合には、変形が生じやすい（図 VII-5）。また、マウスガードの清掃をお湯で行った場合にも変形が生じるので、装着時に十分に説明しておかなければならない（図 VII-6）。

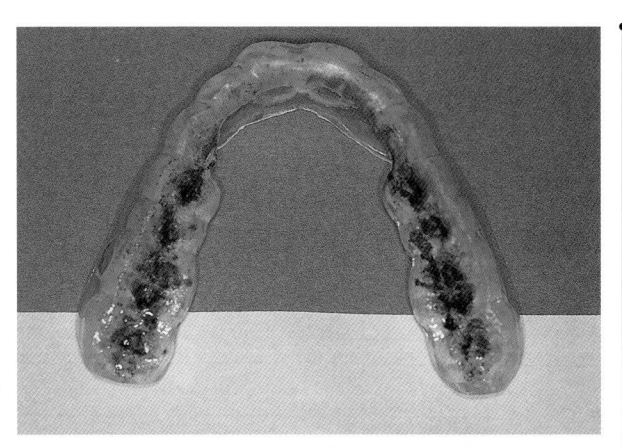

図 VII-9：咬合調整時のマウスガード上の咬合紙による印記（表面性状による）。

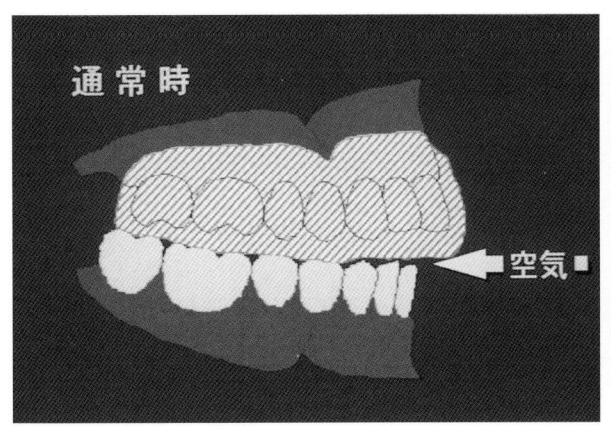

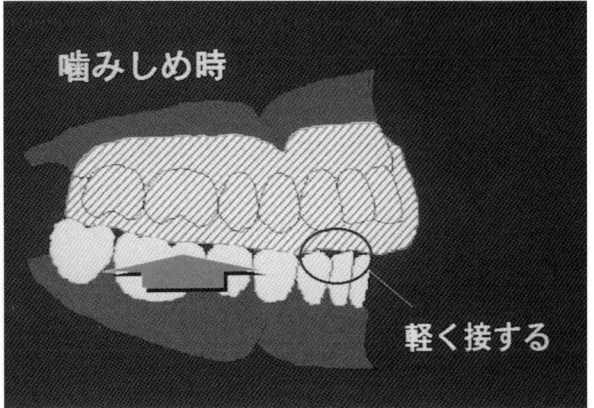

図 VII-10a（左）：前歯部での咬合接触は調整して、臼歯部で軽く咬合している際には接触せず、噛みしめた際に接触するように調整する。

③ 穴があいた

基本的には再製が必要である。溶かしたEVAを穴のあいた部分に築盛する方法（図 VII-7）もあるが、接着力や耐久性に問題があり、再び同じ部位に穴があくことになりやすい。再製に先立って穴があいた原因を探ることが大切である。

製作時にシートが薄くなりすぎた場合であれば、使用するシートの厚みを増す必要がある。製作に使用したシートの厚み、穴があくまでの期間などを考慮に入れ、必要であればマウスガードのデザインを変更する。また、問診（プレー時の噛みしめの有無など）から不必要に噛みしめていることが明らかになれば、噛みしめる必要がないことを指導する。

なお、マウスガードの厚みを確保する方法には、ラミネート法により咬合面に厚みを確保する方法（図 VII-8）がある（第Ⅴ章「3. ラミネートマウスガードの製作方法」参照）。

④ 噛み合わせが高い（強い）部分があり違和感がある

咬合調整を行う必要がある。このとき、マウスガードは軟性材料でできているため、咬合紙に

第Ⅶ章　メインテナンス

よる印記（図 VII-9）が他の硬い材料のようにはいかないことや、表面粗さの影響も大きいことを念頭に置かなければならない。よって、咬合調整は咬合紙による印記以外に、視診、装着者自身の感覚なども合わせて総合的に行う必要がある。また、調整した面はシリコーンや有機溶媒などで滑沢にしておかないと、異物感や磨耗の原因にもなる。

なお、前歯部に関しては臼歯部でライトコンタクトしている際には咬合させず、噛みしめたときに接触するように調整しておく方がよい（図 VII-10a、b）。

⑤　噛み合わせる場所がわかりにくい

運動時の顎位、不意の衝撃により、強制的に閉口した際の顎位が閉口路上にない可能性を考慮し、基本的にはマウスガードに深い圧痕は与えないようにする。しかし、選手、競技種目等によっては、マウスガードの咬合面がフラットに近い（圧痕が浅い）と、「噛む位置が決めにくい」と訴える者がいる。噛む位置が決めにくいことに不快感を強く感じる場合には、深い圧痕を付与したマウスガードを作製してみる。その際には、適切な咬合位を付与する必要があり、その方法として以下の4つの方法が考えられる。

① 口腔内で圧痕を付与する方法

トーチで軽く咬合面を加熱軟化したマウスガードを口腔内に挿入し、楽な位置で噛ませる。その際に注意することは、
- 咬合面に圧痕を付与できるが、マウスガードの適合が悪くならない程度に軟化する
- 両側を均等に噛ませる
- 噛み込んだときにマウスガードに穴があかず、薄くなりすぎない程度に噛ませる

の3点である。この方法は、適切に軟化することができればもっとも簡便な方法といえるが、実際には適度な加熱軟化を行うのに熟練が必要である。

② 適切な咬合位でチェックバイトを採得しワックスアップ法にてマウスガードを作製する方法

個々の症例の条件に合わせることが可能であり、チェックバイトの採得が適切であれば、理想的な方法であるが、ワックスアップ法は操作が煩雑であるのが難点である。ここで注意するのは、マウスガードに必要な厚み分だけ挙上したチェックバイトを採得することである（第Ⅲ章「3．咬合採得」参照）。

③ チェックバイトにより上下顎関係を規定した咬合器上で圧痕を付与する方法

マウスガードはEVAシート圧接法で製作する。適切な位置でチェックバイトを採得できれば簡便な方法である。シート圧接法では、通常均一な厚みのシートを用いるので上下顎関係により圧痕が均等に付与できないことがある。作業模型の基底面に対する咬合平面の傾きを変化させること、作業模型のステージにおける設置位置を工夫することで、ある程度の厚みの調節は可能である。

④ 咬合器上で切歯指導ピンにより挙上を行い、咬合器上で圧痕を付与する方法

マウスガードの厚みが小さい場合には、この方法も可能である（第Ⅲ章「3．咬合採得」参照）。
噛んだ際に、どこが痛いのか問診する。咬合調整が不十分な場合にもこのような訴えはある。

3．トラブルシューティング

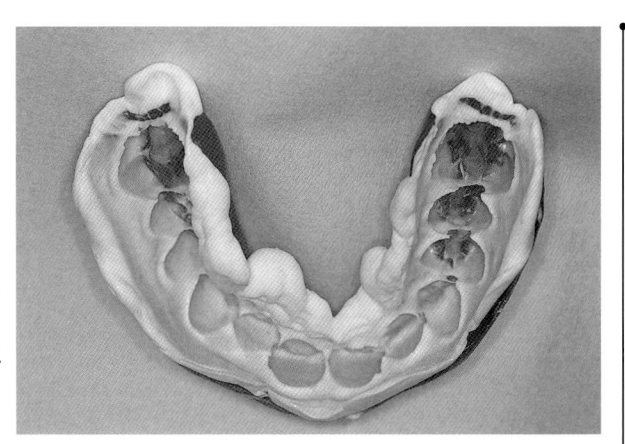

図 VII-11：どの部位が痛みの原因であるか特定できない場合は、内面に適合試験材料（フィットチェッカー；ジーシー社）を盛って口腔内に戻し、適合状態を確認する。フィットチェッカーから透けてマウスガードの内面がみえる部位を探す。

歯が痛い場合には、次の作業を行うとよい。

⑥　噛むと痛い

① マウスガードを外して、もともと齲蝕、歯周病などの問題がないか一般的な口腔内診査を行う。
② 異常がなければ、痛みを訴える部位とマウスガードの内面を診査する。圧迫している部分がわかれば、削除する（*図 VII-11*）。
③ わかりにくければ、フィットチェッカー（ジーシー社）などを用いて診査し、相当部位を削除する。

その他に、歯肉、歯間乳頭部が痛い場合や顎関節、筋肉が痛い場合も想定できるが、前者については「**⑦歯肉が痛い**」で、後者は「**⑫顎がだるい、筋の疲労感を感じる**」でそれぞれ解説する。

⑦　歯肉が痛い

歯肉のどの部分に痛みがあるのか、問診、触診する。問診、触診の際には、以下のことに留意して行うことをすすめる。
① マウスガードを外して、もともと歯周病、粘膜疾患などの問題がないか一般的な口腔内診査を行う。問題があれば、治療を行う。歯肉炎やアフタを認めた場合には、口腔内清掃の指導を行う。洗浄剤の使用をすすめるのもよい。
② 異常がなければ、痛みを訴える部位とマウスガードの内面を診査する。圧迫している部分がわかれば、削除する。
③ わかりにくければ、フィットチェッカーなどを用いて診査し、相当部位を削除する。また、唇側転位している歯の歯根部に相当する歯肉で痛みを訴えることがあるが、この場合にはリリーフするか、場合によってはその部位の辺縁を短くする。

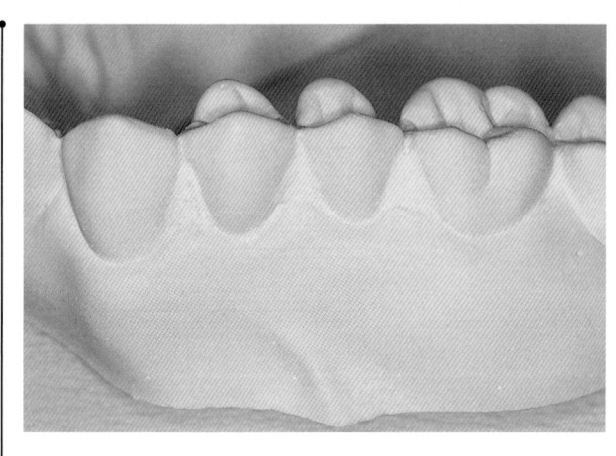

図 VII-12：歯冠乳頭部のブロックアウトは石膏模型上で行う。

⑧ 歯間乳頭部が痛い、圧迫感が強い

　マウスガードが歯間乳頭部にしっかり入り込んでいると、痛みを訴えることがある。この場合は、以下の作業を行うことが望まれる。
① マウスガードを外して、もともと歯周病、粘膜疾患などの問題がないか一般的な口腔内診査を行う。問題があれば、歯科治療を行う。
② 痛みを訴える部位とマウスガードの内面診査する。わかりにくければ、フィットチェッカーなどを用いて診査する。
③ 圧迫している部分がわかれば、削除する。
　全顎的に痛み、あるいは強い圧迫感を感じる場合にはマウスガードを再製する。その際には、石膏模型上で歯間乳頭部のブロックアウトをしっかり行う（図 VII-12）。

⑨ しゃべりにくい

　マウスガードを装着した場合には、当初は異物感から発音するのに力を必要としたり、しゃべりづらいと感じることが多い。母音にはさほど影響はないが、とくに歯頸音「サシスセソ」などが発音しにくくなる。これはマウスガードの装着に慣れることによる順応である程度解消できる。どうしても「しゃべりにくさ」が残る場合には、パラトグラム（図 VII-13a〜c）[1]を参考に以下のステップでチェックと調整を行う。
① マウスガードの適合と維持が良好であるかをチェックする。
　適合、維持が不良なものでは、それが発音の障害となっていることが考えられるため、まず適合不良を解消しなければならない。
② 適合、維持ともに良好であれば以下の調整を行う。
　「タ」がしゃべりくい場合には、前歯部の口蓋側の辺縁の位置と厚み、移行状態をチェック

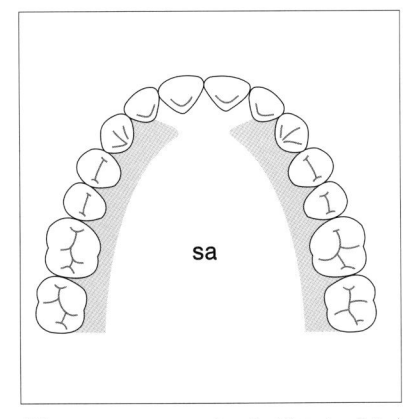

3. トラブルシューティング

図 VII-13a：saのパラトグラム。「サ」を発音したときに舌は口蓋の▨の部分に接触している。すなわち、舌の側面が上顎犬歯以後の歯槽部に接し、中切歯の口蓋側に開口するトンネル状の空間が舌と口蓋との間にできる。

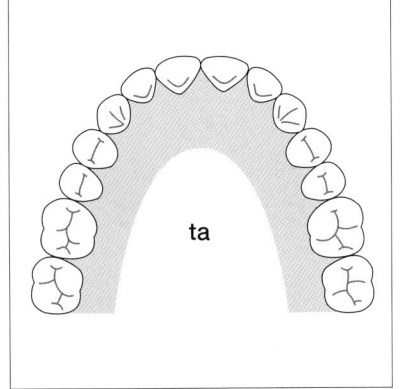

図 VII-13b：taのパラトグラム。▨の部分が舌の接触範囲である。

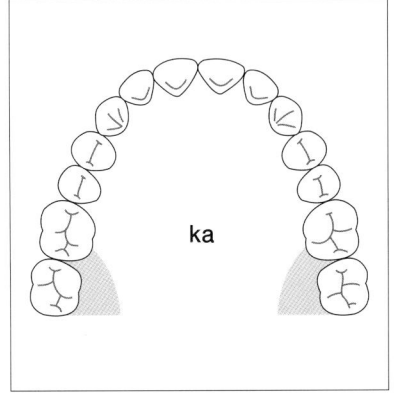

図 VII-13c：kaのパラトグラム。▨の部分が舌の接触範囲である（文献1より改変して引用）。

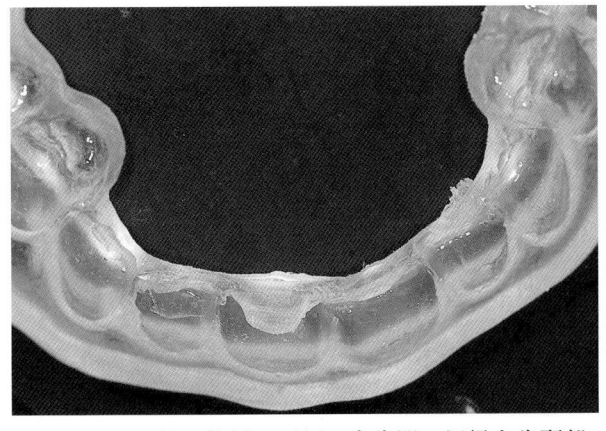

図 VII-14：辺縁の位置は両側の犬歯間の辺縁を歯頸部、あるいは歯冠側2分の1くらいまで短縮する。

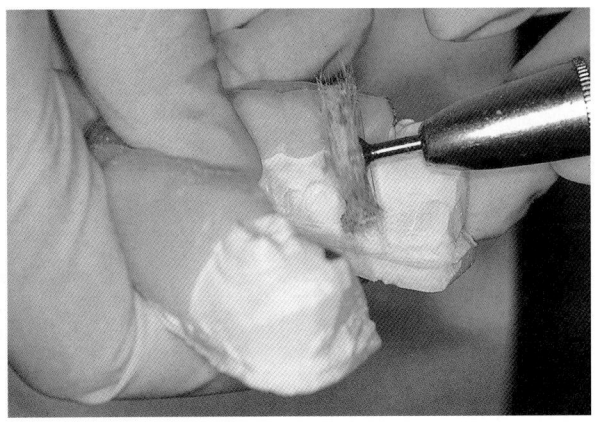

図 VII-15：辺縁形態はできるだけ滑らかに移行するように、修整、研磨、仕上げを行う。

する。また、「サ」では犬歯以後の口蓋側の辺縁形態が影響する可能性がある。このとき、辺縁の位置は両側の犬歯間の辺縁を歯頸部、あるいは歯冠側2分の1くらいまで短縮し（図 VII-14）、辺縁形態は、できるだけ滑らかに移行するように、修整、研磨、仕上げを行う（図 VII-15）。

「サ、タ」の場合には、臼歯部の口蓋側の辺縁の位置と厚み、移行状態をチェックする。「カ」の場合には、第1大臼歯の口蓋側後縁部が影響する。このとき、辺縁の位置は歯頸部までにとどめ、辺縁形態は、できるだけ滑らかに移行するように、修整、研磨、仕上げを行う（図 VII-15）。

⑩ 呼吸しにくい

発音と同様のことがいえる。マウスガードを装着した場合には、当初は異物感から呼吸するこ

第Ⅶ章　メインテナンス

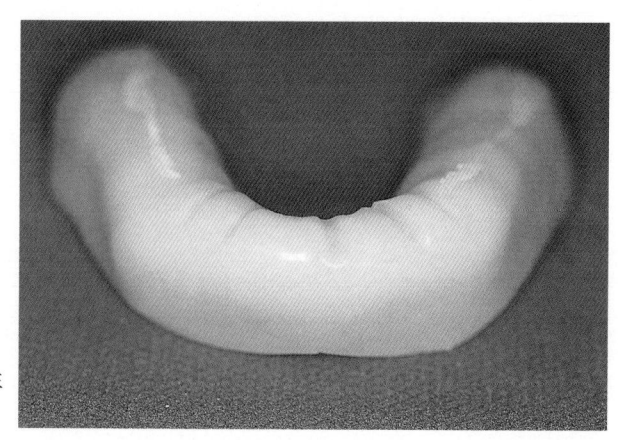

図 VII-16：前歯部の切端部にグルーブを入れて通気性を向上させる方法もある。

とを意識したり、呼吸しづらいと感じることが多い。とくに鼻に何らかの障害がある場合や、普段から口呼吸をしている場合には、閉塞感は強くなる。しかしながら、山田らの報告（1998）[2]にもあるように、使用に慣れてくると鼻呼吸の量が増加して換気量は確保されることになり、問題とならない場合が多い。また、山本らの報告（1996）[3]においてもマウスガードの装着が換気量に大きく影響することはないとされている。この場合の診査の順序としては、

① 適合と維持を確認する。
② 臼歯部での厚みが安静空隙量を超えていないか確認する。
③ 前歯部で強く噛み込んでいないかをチェックする。前歯部では接触を削除するか、わずかな接触にとどめる。
④ 発音の障害の場合と同様に、前歯部ならびに臼歯部の口蓋側の辺縁の位置、厚み、移行形態のチェックと修整を行う。
⑤ 前歯部の切端部にグルーブを入れたり、通気孔をつくることもできる（*図 VII-16*）。

⑪　舌感が悪い

辺縁の形態（*図 VII-17*）や、使用中に生じた磨耗、辺縁などの研磨不足が原因と考えられる。

① 辺縁形態が滑らかになっているかチェックする。形態不良の部分があれば、加熱した彫刻刀、形態修整用ポイントバー（カーバイドバー、カーボランダムポイント、荒研磨用ポイント）などで修整する。
② 荒れた面がないかチェックする。あれば研磨、つや出しを行う。
　i. 研磨
　● シリコーンポイント
　● リスコS
　● グラインディングキャップ
　● デンチャーポリッシャー
　● 軟質レジン研磨用のポイント

3．トラブルシューティング

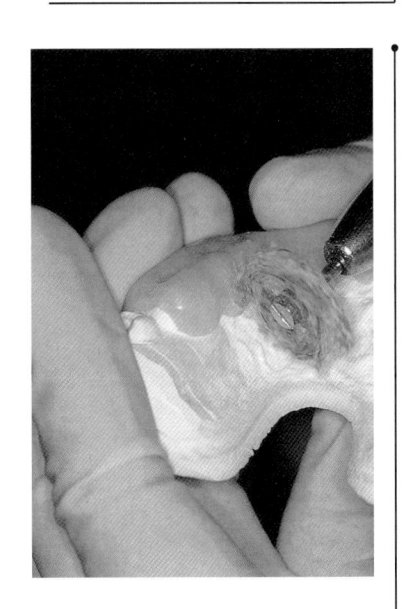

図 VII-17：辺縁が滑らかに移行していないと舌感はよくない。

ⅱ．つや出し
● トーチまたは有機溶媒
なお、使用器具など詳細については第Ⅴ章『マウスガード製作の実際その③技工操作』参照。

⑫ 顎がだるい、筋の疲労感を感じる

症状が出るのがマウスガード使用時、または使用直後であるのか、マウスガード使用以前に既往があるのか、などの問診により、原因がマウスガードであるか否かを特定する。マウスガードが原因と考えられる場合には、以下の可能性についてチェックする。
① 無意識に、あるいは意識的にクレンチングを行っていないか
　スポーツ選手を含めて利用者のなかには、マウスガードを噛みしめればパワーが出る、噛みしめた方がよいと考えていることがある。この場合の対策としては、マウスガードの目的が主に外傷予防であることや、運動中のクレンチングに関して十分な説明を行い（動的運動時には噛みしめるとかえって動きが悪くなる。静的運動時でもクレンチングする者としない者がいることなど）、クレンチングは必ずしも必要なものではないことを理解させる。
　また、第2(3)大臼歯部では、安静時の上下間の空隙が小さくなる。マウスガードの後縁が第2(3)大臼歯まで延ばしてある場合には、安静時にマウスガードが対合歯に接触し、噛みしめを誘発してしまうことがあるとされている。この場合、後縁を1歯分削除する。
② マウスガードによって不適切な顎位（偏位）へ誘導されていないか
　深い圧痕を付与すると顎位が誘導されやすい。その顎位が不適切な顎位であった場合、上記の症状を示す可能性がある。このようなときには咬合調整を行う。咬合調整でも問題が解決しないならば、マウスガードを再製する。その際には咬合面はフラットに近い状態にする。
③ 高径が大きすぎないか
　咬合面にはある程度の厚みが必要であるが、厚すぎると上記の症状を示す可能性がある。マウ

スガードの厚さは安静空隙内にとどめるべきで、このような場合には咬合調整か再製で対応する。

⑬　顎関節が痛い

　マウスガードは軟性材料である。マウスガードを装着してクレンチングを行うと、天然歯、あるいはハードスプリント装着時とは異なる位置へ顆頭が移動し、また、顆頭に大きな負荷がかかる可能性がある（第Ⅸ章『マウスガード使用による効果、影響』参照）。逆に、顎関節症状が消退するケースもあるとされているが、いずれもその機序は明らかになっていない。マウスガード装着による顎関節症状の発現、消退を把握するためにも、マウスガードを受け渡す前に、顎関節症状に関してスクリーニング的な診査をしておくべきである（第Ⅲ章「1. 診査、問診」参照）。

　既往がありマウスガードが原因と考えられなければ、通常の顎関節症の治療が必要となる。一方、マウスガードを装着したことが直接の原因と考えられ急性症状であれば、まずはマウスガード使用を中止させる。マウスガードに関する対応は「⑫顎がだるい、筋の疲労感を感じる」に準ずる。

⑭　嘔吐感がある

　嘔吐感がある場合には、次の3点のチェックが必要となる。
① 　大臼歯部で十分な維持があるか
　大臼歯部がゆるい、開口すると浮いている、といった状態が観察されれば、舌背や口蓋粘膜に刺激を与えることになるので、マウスガードを再製する必要がある。
② 　後縁が長すぎないか
　第１大臼歯遠心まで削除してみる。
③ 　臼歯部口蓋側辺縁が長すぎないか、厚すぎないか
　マウスガードの適合がよく、歯冠にアンダーカットがあり、維持が保てそうであれば、歯肉縁のラインに沿った形態にする。臨床歯冠が短いなどの理由により、臼歯部口蓋側辺縁を歯肉縁のラインまで短くしたときに十分な維持が得られない場合は、臼歯部口蓋側辺縁について、

- 辺縁を移行的に仕上げる（辺縁を薄くしすぎると、めくれあがって余計に不快感を増すことになるので注意する）。
- 維持が保てる程度に厚みを薄くしてみる。
- 少しずつ短くしてみる。
- 研磨を十分に行う。

などの対処を試みる。
　いずれにせよ、臼歯部における十分な維持が必要不可欠であり、できる限り適合性を向上させる努力が必要であるが、歯間部に維持を求めるデザインにより維持を確保することも方法のひとつである。

⑮ 噛みしめてしまう

このような症状の場合には、次の2点をチェックする。
① 選手がマウスガードを噛みしめるものと思っていないか
② 後縁が長すぎないか

対応策としては、両者ともに「⑫**顎がだるい、筋の疲労感を感じる**」の場合と同様な説明、対処を行う。

■参考文献
1) 林都志夫，他：全部床義歯／補綴学，医歯薬出版，東京，1900.
2) 山田道生，前田芳信，他：マウスガードの装着を妨げる問題点への対策 呼吸に関する障害，スポーツ歯学，1：24-30, 1998.
3) 山本鉄雄，小林隆文，弘 卓三：マウスプロテクターが競技者の運動能力に及ぼす影響 第2報 呼吸機能への影響について，補綴誌，40：1123-1129, 1996.

第Ⅷ章
マウスガード普及のための様々な方法

＊マウスフォームドタイプの上手な作り方
＊ポスターやパンフレットの利用
＊ネーム入れ

　マウスガードの効果や必要性については、まだまだ一般的に認識されているとはいえない。この状態を改善するには、スポーツ選手ばかりでなく、学校における体育活動あるいはクラブ活動を指導している先生またはコーチ、トレーナー、父母に対して積極的な普及活動の展開が必要である。

　第Ⅱ章でも述べたように、カスタムメイドタイプのマウスガードの使用をすすめ、同時に口腔の健康管理を手助けするのが歯科医師としての本来の役割である。

　しかしながら、マウスフォームドタイプのマウスガードを使用したことにより、マウスガードの装着を敬遠するようになることもあるため、市販のマウスガードの正しい利用法を広めることも、マウスガードの普及、ひいてはカスタムメイドタイプのマウスガードの普及につながるものと考える。そこで本章では、まずマウスフォームドタイプのマウスガードを最大限に利用するための正しいつくり方を紹介する。

　他にも、カスタムメイドタイプのマウスガードをより身近なものとして愛着を感じてもらうとともに、識別が可能なように、ネームなどを入れる方法について解説し、さらに、マウスガードの普及活動に利用すると効果的なポスターやパンフレットについても例をあげて紹介する。

1. マウスフォームドタイプの上手なつくり方

　顎発育期の児童・生徒にマウスガードを普及させる場合には、マウスフォームドタイプを利用する、あるいは半既成品を使用することを視野に入れる必要がある。また、マウスフォームドタイプマウスガードについてはその欠点とともに、正しいつくり方を歯科医師自身が理解しておくべきである（図VIII-1～4）。マウスガードは前述（第II章『マウスガードの基礎知識』）したとおり、カスタムメイドタイプが優れており、このタイプを使用すべきである。しかし、ここであえてマウスフォームドタイプのつくり方について説明するのは、竹内（1999）[1]が指摘しているような以下の理由があるからである。

① 現在、スポーツ選手の多くが市販のものを使用している。
② 選手自身の製作したマウスガードには形態や適合の不良なものが多い。
③ 市販しているスポーツ用品店では、マウスガードについて正しく説明できていない。
④ 市販マウスガードにはわかりやすい取り扱い説明書(つくり方)が付属していることが少ない。
⑤ 市販マウスガードのできの悪さがマウスガードの普及を妨げている（マウスガードに対する悪いイメージの原因になっている）。
⑥ マウスフォームドタイプの質が高くなると、カスタムメイドタイプのマウスガードへの要求も高まる可能性がある。

1．マウスフォームドタイプの上手なつくり方

図 VIII-1：口腔内に装着されたマウスフォームドタイプマウスガード。閉口して噛んだ状態からは、所定の位置に収まっているようにみえる。

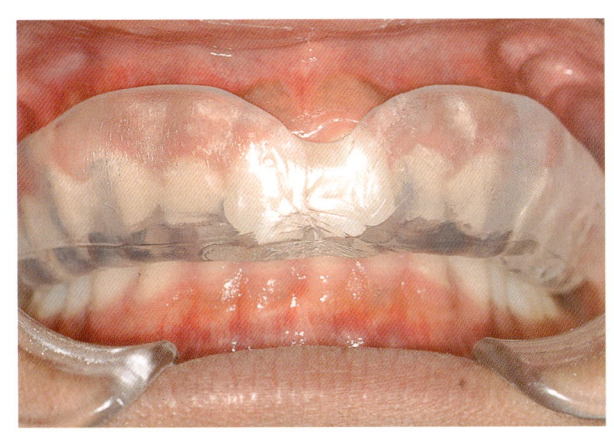

図 VIII-2：図 VIII-1 のマウスガードは開口しただけで脱落する。これは、成型時に歯面に十分適合していないからである。

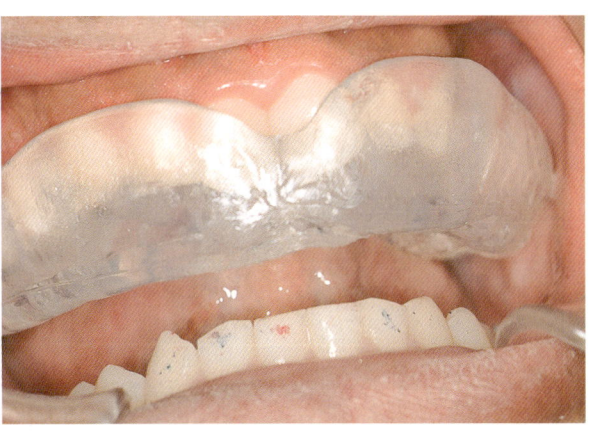

図 VIII-3：市販品付属のマニュアルを読んで製作したマウスフォームドタイプのマウスガード。前歯部で歯面との間に大きな間隙が明らかにみられる。

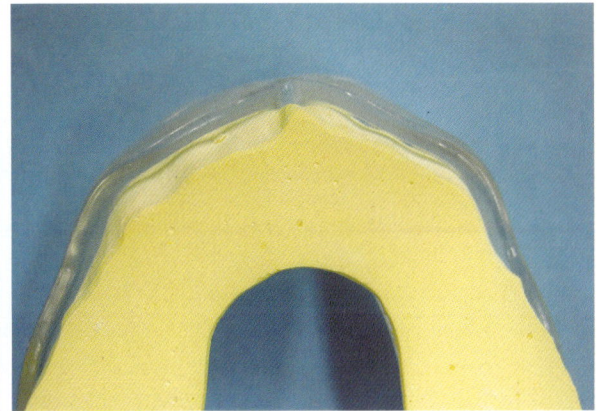

図 VIII-4：本項「マウスフォームドタイプの上手なつくり方」を参照してつくらせたマウスガード。図 VIII-3 の場合と比べて前歯歯頸部の適合は向上している。

　ここでは、竹内による製作マニュアル2例を紹介する。ひとつは歯科医師の立場から考えた、正確さに重点を置いた分割軟化成型方式（マニュアルA）で、もう一方が、選手の立場を考えた、製作の平易さに重点を置いた全体軟化成型方式（マニュアルB）である。
　マウスフォームドタイプの製作のポイントをまとめると、
① マウスガード後端のカット→違和感の減少につながる
② 軟化させすぎないこと→大きな変形の防止につながる
③ 口腔内セットの練習→イージーミスの減少につながる
④ 噛み込みすぎないこと→臼歯部適合不良の防止につながる
などがあげられる。

■参考文献：
1）竹内正敏：市販マウスガード（加熱成型型）の上手な作り方, スポーツ歯誌, 2：48-51, 1999.

第Ⅷ章　マウスガード普及のための様々な方法

◆マウスガードの上手なつくり方（加熱成型型）◆

マニュアルA

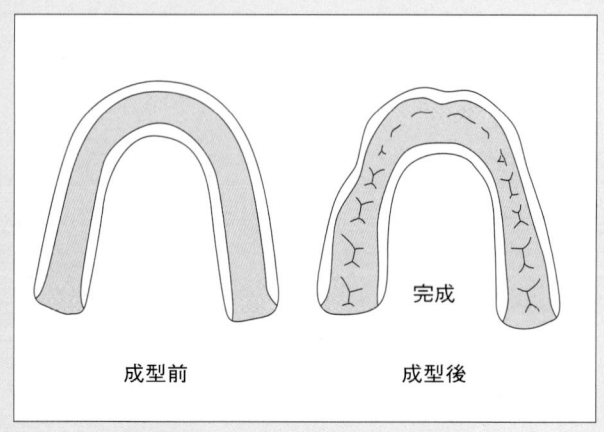

図A：成型前後のイメージの違い。成型のコツは"元の形から大きく変化させないこと"にあります。

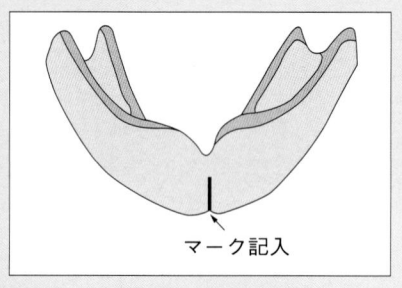

図B：マウスガード中央にマークを記入します。

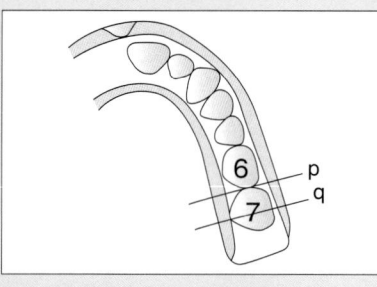

図C：マウスガードを口に入れて大きさを調整するためのラインの模式図。

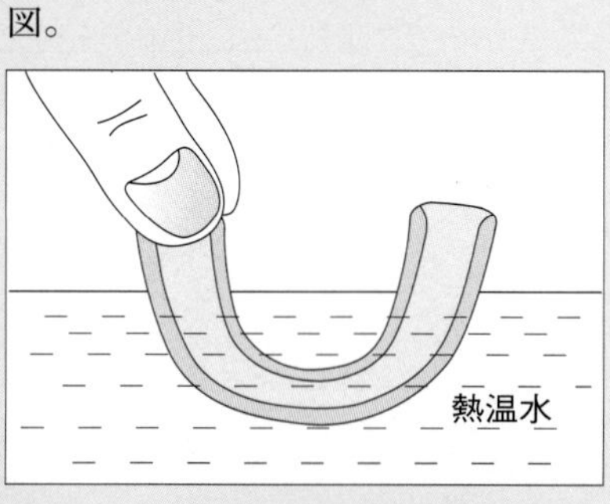

図D：マウスガードの後端を指でつまみ、マウスガードの前半分（前歯部）を熱温水に浸けます。

成型のコツは"元の形から大きく変化させないこと"です（図A）。

①準備

　マウスガードを口の真ん中に正しくセットするため、サインペンなどでマウスガード中央にマークを記します（図B）。このマークを顔の真ん中に合わせて口に入れてもらうことになります。
　次に、マウスガードを口に入れて大きさを調整します。中・高生の場合はラインp、成人の場合はラインqでカットします（図C）。

②練習

　軟化したマウスガードを口のなかに正しくセットするのは、なかなか難しい作業です。次のようにして2～3度必ず練習して下さい。
　マウスガードの口へのセットは鏡の前で行い、軽く口をあけた状態で入れて下さい。大きく開口すると唇や舌が緊張してマウスガードの辺縁が変形します。
　ここで、「④前歯部の軟化成型」の練習もしておいて下さい。

③熱温水のつくり方

　沸騰した熱水と室温水を5対1の割合で混ぜ、約85℃の熱温水をつくります（表）。

④前歯部の軟化成型

　図Dのようにマウスガード後端を指でつまみ、マウスガード前半分を熱温水に浸けます。何度も出し入れしながら軟化具合を指で確認し、コンニャク状になったところで熱温水をよく切った後、口腔内へセットします。
　次に、マウスガードを奥歯で軽く噛んで保持し（図E）、唇の上からマウスガードを指で前歯に押しつけます。同時にマウスガードの内側を舌で押さえながらツバを飲み込む要領で吸い上げ、マウスガードの縁の部分を成型します（図F）。このとき、鼻の下をやや伸ばすような感じで、できるだけ強く吸い上げれば、外側の辺縁も成型されます。

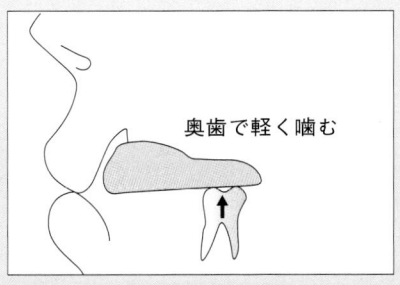

図 E：マウスガードを奥歯で軽く噛んで保持します。

図 F：ツバを飲み込む要領で吸い上げ、マウスガードの辺縁を成型します。

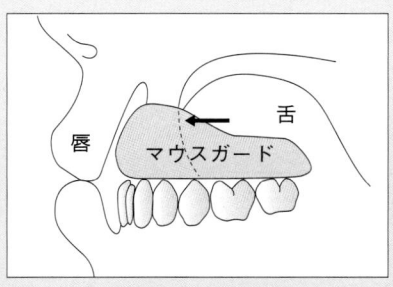

⑤臼歯部の軟化成型
　成型の終わった前歯部を指でつまみ（図G）、マウスガードの後半部を熱温水に浸けます。コンニャク状に軟化したら口の内に入れ、図Hのように前歯で位置決めし、図Fと同様に強く吸い込んで、臼歯部を成型します。このとき、あまり強く噛み込まないように注意して下さい。

⑥完成
　成型が終わった後、口のなかに冷水を含み、マウスガードを冷やしてから取り出せば完成です。

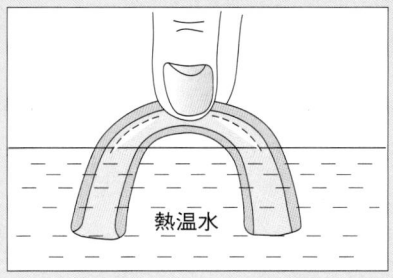

図 G：成型の終わった前歯部を指でつまみ、マウスガード後半を熱温水に浸けます。

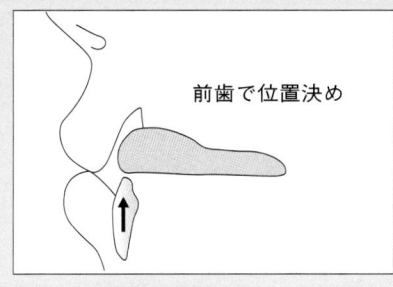

図 H：前歯で位置決めし、強く吸い込んで臼歯部を成型します。

─温水のつくり方とマウスガードの硬さ─

参考1：温水のつくり方

表：温水のつくり方

沸騰水		室温水	温度
2	:	1	約70℃
3	:	1	約75℃
4	:	1	約80℃

参考2：マウスガードの硬さ
　硬いマウスガード（外国製に多い）は高温で、軟らかいマウスガード（日本製に多い）は低温で軟化する傾向がある。また、同一製品でも有色のものは、透明のものよりも少し硬く軟化に時間を要する。

◆マウスガードの上手なつくり方（加熱成型型）◆　マニュアルB

成型のコツは"元の形から大きく変化させないこと"です（図a）。

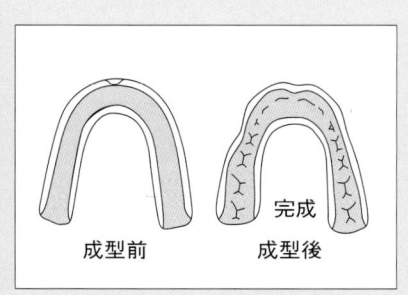

図a：成型のコツは"元の形から大きく変化させないこと"にあります。

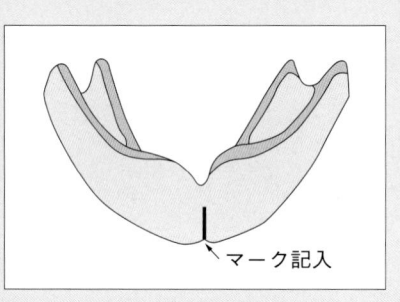

図b：マークを記入します。マークの部分を顔の真ん中に合わせて、口に入れます。

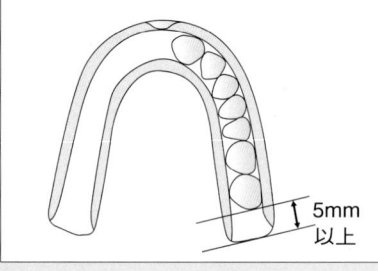

図c：5mm以上出ている場合はカットします。

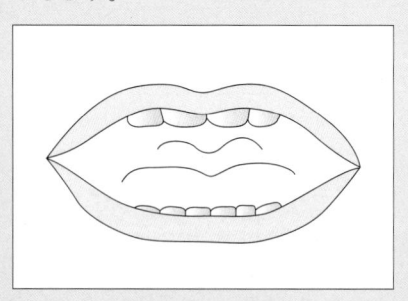

図d：軽い開口。

①準備

マウスガードを歯列の真ん中に正しくセットするため、サインペンなどでマウスガード中央にマークを記します（図b）。

次に、マウスガードを口に入れて大きさをチェックします。一番奥の歯よりマウスガードの後端が大きく（5mm以上）出ている場合には、ハサミでていねいにカットします（図c）。

②練習

軟化したマウスガードを口のなかに正しくセットするのは、なかなか難しい作業です。次のようにして2～3度必ず練習して下さい。

マウスガードの口腔内挿入は鏡の前で行い、軽く口をあけた状態で入れて下さい。大きく開口すると唇や舌が緊張して、マウスガードの辺縁が変形します（図d、e）。

ここで、「④成型」の練習もしておいて下さい。

③軟化

沸騰した湯と室温水を混ぜて温水をつくり、マウスガードを入れて軟化させます。ハシでゆすって全体が少しフニャッとした感じになれば、成型のタイミングです（図f）。

浸ける時間は、製品によって異なります。まず75℃位の温水から徐々に温度を上げていくのがよい方法です。浸けて1分以上経過しても軟化しなければ、温度を5℃程上げて再トライして下さい。このとき、マウスガードは1度室温水に浸けて、冷却してから使用して下さい。

④成型

口のなかに入れたマウスガードは、最初、前歯で噛みしめ、マウスガードをしっかりと位置決めします（図g）。それから奥歯で軽く噛みしめ、歯の圧痕をつけます。このとき、強く噛み込まないように注意して下さい（図h）。

次に、マウスガードの内側を舌で押さえながらツバを飲み込む要領で吸い上げ、マウスガードの辺縁を成型します。このとき、鼻の下をやや伸ばすような感じで、できるだけ強く吸い上げれば、自然に上唇に力が入り、マウスガードの外側辺縁も成型されます（図i）。

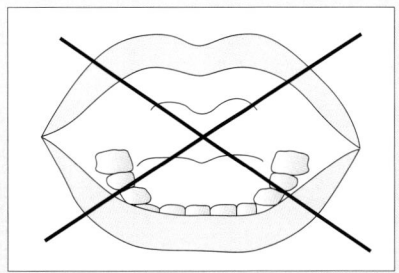

図e：大きな開口。

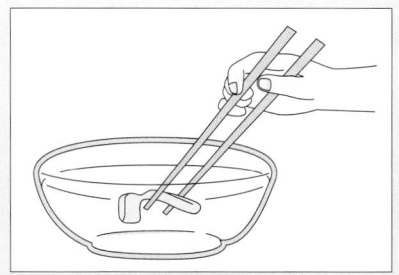

図f：お湯のなかで軟化します。ハシでゆすり、フニャッとした感じが出たときが成型のタイミングです。

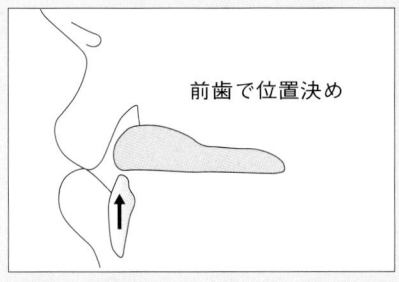

図g：軟化したマウスガードを口のなかに入れたら、まず前歯でマウスガードの位置を決めます。

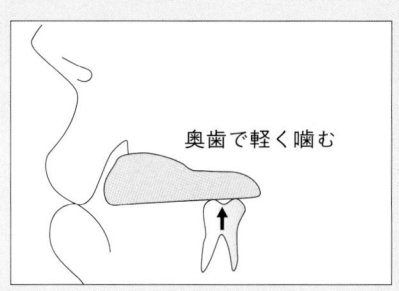

図h：奥歯で軽く噛み、表面に歯の圧痕がつくようにします。

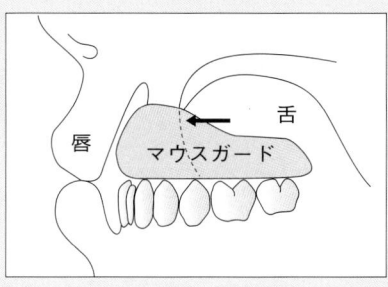

⑤完成

　成型が終わった後、口のなかに冷水を含みマウスガードを冷やしてから取り出せば完成です。

　また、使用後は水でよく洗い、タオルやティッシュペーパーで拭き取り、乾かします。できれば抗菌加工された専用ケースで保管して下さい。ただし、熱によって変形しやすいので、炎天下に長時間放置しないように注意して下さい。

図i：舌で裏からマウスガードを押しつけるとともに、口唇を下げるようにして外側からも力をかけ、奥歯で噛んだ状態でマウスガードの辺縁を成型します。

― *温水のつくり方とマウスガードの硬さ* ―

参考1：温水のつくり方

表：温水のつくり方

沸騰水		室温水	温度
2	:	1	約70℃
3	:	1	約75℃
4	:	1	約80℃

参考2：マウスガードの硬さ

　硬いマウスガード(外国製に多い)は高温で、軟らかいマウスガード(日本製に多い)は低温で軟化する傾向がある。また、同一製品でも有色のものは、透明のものよりも少し硬く軟化に時間を要する。

2. ポスターやパンフレットの利用

1）ポスター、パンフレットの例

　マウスガードの製作は待っていてはできない。Brent Kvittem（ミネソタ大学）によれば、マウスガードの製作を希望していない一般の患者に対して、以下のような普及のための戦略を使用すべきであるとしている。

開業医へのガイドライン：
1. すべての来院患者に対してスポーツをするか、またどのようなスポーツかを聞く
2. スポーツ時には口腔内外に外傷を起こす可能性があることを伝える
3. マウスガードの使用をすすめる
4. 外傷を受けた場合にはスポーツを再開する際のコンサルタントとなる
5. カスタムメイドタイプのマウスガードをすすめる

　このような目的のためにも、ここで紹介するポスターやパンフレットが役立つことになる。イラストや写真を利用すれば、オリジナリティあふれたポスターをつくることができる（図VIII-5）。
　また、パンフレットには、顎顔面口腔領域でのスポーツ外傷がどのくらいの頻度で生じているか、外傷が起こった場合、どのような影響があるかなどをわかりやすく解説しておく。とともに、マウスガードが外傷を予防する上で効果が高いことを示しておく。この際、市販のマウスガードではなく、カスタムメイドタイプのものがいろいろな面で優れていること、歯科医院で製作や調整が可能であることもパンフレットに盛り込んでおくべきである（図VIII-6、7）。

2. ポスターやパンフレットの利用

図 VIII-5：ポスターの例①（大阪大学歯学部小児歯科学講座のご厚意による）。

第Ⅷ章　マウスガード普及のための様々な方法

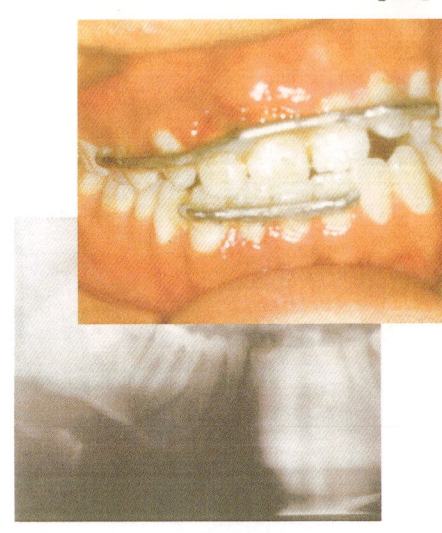

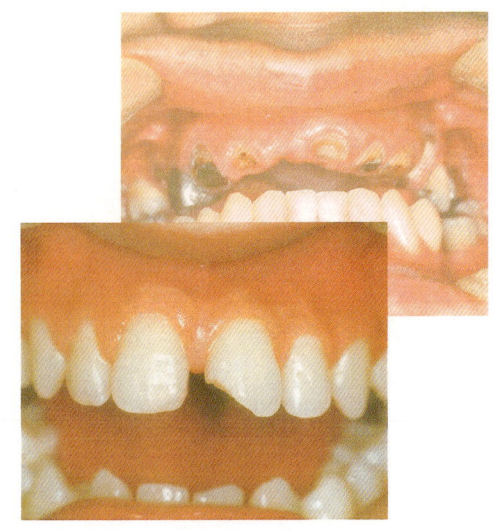

図 VIII-6：ポスターの例②（明海大学歯学部付属明海大学病院口腔保健外来のご厚意による）。

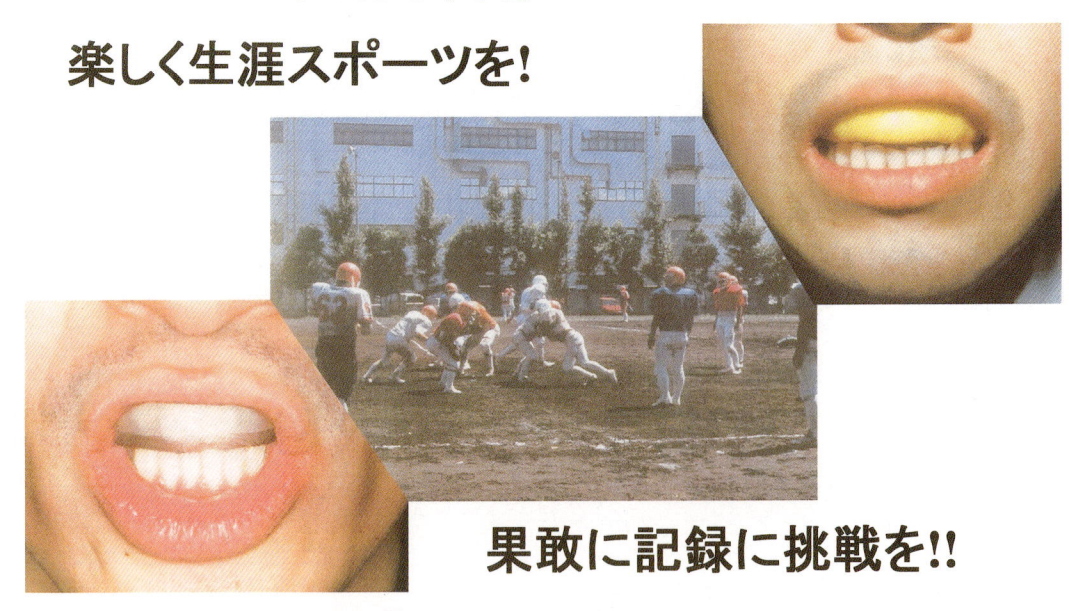

2. ポスターやパンフレットの利用

マウスガード
MOUTHGUARD

連絡先

マウスガードの作り方

マウスガードは、口にぴったり合っていないと効果を発揮できません。私達はカスタムメイドタイプをお薦めします。

カスタムメイドタイプ
歯科で歯型をとって、それぞれの口にあったマウスガードを製作します。噛み合わせや外形の調節ができるので、装着感がよく、効果の高いマウスガードが製作できます。

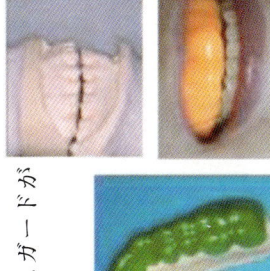

マウスフォームタイプ
お湯につけて軟化し、口の中で直接合わせるタイプが主です。スポーツ用品店で購入できてお手軽ですが、熱湯を使用するためヤケドの危険性があり、また使用者自身で操作するために口にぴったりあったものをつくるのは至難の技です。

口に合っていないマウスガードを使用すると、かえってケガの原因となったり、アゴの関節に悪影響を及ぼすことがあります。

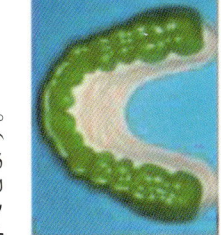

図 VIII-7a：パンフレットの例（表）。

177

第VIII章　マウスガード普及のための様々な方法

マウスガードとは？
（＝マウスピース、マウスプロテクター）

マウスガードはスポーツ時に口や顎（アゴ）のケガを防ぐため、主に上アゴにつけるもので、弾力性のある材料でできていて、歯をすっぽり覆うような形をしています。

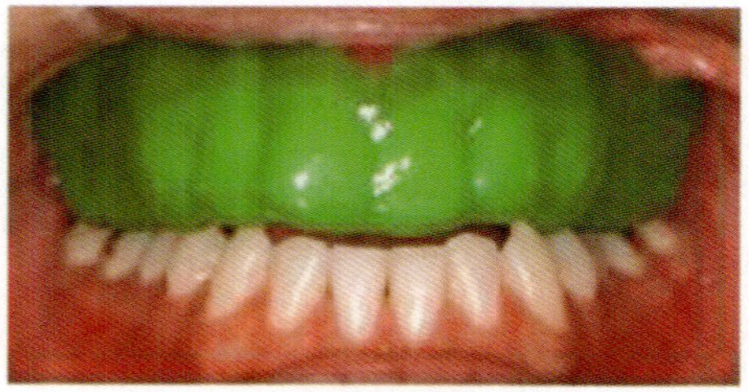

試合中、練習中の歯が折れる、抜け落ちる、唇・舌・頬の粘膜などの切り傷、アゴの骨折、アゴの打撲、脳しんとう…といったケガの防止、軽減にマウスガードが役立ちます。

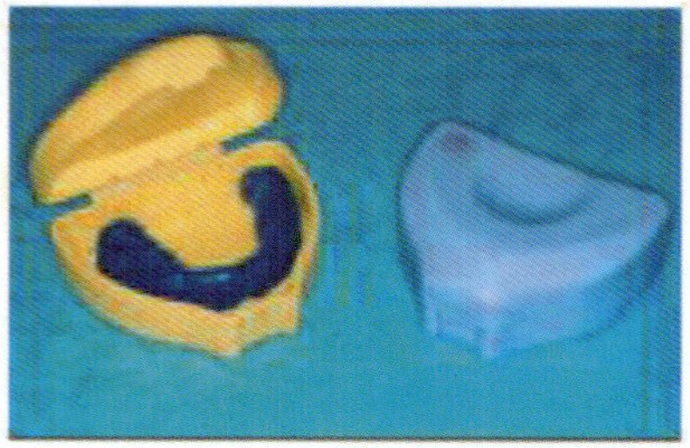

マウスガードを使用するスポーツ
（スポーツ歯学の臨床／医学情報社より改変）

★ マウスガード装着が推奨されるスポーツ

格闘技系スポーツ
ボクシング、キックボクシング、ラグビー、レスリング、柔道、日本拳法など

球技系
アメリカンフットボール、バスケットボール、ラクロス、フィールドホッケー、サッカー、ハンドボール、野球、バレーボール、水球、ラケットボール、テニス、スカッシュ

個人技系スポーツ
体操、トランポリン、アクロバット、重量挙げ、スキー、スケートボード、スカイダイビング、ハンググライダー、馬術・乗馬、モトクロス、サーフィン、円盤投げ、砲丸投げ

★ マウスガード装着が義務づけられているスポーツ

公式規則に規定されており、マウスガードをつけていないと試合に出られないスポーツがあります。

ボクシング、キックボクシング、K-1、空手の一部、アメリカンフットボール、ラグビーの一部、ラクロス（女子のみ）、インラインホッケー

[イラスト：
インラインホッケー（20歳以下）
ボクシング
キックボクシング
K-1
アメリカンフットボール
女子ラクロス
空手の一部
ラクロス（関東医歯薬リーグ）]

マウスガードの効果

口や顎（あご）のケガの予防効果が高いことが報告されています。

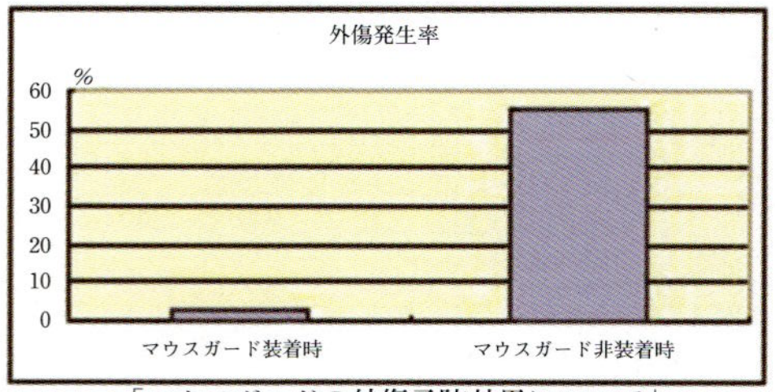

[グラフ：北米の2,470名のアメリカンフットボール選手に対する調査から（NcNutt 1989より改変）
外傷発生率　％ 0,10,20,30,40,50,60
マウスガード装着時
マウスガード非装着時]

★ 顎関節の保護
マウスガードを歯と歯の間に介在することで顎関節への衝撃が緩和されるといわれています。

★ 脳震盪の防止、軽減
格闘技などアメリカンフットボール、ラグビーなど衝撃の大きいスポーツで脳震盪の防止、軽減にも効果があるとされています。

★ 心理的効果
マウスガードの装着により、安心してプレーができる、積極的なプレーができるという心理的効果も大きいようです。

★ 運動能力の向上
以上の効果により、マウスガードの装着により筋力がアップする、平衡感覚がアップするといわれています、運動能力の向上については、明確には科学的な証明はされていないのが現状です。

他には…

マウスガードに関する疑問、マウスガード製作希望は、お気軽にスタッフまで。

図 VIII-7b：パンフレットの例（裏）。

3. ネーム入れ

　マウスガードは外してしまうと誰のものかわからなくなる。最近、義歯にも名前や製作年月日を入れることが推奨されているが、マウスガードの場合は義歯などに比べると、頻繁に着脱し、外している時間の方が圧倒的に長い。他のチームメイトのものと混ざってしまうこともある。
　この意味からも、マウスガードのネーム入れをすることがすすめられる。またネームを入れることで、「選手にマウスガードへの愛着を感じさせる」という効果も期待できる。カスタムメイドタイプマウスガードを製作したならば、選手には十分利用してもらいたい。これらの点でネーム入れは非常に有効だと考えられる。
　ネームを入れる方法としては、
　（1）市販のスタンプを用いた刻印法
　（2）ネームシールなどを埋め込む方法
　（3）ラミネート法により層間に入れ込む方法
があげられる。

（1）市販のスタンプを用いた刻印法 (図 VIII-8〜13)

　本法は、文房具店などで手に入る文字スタンプを利用するもっとも簡便な方法であり、いろいろな場合にも利用できる。スタンプは組み合わせて固定できるようになっているものが便利である (Yonehata, Maeda, 1999)[2]。
　この方法は、ある程度の厚みがあればどんなマウスガードにも適用できること、簡便であること、その場ですぐに完成することなどの利点がある。

（2）ネームシールなどを埋め込む方法 (図 VIII-14〜20)

　マウスガードにネームなどを入れたシールを貼り、その上を小さく切ったEVAシートで覆う方法。ラミネート法を用いなくても（加圧型EVAシート圧接器がなくても）、好きな文字や絵を挿入することができる簡易な方法である。
　しかし、小さく切ったシートを十分に加熱しないと、接着が期待できないだけでなく、覆ったシート分だけ部分的に厚みが増してしまうため、通常のラミネート法ほどの仕上がりは期待できない。また、調整していく過程で削除する可能性のない部分に適用する必要がある。

（3）ラミネート法により層間に入れ込む方法 (図 VIII-21〜24)

　ラミネート法では1枚目のシートを2枚目のシートですっぽり包み込むことができるので、名前だけでなく、より大きなマークやオリジナルのデザインを入れることができる（第V章「3. ラミネートマウスガードの製作方法」参照）。（2）で紹介したシールと同様に、テプラ（King事務）などで製作した名前やチーム名などを印記したシール、市販のシール、オリジナルのシールなどを

第Ⅷ章　マウスガード普及のための様々な方法

図 VIII-8：ゴムスタンプ、アルコールトーチ、シリコーンスプレーを用意する。

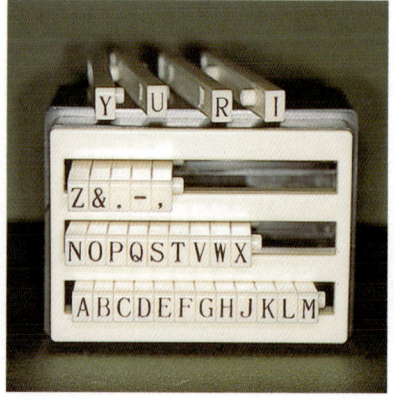

図 VIII-9：ゴムスタンプは文具店で手に入る。購入の際には、名前やイニシャルを組んで使用するなどと用途が広がるため、文字の組み合わせができるものがよい。

図 VIII-10：ゴムスタンプにシリコーンスプレーを塗布する。

図 VIII-11：ネームを入れるマウスガードの表面をトーチで軟化する。

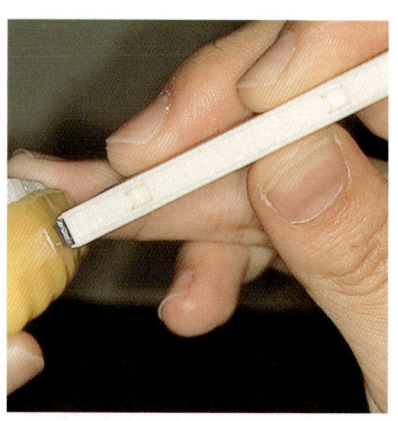

図 VIII-12：加熱したマウスガードの表面にゴムスタンプを圧接する。このとき、マウスガードが冷えるまで圧接を続ける。

図 VIII-13：マウスガードの表面に刻印されたネーム。刻印の溝に汚れが入る場合があるのが欠点といえる。

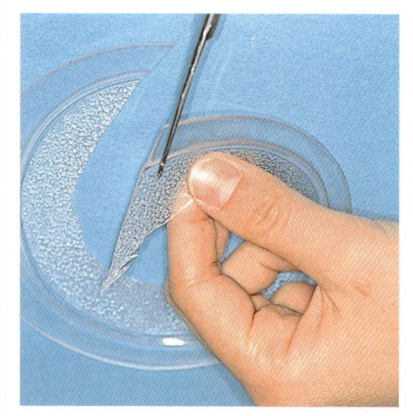

図 VIII-14：ネームシールを埋め込む箇所は唇頬側で比較的幅の広い部分がよいと思われる。その部分に合わせて、成型時に余ったシートを切断する。

図 VIII-15：挿入するシートを用意する。文字はコントラストのはっきりした色が適当であるが、テプラ（King事務）やネームランドなどを用いるとよい。

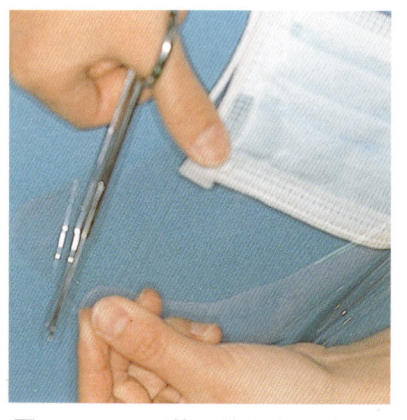

図 VIII-16：圧接に使用する透明のプラスチックシート（フェイスガードの一部など）を切って用意しておく。

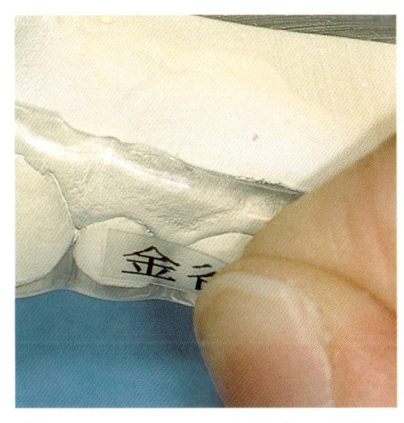

3. ネーム入れ

図 VIII-17：シールを所定の位置に圧接する。

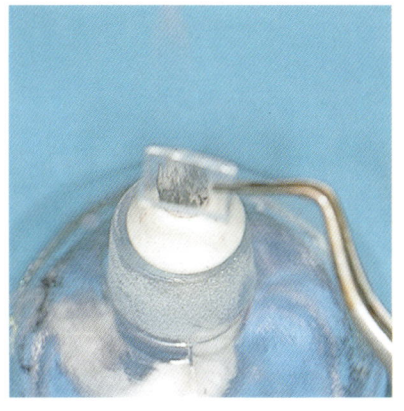

図 VIII-18：切り出したマウスガードシートの小片をアルコールランプ上で十分に加熱する。

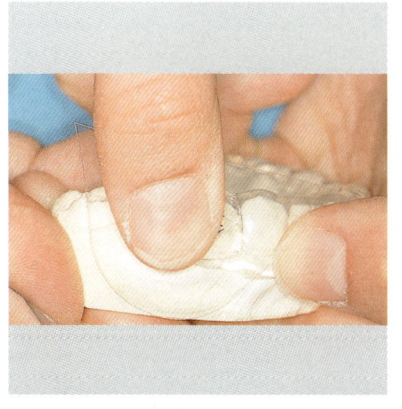

図 VIII-19：加熱したシートをシールの上に置き、プラスチックシートを圧接する。このとき、厚みが増さないように強く圧接する。

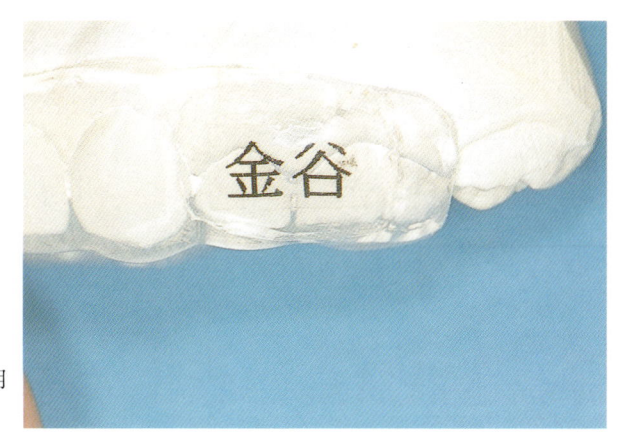

図 VIII-20：圧接したシートが冷えたら、ポイントを用いて周囲との移行を滑らかにした上で、研磨する。

層間に入れ込むことができる。

　最近、街角でよくみかける写真シールの撮影機・プリクラをシールとして用いてもよい。松田ら（1999）は、プリクラシールを用いる利点として次のようなことをあげている。

① 画像であるため、より表現方法が豊かで情報量も多い。
② 個人の好みを盛り込みやすいので愛着をもたせることができる。
③ 文字に比べて識別がしやすい。

181

第VIII章　マウスガード普及のための様々な方法

図 VIII-21：個人名と大学のマークをラミネート法で内部に入れた例。

図 VIII-22：ラミネート法の利点は、マウスガードのなかに入れば大きさの制限がないことである。図はPaddilla によるデザインのUCLAのマークが入ったラミネートタイプマウスガードの例。

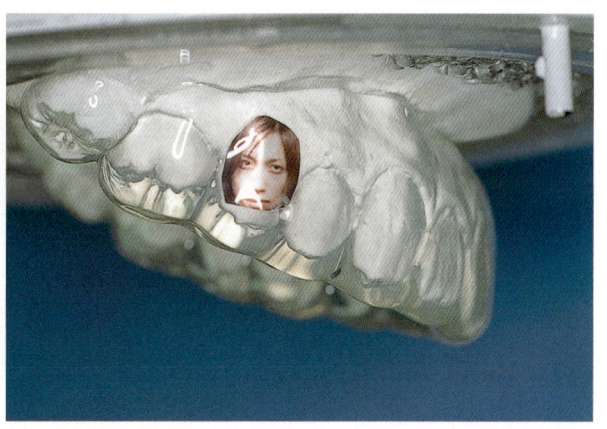

図 VIII-23：患者に、入れたいプリクラシールを持参してもらう。

図 VIII-24：ラミネートの第1層と第2層との間にプリクラシールを貼り、第2層目のシートを圧接する。

■参考文献
2) Yonehata Y, Maeda Y : Method of placing personal identification on acetate mouthguards. J Prosthet Dent, 82(4)：494, 1999.
3) 松田信介，前田芳信：スポーツ選手の口腔内を守るマウスガードの可能性，第3回マウスガードの製作法とその保管法．歯科技工士，27(6)：732-741, 1999.

第IX章
マウスガード使用による効果、影響

- マウスガードの効果は？
- マウスガードで外傷予防は可能ですか？
- マウスガードを使用すると力がでますか？
- マウスガードで脳震盪を予防できますか？
- マウスガードの顎関節への影響はありますか？
- マウスガードに副作用はありますか？

　読者はすでに「マウスガードを用いることにより外傷を防ぐことができる」と理解されていると思う。しかしそればかりでなく、マウスガードはクラウンやブリッジ、スプリントと同様に口腔内に装着する装置であるため、顎口腔、頭蓋領域、さらには全身に対して影響を与える可能性をも考慮しておく必要がある。マウスガードの応用に関しては、多くの報告があるものの、科学的な根拠を有したものは少なく、マウスガードの効果、影響については、いまだ明解な回答が得られていない点が多いのが現状である。本章では、質問されることの多い項目の解説を試みる。

第Ⅸ章　マウスガード使用による効果、影響

Q1. マウスガードの効果は？

A 歯、口、顎の外傷予防および脳震盪の予防が主なものです。

マウスガードの効果としては、
① 外傷予防、軽減
② 脳震盪の予防
③ 運動能力向上

などが一般的に考えられていると思われるが、患者ならびにスポーツ選手達にマウスガードの効果を説明する場合には、①と②を中心にするのが適切である。これは運動能力の向上については、そのメカニズムがまだ十分に科学的根拠に基づいた研究により明らかにされていないこと、個人差が大きいことなどから、効果として約束することは適切ではないと考えられるためである。

Q2. マウスガードで外傷予防は可能ですか？

A 歯の破折・脱臼、顎骨の骨折、顎関節の損傷、粘膜損傷の予防に効果があります。

マウスガードの外傷予防効果に関しては、図 IX-1 に示したMcNuttらのフットボール選手2,470名に対する調査(1989)結果に代表されるように、外傷の発症率はマウスガードを装着した場合にははるかに低くなることが報告されている[1]。このことは、マウスガードが米国で1962年にルールとして義務化される以前には、50％の選手において顎顔面口腔領域での外傷があったのに対して、義務化以降は1.4％に激減したというSaneの報告(1988)[2]とも一致している。わが国では、1991年に石島らが、マウスガードを装着した場合には外傷が約3分の1に減少したことを報告している(図 IX-2)[3]。竹内が女子水球チームに対して行った調査(2000)[4]でも、マウスガード装着前はプレー中に多様な外傷を経験していたものが、装着によりその発症が減少している(図 IX-3)。

マウスガードは、弾性のある材料でできており、素材が衝撃吸収性を有することと、歯列を被覆することで外傷予防効果を発揮する。具体的には、衝撃吸収性によっては外力の影響を緩和し、歯の破折・脱臼、顎骨の骨折、顎関節の損傷の予防に効果があるが、100％防止できるとはいいきれない。しかし、防止ができなかった場合でも重傷には至らず、マウスガード未装着に比べて

Q2. マウスガードで外傷予防は可能ですか？

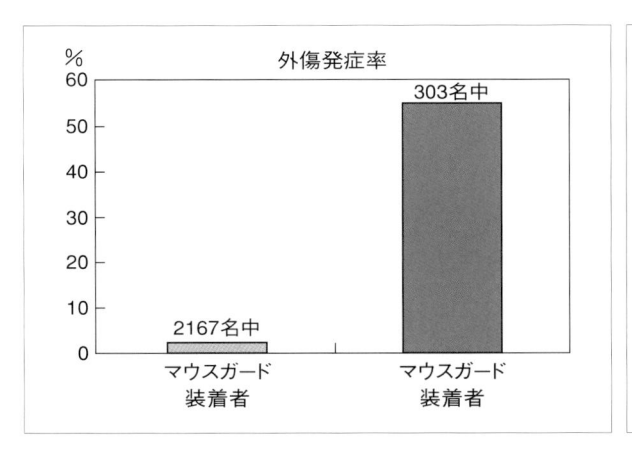

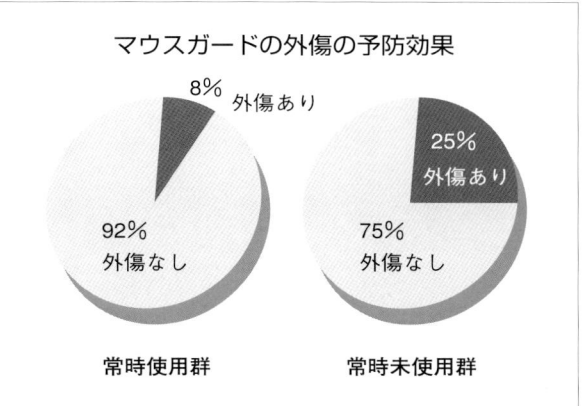

図 IX-1（上左）：McNuttらは米国の中・高校生のフットボール選手2,470名に対して、マウスガード装着者と非装着者とに分けて外傷を経験した頻度を調査した。その結果から、マウスガードを装着した場合には受傷する可能性が低くなることが明らかになっている。

図 IX-2（上右）：石島らがホッケー選手に対して調査を行った結果からは、常にマウスガードを装着してるグループの方が、常に使用していないグループと比較して約3分の1の外傷の発症率であり、外傷に対する予防効果が高いことが明らかになった。

図 IX-3（右）：竹内が女子水球チームに行った調査により、マウスガード装着の効果が明らかにされた。

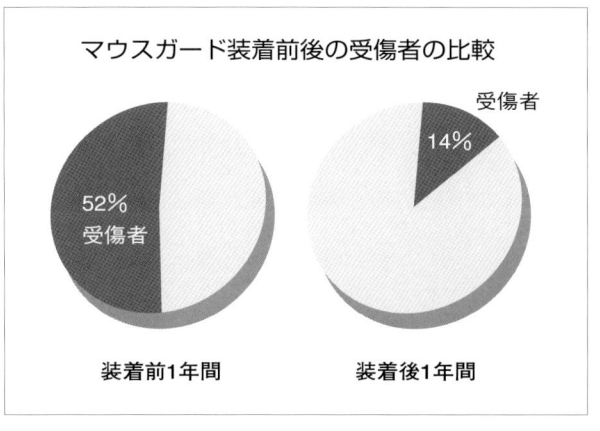

軽微なものとなることがほとんどである。また、歯列を被覆することでは、切端や咬頭による軟組織の損傷を防ぐ効果が非常に高い。これは、装着者本人に限らず、接触により他の選手を傷つけることを防ぐ効果も含まれている。万が一、歯の破折や脱臼が起きた場合には、破折片や脱臼歯をとどめておくという効果も期待できる。さらに、心理的にはマウスガードを装着することからくる安心感で、より積極的なプレーができるといった効果も大きいようである。

　以上のように、マウスガードは顎顔面口腔領域における外傷の予防に効果があるといえる。ここで注意しなければならないのは、その効果の大きさはマウスガードの質によって左右されるということである。口腔に合ったマウスガード、つまり適合が良好で、咬合や形態が適切なものであれば、高い効果が期待できるが、合っていないマウスガードの場合は効果が低いどころか、マウスガードが外傷の原因となってしまうことさえある。マウスガードに高い外傷予防効果を求めるには、各選手の口腔に合ったマウスガードの装着が不可欠である。

■参考文献
1) McNutt T, Shannon SW, Wright JT, Feinstein RA : Oral trauma in adolescent athletes/a study of mouth protectors. Pediatr Dent, 11 : 209-213, 1989.
2) Sane J : Comparison of maxillofacial and dental injuries in four contact sports/American football, bandy, basketball and handball. Am J Sport Med 16 : 47-51, 1988.
3) 石島　勉，山口敏樹，月村雅史，他：マウスガードの使用と外傷防止効果—北海道学生アメリカンフットボール選手による調査—，東日本歯学雑誌，10：85-94，1991.
4) 竹内正敏：私のマウスガード設計の移り変わり．第11回スポーツ歯科医学会抄録集，2000.

第Ⅸ章　マウスガード使用による効果、影響

Q 3．マウスガードを使用すると力が出ますか？運動能力は向上しますか？

A 必ずしも力が出たり、運動能力の向上につながるとはいえません。

一般的な認識：マウスガード装着による効果として、全身の運動能力の向上が話題とされることが多い。米畑ら(1999)が実施した調査からも、一般的にはマウスガードが運動能力の向上に直接つながると考えられている場合が多いことも明らかになっている(図 IX-4)[5]。しかしこれまでの報告を総合すると、マウスガードを使用して運動能力が向上する場合としない場合とがあり、必ずしも一定の傾向は得られていない。

「噛む」あるいは「噛み合わせる」ことと「噛みしめる」こと：ここで問題となるのが、マウスガード装着そのものよりもむしろ「噛む」あるいは「噛み合わせる」ことと「噛みしめる」ことを同等に考えて「運動能力の向上」につながると考える傾向である。「噛む」あるいは「噛み合わせる」ことは上下顎の歯が軽く接触した、いわゆるlight contactの状態であり、必ずしも積極的な筋力は必要ではないが顎位を安定させる効果は期待できる。一方「噛みしめる」状態は、その位置で閉口筋群に大きな筋力を積極的に発揮させる、いわゆるclenchingを意味することになる。咬合と運動能力との関係を考える場合には、両者の違いにも言及しなければならないといえる。また同時に、「どのような運動において効果があるのか」も問題となる。つまり運動には「静的なものと動的なもの」、「持続的なものと瞬発的なもの」とがあり、さらにそれらの組み合わさった場合に分けられる。たとえば、マシントレーニングのなかでも、ベンチプレスなどは静的であり持続的なものであるが、ウェイトリフティングなどは基本的には静的であるが瞬発的な要素が組み合わさった運動といえる。

噛みしめが逆効果になる場合もある：竹内(2000)は、「噛みしめ」と「運動」さらには「呼吸」との関係について表 IX-1のようにまとめている[6]。そこでは、「強く噛みしめる」から「軽く噛みしめる」もの、逆に「噛みしめない」ことの多いスポーツあるいは動作を分類している。これは、マウスガードによる運動能力向上に対して過剰な期待をする選手などの説明において参考となる。また石島ら(1992)の報告において、運動時に「噛みしめる」グループと「噛みしめない」グループに分けられるとしている。このことは「噛みしめない」人に対して無理に「噛みしめ」させたり、「噛みしめる」人に「噛みしめ」を禁ずることは逆効果を生む可能性があることを示唆しているといえる。

運動能力向上のための装置の効果は？：また、運動能力向上に効果があるとされる装置が提唱されている。たとえば、Gelb(1985)が治療を目的として考案した下顎臼歯部の咬合を挙上するMORA(mandibular orthopedic repositioning appliance)やテンプレートが、運動能力を向上させる目的で使われることが報告されている。しかし、その効果についてはこれまでも多くの検討

- ●強く噛みしめる場合
    - スクラム（ラグビー）
    - パワーリフティング
    - 護身動作
    - 力の均衡時（綱引き、アームレスリング）
- ●軽く噛みしめる場合
    - 低速の投動作（砲丸なげ）
    - ラストスパート
    - 受身動作（ボクシング、アメフト）
- ●息を吐く場合（噛みしめない）
    - 投動作（野球・ラクロス）
    - ジャンプ（テニス・バレーボール）
    - 突き動作（空手）
    - スイング（野球・ゴルフ）
    - 手延動作（テニス・レスリング）

表 IX-1：運動の種類と噛みしめの関係。竹内はこれまでの観察結果から、運動の種類と状況において、噛みしめが関与している場合としない場合とがあると指摘している。

図 IX-4a、b：米国で話題となった咬合挙上装置MORA。本来は故障した選手の治療を目的に用いられたものが、拡大解釈されて競技能力の向上に用いられるようになった。

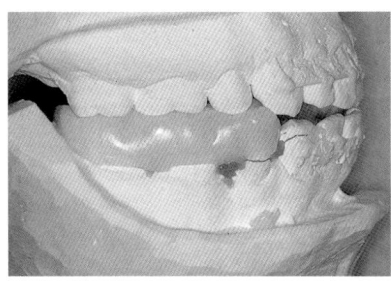

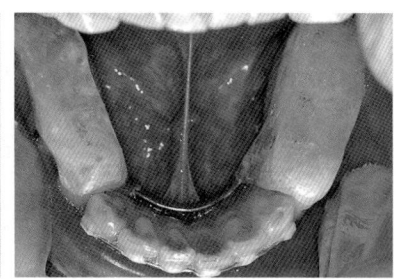

がなされてきてはいるものの、まだ十分な科学的な裏づけはなされていない。

現在までに明らかにされていること：それでは、現在のところ咬合と全身との関係はどの程度明らかにされているのであろうか。これまでに実験的に確かめられている項目を以下に述べるが、いずれも身体の固定、安定化に関与するものであることが注目される。

① 平衡感覚の向上

高齢の無歯顎者と青年の有歯顎者とを被験者として行った研究結果（前田ら、1995）では、咬合支持の存在は体平衡の調節機能に影響を及ぼし、咬合が安定している場合には平衡を保ちやすいことが明らかになっている*(図 IX-5)*[9]。また、スプリントにより咬合を挙上した場合には、重心動揺が減少する傾向があるが、挙上量、位置により逆に動揺が増す場合もあるとの報告（佐藤、1991／高山、1993）[10],[11]もある。

これらのことから、適切な顎位で咬合支持があると静的な平衡の調整が容易になる可能性のあること、言い換えれば「噛み合わせ」は「体位の安定や静止に役立つ」ことを示唆するものと考えられる。

② 静的な筋力の向上

持続的な運動、たとえばマラソンのような競技で、一定のペースを保って体を動かさなければならない場合には、かえって逆効果となることが考えられる*(図 IX-6)*。これは2000年度スポーツ歯科医学会でも論議されたように、「噛みしめる」ことに関節の固定効果があると推測されるからである。

逆に、マシーンを用いた筋力トレーニングにおいては、「噛みしめる」ことで筋力を向上させ

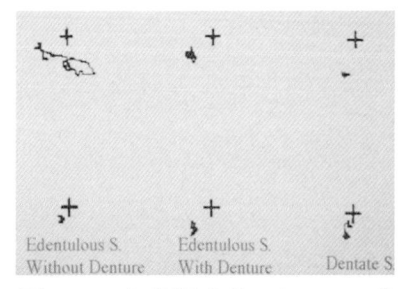

図IX-5：無歯顎患者において、義歯を装着して咬合した状態と未装着とで、その安静時の全身の安定度を比較した結果の例。義歯による安静時には、咬合支持が全身の平衡バランスに対して影響を与えることが明らかになっている。しかし、動的なバランスをみた場合には、有意差はみられなかった。

図IX-6：マシーンを用いた持続的なトレーニングの例。

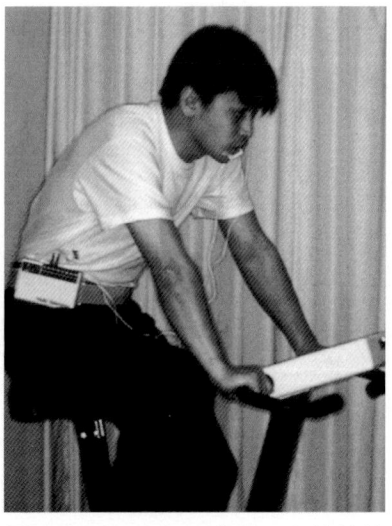

図IX-7：アーチェリーやライフル射撃の例。咬合接触が安定していると頭位も安定し、標的が狙いやすいとされている。

る場合のあることが報告されている（上野、1995）[12]。ただ、これも「噛みしめ」のあるグループの場合と考えるべきである。

③ 頭位の固定

アーチェリーやライフル射撃において、スプリントを用いて咬合を挙上した結果においては、身体の振れが軽減して、標的が狙いやすくなるとの報告（石上ら、1992）[13]がある。これは前述した①の一部として考えることもできる*(図IX-7)*。

今後さらに「咬合」と運動能力との関係が明らかにされると思われるが、以上述べてきたように、その結果は「噛み合わせる」ことなのか「噛みしめる」ことなのか、対象は「噛みしめる」人なのか「噛みしめない」人なのかなどを十分に考慮して判断しなければならないといえる。

■参考文献
5) 米畑有理，十河基文，前田芳信：マウスガードに関する知識の普及についての調査結果．スポーツ歯学，2：26-31, 1999.
6) 竹内正敏：咬みしめと全身運動との関係．スポーツ歯学，3：2000.
7) 石島 勉，平井敏博，今村 円，他：全身運動時のクレンチングの発現頻度に関する研究．補綴誌，35：193-199, 1992.
8) Gelb H : Clinical management of head, neck and TMJ pain and dysfunctiuon :A Multidisciplinay approach to diagnosis and treatment (2nd ed).WB Saunders, Phialdelphia, 1997.
9) 前田芳信，栄村 勲，中村公一，他：高齢者における咬合支持が全身の平衡調節機能に与える影響 静的ならびに動的条件下での検討．補綴誌，39：900-905, 1995.
10) 佐藤武司：顎口腔系の状態と全身状態との関連に関する研究―垂直的額関係の挙上が姿勢，特に重心動揺および抗重力筋に及ぼす影響．補綴誌，35：574-587, 1991.
11) 高山和比古：顎口腔系の状態と全身状態との関連に関する研究―下顎偏位による負荷時間が直立姿勢に及ぼす影響―．補綴誌，35：574-587, 1991.
12) 上野俊明：噛みしめと上腕等尺性運動の関連性に関する研究．口病誌，62：212-253, 1995.
13) 石上恵一，星野浩之，武田友孝，他：顎口腔系の状態と全身状態との関連に関する研究，スプリントによる咬合挙上がアーチェリーにおける姿勢維持に及ぼす影響．補綴誌，36：481-487, 1992.

Q4. マウスガードで脳震盪を予防できますか？

A 軽減される可能性はありますが、まだ不明な点も多いのが現状です。

　脳震盪はボクシング、アメリカンフットボール、ラグビーにおいて発生する可能性が高い。片山の調査（1999）によれば、脳震盪の原因は回転加速にあるとされている。つまり頭蓋骨に加わった衝撃は、頸部を中心とした頭蓋の瞬間的な回転と停止に大脳組織が遅れて移動するために起こるということである[14]。また決して一過性のものではなく、脳の組織を破壊する可能性があるとしている。マウスガード装着が脳震盪の予防や軽減に貢献する可能性については、1967年にHickeyらが脳圧の変化について実験的に検討した[15]。この実験結果によると、マウスガードを装着して衝撃を受けた場合には脳圧の上昇も少なく、その状態の持続時間も短くなっている（図 IX-8）。また、宮島ら（1996）は疑似3次元のコンピュータ・シミュレーションを用いて脳振盪の発症メカニズムを検討しており、マウスガードを装着することで歯、顎骨を介して頭蓋に伝達される衝撃を緩和し、頭蓋の移動を減ずる可能性を示唆している（図 IX-9）[16]。現実にマウスガードを装着することが義務化されてからは、ボクシングの試合で脳震盪の発生が激減したとされている。

　このように、マウスガードの装着によって脳震盪が軽減される可能性は高いものの、まだそのメカニズムなどについては不明な点も多い。

■参考文献
14) 片山容一：第10回スポーツ歯学研究会特別講演抄録集, 1999.
15) Hickey JC, Morris AL, Carlson LD : The relation of mouth protectors to cranial pressure and deformation, JADA 74, 735-740, 1967.
16) 宮島陽一, 南部敏之, 堤 定美：スポーツ用マウスガードの衝撃緩衝効果に関する数値力学的検討. 日本機械学会, 96 (20)：101-111, 1996.

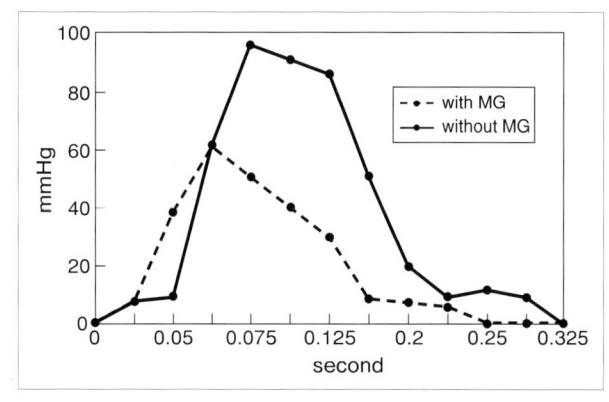

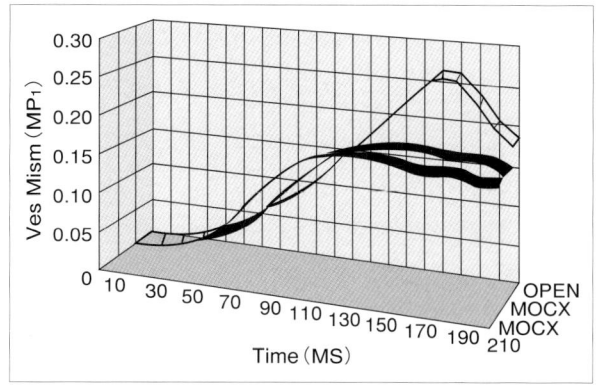

図 IX-8：Hickeyらが、遺体を用いて頭部に衝撃を加えた際の脳圧の変化を計測した結果、マウスガードを装着した方が脳圧の上昇も少なく、持続時間は短時間になっていた。

図 IX-9：宮島らによるコンピュータ・シミュレーションを用いた研究で、マウスガード装着により頭蓋に伝達される衝撃を緩和し、頭蓋の移動を減ずる可能性が示唆された。

第IX章 マウスガード使用による効果、影響

Q 5. マウスガードの顎関節への影響はありますか？

A 長時間の装着や噛みしめは、悪影響をもたらす可能性があります。

　マウスガード、ナイトガード、バイトプレーン、スプリントとの違いについて説明した項（第II章「1．マウスガード使用の現状」）を参照していただきたいが、これらの使用目的をはっきりと意識して区別する必要がある。

　弾性を有している材料でつくられたマウスガードやソフトタイプの装置では、一定の下顎位が保たれず、上前方に移動しやすくなる（前田ら、1993）[17]。このことは、顎関節部においての、下顎頭と関節窩との位置関係に影響を与えると考えられる。実際にマウスガードを装着した状態から噛みしめを行わせると、下顎頭が変位することが断層撮影により確認されている（図IX-10；Yonehataら、1999）[18]。また、生体力学的なモデルを用いた解析の結果（前田、栄村、1992）[19] からは、その際に関節部における応力値が増加するとともに、分布が変化することが明らかになっている（図IX-11）。図IX-11は、上段に歯列での応力分布を示しており、実線（──）および点線（⋯⋯）で示したマウスガードは、破線（−−）で示したハードタイプのバイトプレーンに比べて、応力は大臼歯部で低く、全体に均等化する傾向にある。下段に示した顎関節部での応力分布をみると、マ

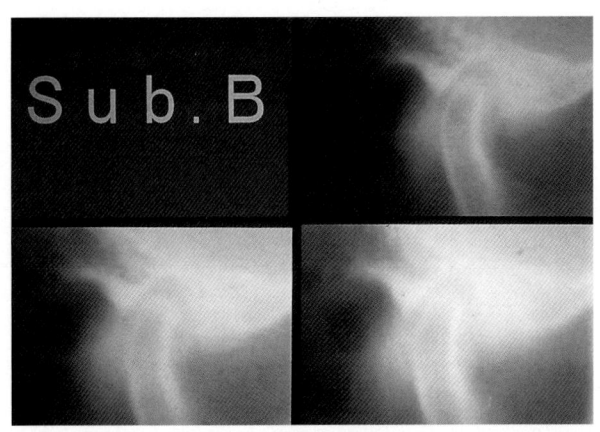

図IX-10：マウスガード装着状態での、下顎頭の位置変化を断層撮影により確認した例。下顎はマウスガードの装着で下方に移動し、噛みしめにより前上方に戻っている。移動方向は症例により異なり、左右でも異なる場合がある。

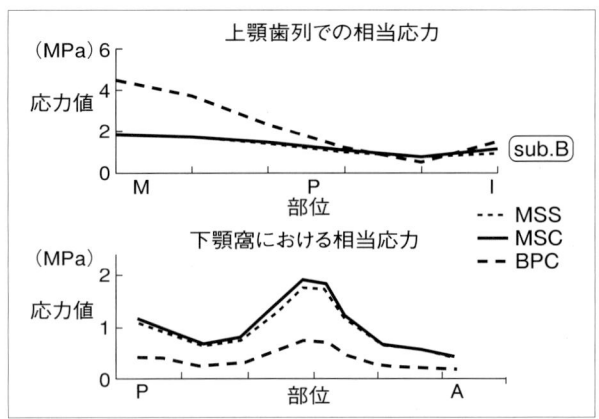

図IX-11：マウスガードを装着した場合の歯列ならびに顎関節部での応力分布について有限要素モデルで検討した結果。上段は歯列（M：大臼歯部、P：小臼歯部、I：前歯部）での応力分布、下段は顎関節部での応力分布（P：後方、A：前方、MSS：マウスガード・ソフトタイプ、MSC：マウスガード・ハードタイプ、BPC：バイトプレーン）。

ウスガードではバイトプレーンに比べて逆に、全体的に応力が高くなっている。このことは、マウスガード装着が顎関節部での負荷を増加させる可能性を示唆しているとはいえ、マウスガードを長時間装着することや、その上で噛みしめを行わせることが、顎関節への悪影響となる可能性を示唆しているものと考えられる。

　そこで、顎関節の安静を目的として、TMDの治療のためにマウスガード、あるいはソフトタイプのスプリントを利用する場合、以上のようなリスクを伴っていることを考慮しなければならない。また、マウスガードを装着して顎関節症が発症した場合に、マウスガードが原因であるのか、既往があって生じたものであるかを明確にしておくことも重要になる。

■文献
17) 前田芳信，栄村　勲，池原孝生，他：マウスガード装着が顎口腔系に及ぼす影響　第1報，筋活動ならびに下顎位について．補綴誌，37：18-25，1993．
18) Yonehata Y, Maeda Y, Murakami S：Condyle displacement resultingfrom soft splint/mouthguard placement : A radiographic and biomechanical analysis. IJP (1999).
19) 前田芳信，栄村　勲：マウスガードの機能と装着による影響．歯科ジャーナル，36：525-535，1992．

Q6. マウスガードに副作用はありますか？

A 起こり得る副作用に対し、長時間の使用を避け、外形や咬合の調整を行えば予防できます。

　一般に、マウスガード装着の副作用としては、
① 　長時間装着すると咬合接触が変化する
② 　顎関節の違和感、痛みを惹起することがある
③ 　発音を障害することがある
④ 　呼吸を障害することがある
などの項目をあげることができる。

　しかしながら、第Ⅶ章『メインテナンス』の「3．トラブルシューティング」でも述べたように、長時間の連続使用を避けるとともに、外形の修整や咬合の調整を行うことで、これらの問題は解決することが可能である。

　大切なことは、
● あらかじめこれらの問題の発生の可能性を伝えておくこと（解決策があることも忘れずに伝える）
● 顎関節症の既往がないかを事前に調べておくこと
の2点である。

第Ⅹ章 マウスガードの可能性
スポーツ以外への広がり

＊マウスガードと同様にソフトシートを用いて製作するもの、または製作する場合があるもの

1. ナイトガード
2. スリープスプリント、TRD
3. 噛みしめによる軟組織傷害防止装置
4. 矯正装置（ダイナミックツースポジショナー）

＊マウスガード成型技術を応用しハードシートを用いて製作するもの

1. バイトプレーン
2. ホームブリーチング用トレイ
3. ドラッグデリバリーシステム用トレイ
4. 基礎床、個人トレー
5. インプラント用ステント

　マウスガード製作の技術を応用することにより、他の様々な分野への応用の可能性がある。本章では以下の項目に分類し、解説する。

1．マウスガードと同様にソフトシートを用いて製作するもの、または製作する場合があるもの
2．マウスガード成型技術を応用し、ハードシートを用いて製作するもの

　応用範囲はここで紹介したもの以外にも広がる。ただ、マウスガード成型器や材料を用いれば簡単にできるものゆえに、その応用に際しては、十分に適応性、禁忌症、さらには安全性の考慮が必要である。

第X章　マウスガードの可能性 スポーツ以外への広がり

1. マウスガードと同様にソフトシートを用いて製作するもの、または製作する場合があるもの

(1) ナイトガード

　一般にナイトガードというと、ソフトな材料で製作する装置と考えられていることが多いが、すでに第Ⅱ章でも述べたように、ソフトタイプでは長期間の使用によって逆に関節や咬合に影響を与える可能性が高くなる。そのため、通常はハードレジンによるバイトプレーンタイプのものを使用することが推奨される。ただし、症例によっては短期間の使用が有効な場合もあると考えられる。外形はマウスガードの基本デザインと同様にし、唇頬側の厚みは薄くする。

(2) スリープスプリント、Tounge Retaining Device (TRD)

　睡眠時無呼吸症候群(Sleep apenea)の患者、あるいはいびき(Snore)の防止のための装置として用いられる。これらの症状は、睡眠時に舌根が沈下することで気道が狭窄することにより、酸素の供給が低下したり、呼気や吸気が通過する際に大きな音(いびき)を発生させることによる。

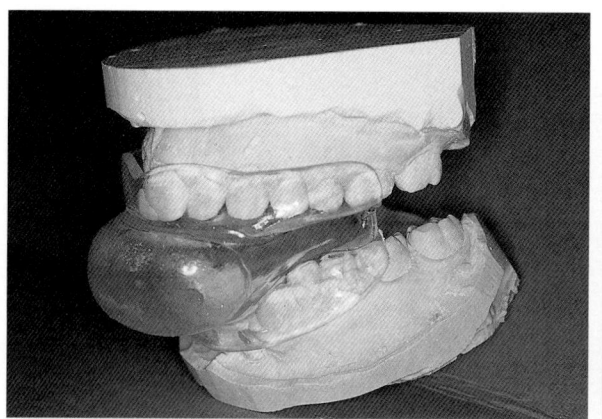

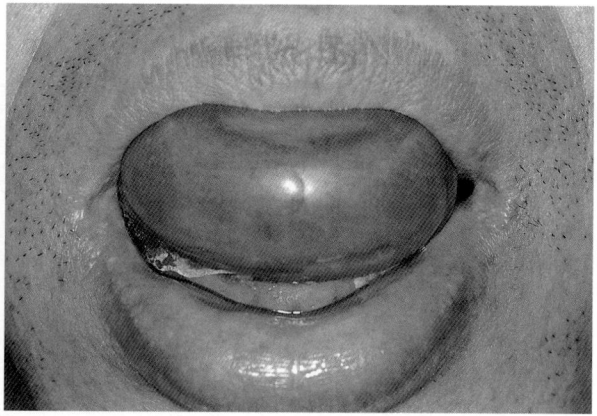

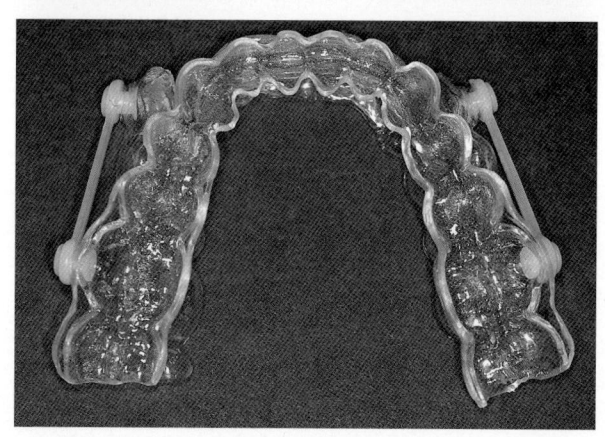

図X-1(上左)：スリープスプリント、Tounge Retaining Device(TRD：Cartwright Rらにより開発)。軟質の材料で上下一体となって成型されており、舌を前方に陰圧で固定することで下顎を前方に誘導している。
図X-2(上右)：前方に誘導された舌。
図X-3(左)：図X-1と同様な目的で使用される装置、サイレンサー(ドレーブ社)。この場合には、上下別個にハードタイプの装置を製作し、これをヒンジ機構で固定して、後方に移動できないようにしている。

とくに、酸素の供給が低下することは、睡眠不足につながるばかりでなく、致命的な問題にもつながるとされており、肥満で咽頭周囲に脂肪が蓄積している場合に発症しやすいとされている。

このような症状に対する治療のひとつに、下顎を前方に誘導することにより舌を前方に位置させる装置を用いる方法がある(図X-1〜3)。

なお、これらの装置はいずれもソフトあるいはハードのシートで上下顎に装置を製作し、ソフトシートまたはプラスチック製のヒンジ機構でそれらを連結して製作する。

(3) 噛みしめによる軟組織傷害防止装置

この装置は、障害を有する患者、高齢者、あるいは術後で昏睡状態にある患者などにおいて、無意識に噛みしめることにより、舌あるいは頬を傷つける可能性がある場合や、唾液や痰が貯留することが問題となり、それを除去することが困難となっている患者などに応用できる。ソフトタイプのシートで、しかも維持が確保しやすいので応用範囲は広い。

開口量が確保できる場合には、片顎のみに製作することもできる。その製作方法としては、次のようである。

① 上下顎の印象を採得し、模型を咬頭嵌合位で咬合器に装着する。
② 咬合器上で唾液や痰をバキュームで吸引すること、あるいは呼吸ができるところまで咬合を挙上する(図X-4)。

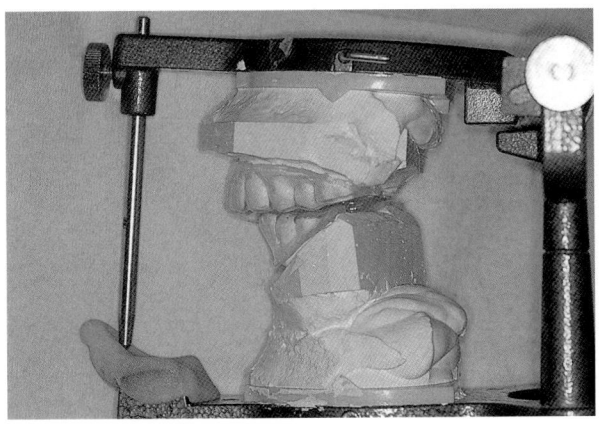

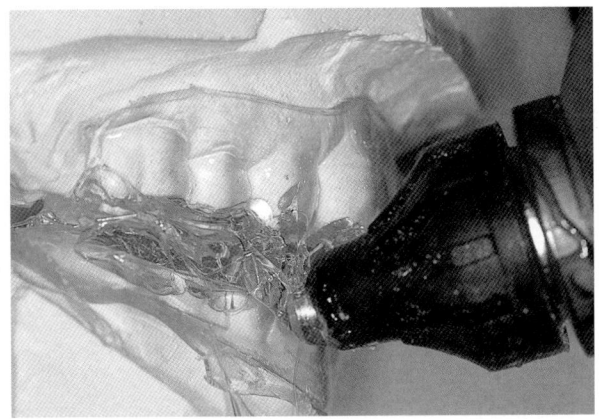

図 X-4(上左):上下顎の印象を採得し、模型を咬頭嵌合位で咬合器に装着することで、唾液や痰をバキュームで吸引する、あるいは呼吸できるところまで咬合を挙上する。
図 X-5(上右):あらかじめシート材を注入する部位のシートを有機溶媒で1層溶かすか、トーチで軟化しておくとより効果的である。誤飲などの事故を防止するため、カテーテル用のチューブなどを組み込み顔面にテープで止める。
図 X-6(右):完成した上下顎一体型噛みしめによる軟組織傷害防止装置。

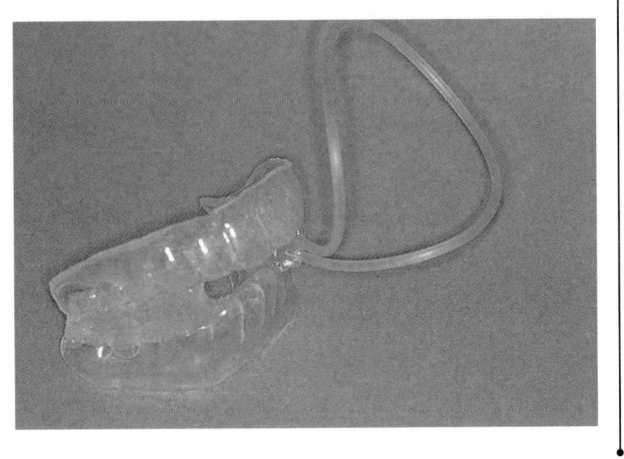

第X章　マウスガードの可能性 スポーツ以外への広がり

③ 上下別個にソフトシートでマウスガードを成型する。その外形は上下とも全歯列を覆い、辺縁は歯頸部から2〜3mmあるいは歯頸部までとして、通常のマウスガードよりも短くする。これは着脱を容易にするためである。

④ 咬合器に戻し、上下のマウスガード間に熱して軟化したシート材を注入し、上下の装置を連結する。これにはヒートガンが有効であるが、あらかじめ注入する部位のシートを有機溶媒で一層溶かすか、トーチで軟化しておくとよい。この際に誤飲などの事故を防止するため、カテーテル用のチューブなどを組み込み、顔面にテープで止める配慮もする（図X-5）。

⑤ 完成した上下顎一体型装置（図X-6）。使用時の注意として、清掃を怠らないこと。

（4）矯正装置（ダイナミック・ツース・ポジショナー）

マウスガードの矯正装置には、Dynamic tooth positioner（ダイナミック・ツース・ポジショナー）といわれるものがある。

これは、移動した後のセットアップモデルを作製するのに合わせてソフトシートで全歯列を覆うシートを成型し、装着させるものである。移動する予定でない部分がアンカーの役割を果たすため、この装置をはめると、移動予定部位のシートが変形し、元に戻ろうとする力が働き、セットアップモデルの位置まで歯が移動することが期待できる。

この場合、アンカーが確実ではないので、予定していない部位が移動する可能性があることに注意しなければならない（図X-7、8）。

なお、厚さは3mm以上のソフトシートを用いて製作する。適応症としては正中離開や叢生などがあげられるが、保定や治療後の咬合関係に注意が必要である。

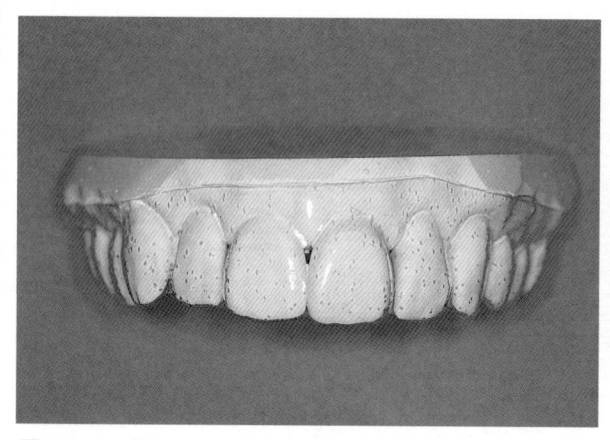

図X-7：ダイナミック・ツース・ポジショナーは、移動した後のセットアップモデルを作製し、これに合わせてソフトシートで全歯列を覆うシートを成型する（資料製作はデントレード社による）。

図X-8：ダイナミック・ツース・ポジショナーを、口腔内を想定した模型にセットした。この装置をはめると、セットアップモデルの位置まで歯が移動することが期待できる（資料製作はデントレード社による）。

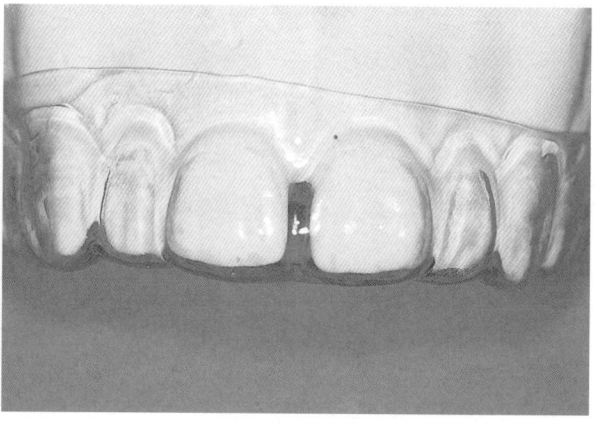

2. マウスガード成型技術を応用し、ハードシートを用いて製作するもの

(1) バイトプレーン

　マウスガードと同様に全歯列を被覆するタイプの装置として、ハードシートを用いたものが利用される機会は非常に多い。これらの装置は、模型上でワックスアップしてこれをレジンに置き換える方法、光重合タイプのシートを圧接して製作する方法などが一般的である。しかし、吸引や加圧成型装置を用いることで簡便かつ審美的に製作することも可能である。ただし、成型の精度等の関係から材料として用いるシートの厚み(1～2mm)が限定されるため、強度には問題がある。また、咬合面の形態を付与するため、成型後に常温重合レジン等を盛り上げる必要がある(図X-9、10)。

(2) ホームブリーチング用トレー

　現在はとくに北米で歯科医院でのブリーチングと併用されている方法である。まだわが国では認可されていないが、近い将来導入される可能性が高い方法である。この方法では夜間にトレー内にブリーチング溶液を入れて口腔内に保持する必要があり、そのためには液だめ部分の設定と適合のよい装置が必要となる(図X-11、12)。

　製作には厚さ1mm程度の透明のハードシートを用いる。

(3) ドラッグデリバリーシステム用トレー

　ここでいうトレーは、フッ素などの塗布に用いるものであり、ソフトシートあるいは薄いプラスチックシートを用いて製作する。通常は上下顎別々に製作し、内面に薬剤を塗布して一定時間

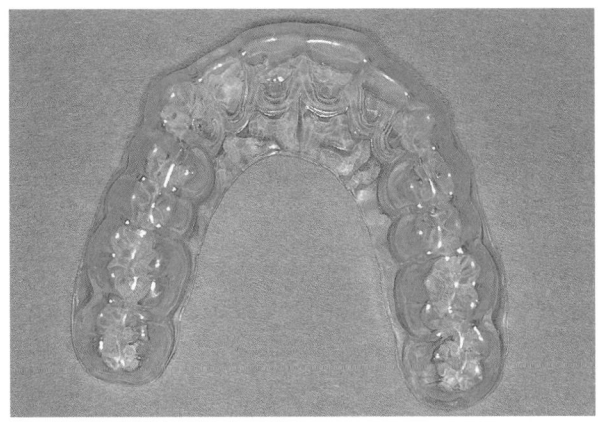

図X-9：ハードタイプのシートを用いて成型したバイトプレーン、ナイトガード。

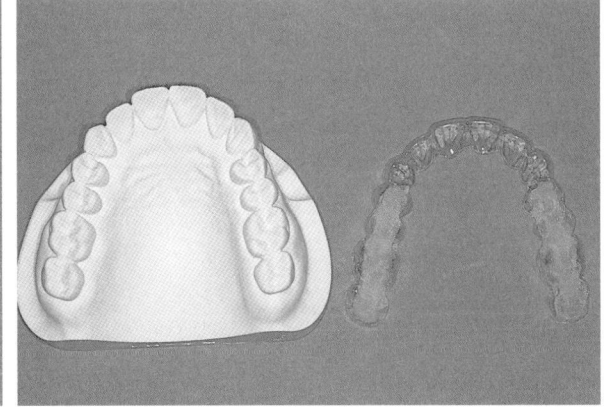

図X-10：シートの厚みは限定されるため、強度には問題があり、成型後に常温重合レジンなどを盛り上げて形態修整を行う必要がある。

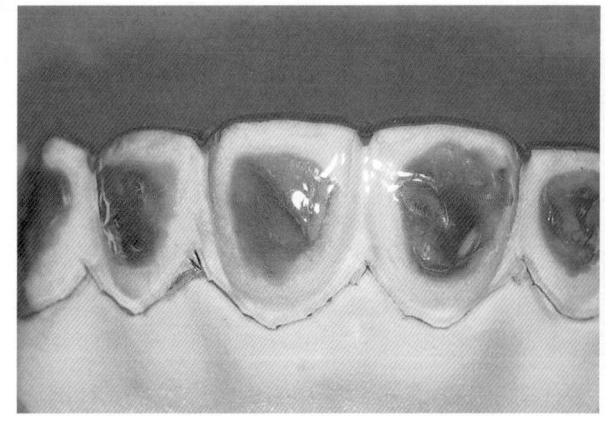

第X章　マウスガードの可能性 スポーツ以外への広がり

図 X-11：ホームブリーチング用トレーには、液だめのためのリリーフが歯冠表面に必要であり、その製作には光り重合ワックスやレジンを使用する（資料製作はデントレード社による）。

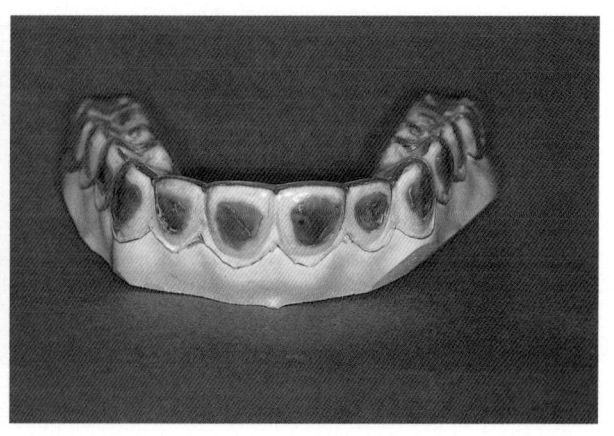

図 X-12：ホームブリーチング用トレー内に、ブリーチング溶液を入れて口腔内に保持する必要があり、適合のよい装置が必要となる（資料製作はデントレード社による）。

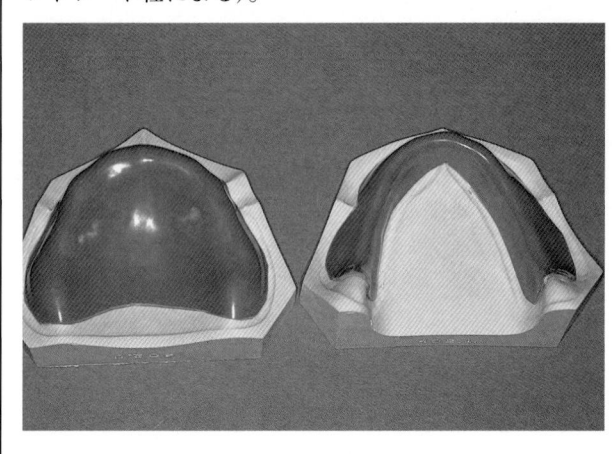

図 X-13：材料として専用の厚みのある材料を用いて成型した基礎床、個人トレー①（資料製作はデントレード社による）。

装着させる。

製作には歯の表面に0.5mm程度のリリーフを行い、2mm程度のソフトシートを使用する[1]。

（4）基礎床、個人トレー

模型に著しいアンダーカットがない場合には、比較的容易に基礎床や咬合床が製作できる。主に無歯顎症例が適応となる。材料としては専用の厚みのあるものを用いる。成型のタイミングや切り出しがやや難しいのが欠点である（*図 X-13*、*14a*、*b*）。

（5）インプラント用ステント

インプラント治療において、フィクスチャーの埋入位置や方向を決定するためのX線撮影の際に用いるステント、あるいは埋入時に用いるサージカルステントは非常に重要である。これらのステントに求められることは、適合性と安定性、さらには口腔内での操作を妨げないことである。マウスガード成型装置とハードタイプのシート材を用いれば、これらの要件を満たすステントを製作することが可能である（*図 X-15*）。

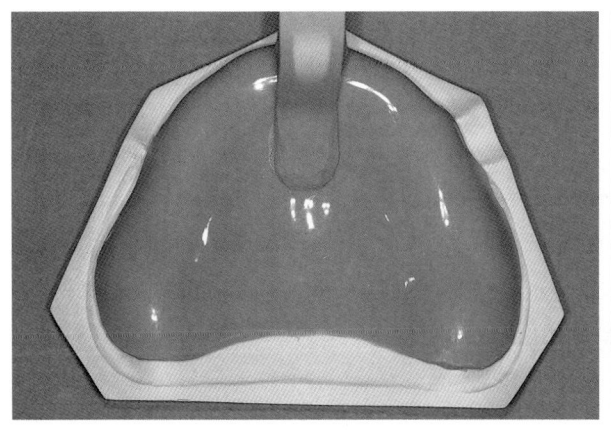

2. マウスガード成型技術を応用し、ハードシートを用いて製作するもの

図 X-14a：材料として専用の厚みのある材料を用いて成型した基礎床、個人トレー②の1（資料製作はデントレード社による）。

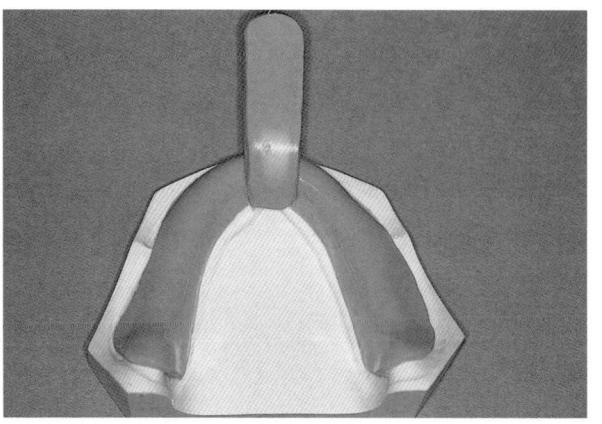

図 X-14b：材料として専用の厚みのある材料を用いて成型した基礎床、個人トレー②の2。*図 X-13〜14b* は、模型に大きなアンダーカットがある場合のブロックアウトや材料の軟化のタイミング、切り出しがやや難しい（資料製作はデントレード社による）。

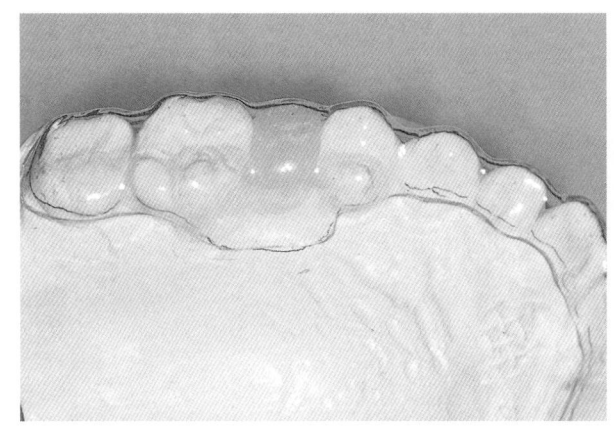

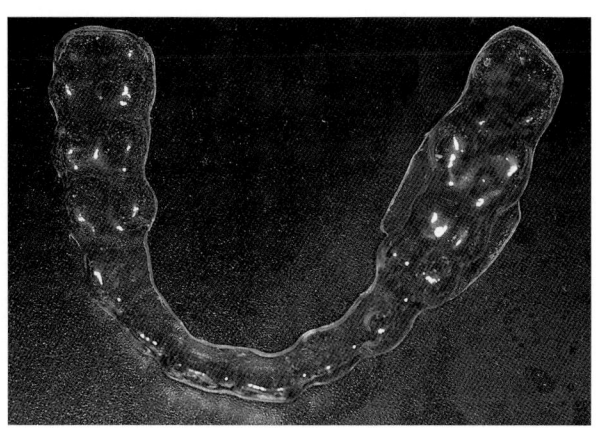

図 X-15：インプラント用ステント。マウスガード成型装置とハードタイプのシート材を用いれば、適合性、安定性などの要件を満たすステントを製作することが可能である。このためには高温に耐えるワックス（エルコデント社）が必要になる。

■参考文献
1) 早川浩生：3DS法に用いるドラッグ・リテーナーの作製法．歯科評論，692：127-133，2000．

付章
スポーツ外傷の救急処置の基本とマウスガード

　マウスガードを製作、提供することは、スポーツ歯学の一端を担うこととなる。前述のように、マウスガードでスポーツ外傷を100％防止することは不可能である。そこで、スポーツ歯科医としては、スポーツ外傷の予防だけでなく、スポーツ外傷への対処法を知っておくべきであろう。
　本章では、導入として以下について簡単に触れておく。
1．マウスガードと緊急対応
2．顔面外傷への対応
3．外傷歯への対応

付章　スポーツ外傷の救急処置の基本とマウスガード

1. マウスガードと緊急対応

(1) 緊急対応の原則

　スポーツを行っている現場で緊急事態が発生した場合、原則として、口腔内からマウスガードを除去する。これは、以下に述べる緊急対応のなかで、呼吸の確保、あるいは呼吸経路の確保を意味している。例外としては、痙攣を起こし、上下顎を激しく噛み合わせている場合は、撤去よりも先に、舌を噛まないようにタオルなどを上下歯牙の間に挿入し、呼吸路の確保と軟組織（舌）の安全を図るべきである。

(2) スポーツ事故緊急時対応【ABC】

A：air way　意識がなく問いかけに反応しないときには、すぐに呼吸を確認し気道を確保する。
B：breathing　呼吸をしていないときには、人工呼吸を行う。
C：circulation　さらに脈を確かめて、拍動が感じられないときには心臓マッサージを行う。

(3) 一般的なスポーツ外傷の対応【RICE】

R：rest　とにかく、傷んだ部位を休ませる。内出血などがあるならば、範囲の拡大を防ぐ。また、思わぬ部位で骨折が発生していることがあるので注意する。
I：ice　患部を冷却する。これで、血管が破綻している場合、出血量を少なくでき、回復が早まる。処置においてGolden hours（最適時間）と呼ばれるのは、受傷直後から4時間以内である。
　なお、コールドスプレーは一時的なもので、外傷を治療するものではない。氷水での冷却が望ましいが、この場合でも凍傷に注意する。
C：compression　患部を圧迫することで、出血のスペースを可能な限り制限する。この対処が競技への早期復帰への重要な要素になる。
E：elevation　患部・末梢を挙上して、できるだけ血液を滞留させないこと。

　以上の項目は、外科処置にも共通するものであり、日常の診療から意識しておく必要がある。

事故のABC
A：air way
B：breathing
C：circulation

外傷時のRICE
R：rest
I：ice
C：compression
E：elevation

2. 顔面外傷への対応

(1) 脳震盪

　スポーツ外傷の現場で遭遇する不幸な出来事に本疾患がある。また脳震盪はその頻度が高い疾患である。診断と処置は専門の医療機関に搬送する。

　したがって、救急車を呼び、到着までの間にできる対応を行う。なお、程度が軽いときは、選手が自分の意志で競技に参加しようとするが、医師、歯科医師として危険を感じた場合は、たとえ脳震盪に関する経験がなくとも、勇気をもってプレーに加わることを阻止することが望ましい。

　プレーに参加できないことで怨まれることは、逆に制止をせず、プレーに参加したことで、生命に関わる重傷事故になる悲劇に加担することを思うと、それほど辛くはない。現場での対応の基準は別紙チャート(*図 付-1*)のごとく、「目をあけているか」「指示に応じて、開眼、閉眼ができるか」である。なお、頭部外傷で利用される診断方法、グラスゴー・コーマ・スケール(土屋和之訳)も添付する(*図 付-2*)。

　なお、脳震盪は、たとえ初回のダメージが軽くとも(自覚症状や、他覚症状が欠落していても)、脳にはその障害が残り、引き続き競技を行っていくなかで、次に発生した軽い外傷で、発症すること(Second Hit Syndrom)が知られている。したがって、選手同士のコンタクトが軽いからといって、症状を軽く考えてはならない。*図 付-3*はその例である。

(2) 関連疾患

　脳震盪と鑑別すべき疾患に、急性くも膜下出血がある。受傷の瞬間は、頭部打撲程度の症状でも、時間の経過とともに、出血が増量し、その結果脳実質を圧迫する。診断と治療は専門機関に送るとして、選手の普通でない訴えに注意を払い、おかしいと思えば必ず送院すること。

　帰宅後の対応について家族への注意をしておく必要があるが、下宿など1人暮らしの場合は管理の可能な体制で帰宅させなければならない。本人の「大丈夫」という言葉を信用してはいけない。

(3) 眼窩下骨折

　頭部、顔面の外傷は眼窩周囲、鼻、上口唇、上顎前歯を含め顔面中3分の1に集中している。このなかでも眼窩下骨折は、複視、眼球上転障害など、生活機能に多大の影響を与え、早期の治療が望まれる。したがって、顔面を打撲した選手では、眼球運動、視野、視力等を直ちに調べ、さらに打撲部位周辺の知覚異常の有無を検査し、異常所見を認めたならば、早急に専門医へ送るべきである。

付章　スポーツ外傷の救急処置の基本とマウスガード

頭部外傷の取り扱いマニュアル

かけつけた時に目が開いているか ※1

- YES
  - 目をとじろ
  - 目をあけろ ※2
    - 反応しない
    - 反応がおそい
    - しっかり反応しない
    - → 退場
  - → 明確に反応する ※3
- NO
  - 目をとじろ
  - 目をあけろ ※2
    - 反応しない
    - 反応がおそい
    - しっかり反応しない
    - → 退場
  - → 明確に反応する ※3

①　君の名前は　　　　　　　　　　　　　　YES　NO　※3
②　何月何日ですか　　　　　　　　　　　　YES　NO　※4
③　どこにいるか　　　　　　　　　　　　　YES　NO　※4
④　相手チームの名は　　　　　　　　　　　YES　NO　※4
⑤　両腕を曲げてごらん　伸ばしてごらん　　YES　NO　※5
⑥　足を曲げてごらん　伸ばしてごらん　　　YES　NO　※5
⑤⑥YESの時（無理に立たせてはいけない）
　　立ってごらん　　　　　　　　　　　　　YES　NO ┐
　　片足で立ってごらん　　　　　　　　　　YES　NO ├ 平衡機能検査
　　2〜3m走ってごらん　　　　　　　　　　YES　NO ┘
　　　　　　　　　　　　　　　　　　　最終判定は5分以内とする

NOの場合　原則として退場（退場を決定する前にもう一度トライしてもよい）
急速に回復した場合ゲーム出場可であるが、厳重にチェック　※6
再出場後、行動異常があれば退場（できるだけゲームをさせてやる心でみる）　※7

図 付-1：頭部外傷の取り扱いマニュアルの例。

E	Eye Opening（開眼）	
	Spontaneous（自発的に）	E4
	To speech（言葉により）	E3
	To pain（痛み刺激により）	E2
	No response（開眼しない）	E1
M	Motor Reponse（運動による応答）	
	Obeys commands（命令に従う）	M6
	Localizes pain（痛み刺激部位に手足）	M5
	Withdraws from pain（逃避）	M4
	Decorticate posturing（異常屈曲）	M3
	Decerebrate posturing（四肢伸展）	M2
	No response（全く動かさない）	M1
V	Verbal Response（言葉による返答）	
	Orientated（見当識あり）	V5
	Confused conversation（錯乱状態）	V4
	Inappropriate words（不適当な言葉）	V3
	Incomprehensible sounds（理解できない声）	V2
	No response（発音なし）	V1

救急救命士はグラスゴー・コーマ・スケールによる重症度判定のトレーニングを受けているので、重症度を理解できる。

E、M、Vの各項目の値を合計して伝える。

図 付-2：グラスゴー・コーマ・スケール。

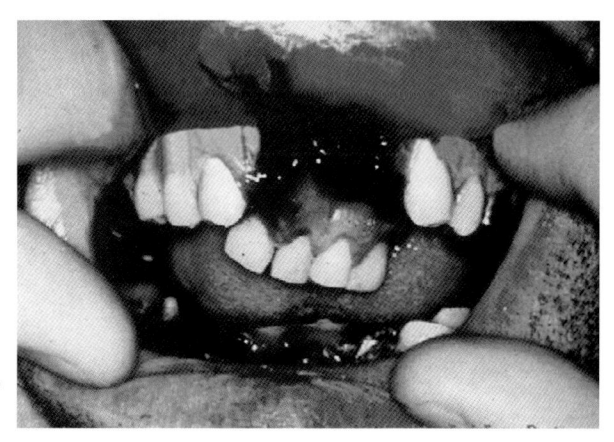

図 付-3：マウスガードを装着していれば免れたと思われる外傷例。

（4）下顎骨骨折

　マウスガードの機能において、下顎骨骨折については解決すべき問題が残っている。外傷のなかには、予想を上回る破壊的力が加わることがある。この場合、骨折は、集中する外力を他部位に介達せず、その部位で収束させる作用があるようにも考えられる。事実、歯科医師によって作成されたマウスガードを装着している選手が、競技中に下顎骨骨折を受傷した報告がある。したがって、マウスガードを装着していても、本疾患の発現を予想した対応が必要である。下顎骨骨折の症例でも、変位が認められずレントゲン検査でのみ症状が確認される場合もあること、またこのような症例では時間の経過とともに、骨折線上の歯牙に症状が出現することなどを、予測す

る必要がある。

症状が認められた場合は、直ちに専門医を受診させる。

3．外傷歯への対応

　マウスガードは口腔外傷を100％防止できるわけではない。しかし、もし外傷を負ってしまったとしても、マウスガードを装着していれば、未装着の場合よりもかなり軽傷で済む。また、歯の破折や脱臼が生じてしまっても、破折片や脱臼歯がマウスガードのなかにとどまり、落としてしまうことがないというメリットも大きい。

　外傷における歯冠破折とカリエス（細菌感染）による歯質欠損とでは、同じ欠損でもその治療方針は異なってくる。歯の脱臼などは外傷特有のもので、日常臨床では頻度が少ない。外傷歯以外の歯科治療に準じた方法、あるいは従来の外傷歯の治療法に比べ、外傷歯の発生機序、病態、治療形態を見据えたコンセプトに従った治療では、想像以上に保存的な治療を行えることが多い。

　症状ごとの手技やコンセプトの詳細については、以下に記す月星光博著『外傷歯の診断と治療』（クインテッセンス出版、1998、図 付-4）、『知っててよかった！　歯のけが　口のけが』（クインテッセンス出版、1996、図 付-5）を参考にされることをおすすめする。

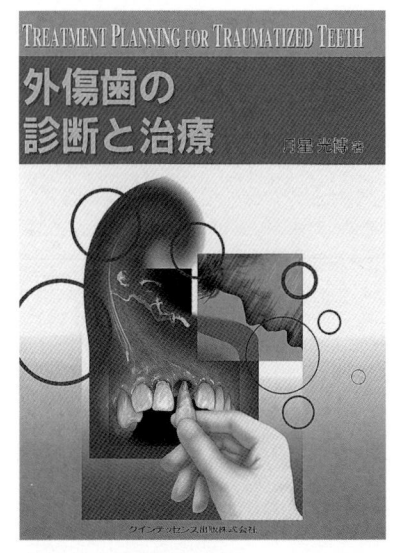

図 付-4：月星光博著
『外傷歯の診断と治療』
（クインテッセンス出版、1998）

図 付-5：月星光博著
『知っててよかった！　歯のけが　口のけが』（クインテッセンス出版、1996）

歯の外傷は、以下のように分類される。
破折性の外傷（歯硬組織の損傷）
- エナメル質の亀裂
- 歯冠破折
- 歯冠—歯根破折
- 歯根破折

脱臼性の外傷（歯根膜の損傷）
- 震盪・亜脱臼
- 挺出性脱臼・側方性脱臼
- 脱離
- 埋入
- 軟組織の裂傷と歯槽骨の骨折

各外傷について簡単に治療方針を示す。

1) 破折性の外傷

(1) 歯冠破折

A．エナメル質破折：破折がエナメル質に限局するもの

　破折の程度が軽微であれば、破折部の研磨か選択削合にとどめる。実質欠損が大きければコンポジットレジンによる修復を行う。

B．単純歯冠破折：破折がエナメル質と象牙質に限局し、露髄を伴わないもの

　破折片がない場合は、コンポジットレジンによる歯冠修復を行う。破折片があれば、破折片の再接着を行う。破断面が歯髄に近い場合は、間接覆髄を行う場合もある。

C．複雑歯冠破折：破折がエナメル質と象牙質に限局し、露髄を伴うもの

　露髄面が小さい場合（ピンクスポット程度であれば）、洗浄後に露髄面を直接覆髄する。露髄面が大きい場合、部分的な断髄処置を行った後で洗浄、止血を確認してから直接露髄を行う。歯冠修復はBに準じて行う。

D．脱臼複合歯冠破折：歯冠破折と同時に亜脱臼などにより、歯髄に虚血性の変化あるいは歯髄壊死が生じている場合

　まず歯冠修復をBに準じて行う。歯髄の生活反応が数か月間戻らないことを確認してから、根管処置を行う。外傷歯は若年者に多いことを考慮すれば、アペキシフィケーションが選択されることが多い成人の歯根完成歯では、根管処置が終わってから歯冠修復を行った方がよい。

(2) 歯冠—歯根破折

A．単純歯冠—歯根破折：破折片がエナメル質、象牙質、セメント質を通過しており、露髄は見られないか、あっても髄角のわずかな露出（ピンクスポット）程度である場合。通常、セメント質

内での破折の位置が骨縁近くか骨縁上である場合が多く、歯周組織からの出血がないか、わずかである。

破折の到達深度が浅いと考え、歯冠破折の治療方針に従い破折片の再接着を試みる。露髄がある場合はまず露髄を行う。破折片は周囲の組織に付着させたまま行う。破折片がない場合は、コンポジットレジンのみで歯冠修復を行う。

B．複雑歯冠—歯根破折：破折片がエナメル質、象牙質、セメント質を通過しており、大きな露髄を伴っている場合。セメント質内での破折の位置は、骨縁上から骨縁下までさまざまであり、通常、歯周組織と歯髄からの出血がみられる。

破折線位置や露髄の程度が大きいと考えられる。したがって、破折線を除去した後、歯根の挺出を行ってから（生物学的幅径を再確立してから）、主に補綴的歯冠修復を行う方針を選択する。

(3) 歯根破折

A．深部歯根破折：セメント質、象牙質、歯髄を巻き込んだ破折で、破折線が歯根の骨縁下に位置するもの

歯間側破折片の整復固定を行う。固定期間は3か月とし、歯髄の治癒を待つ。歯髄壊死の症状が認められた場合、根管治療を進める。

B．浅部歯根破折：セメント質、象牙質、歯髄を巻き込んだ破折で、破折線が歯根の骨縁上または骨縁近くに位置するもの

「複雑歯冠—歯根破折」の治療に準じて、歯根側の破片を挺出（外科的挺出または矯正的挺出）を行った後、補綴的な歯冠修復を行う。残存歯根が短い場合、抜歯が適応となる。抜歯の場合、自家歯牙移植、インプラント、ブリッジ、矯正などによる審美、機能回復を模索する。

2) 脱臼

(1) 振盪・亜脱臼

A．震盪：歯の変位や動揺を伴わない歯周組織へのわずかな障害。歯髄への血流の供給が断裂していることは稀である。

B．亜脱臼：歯の変位は伴わないが、わずかな動揺がみられる歯周組織への障害。時として、歯髄への血流の供給が断裂している。通常は経過観察のみを行う。歯の動揺による咀嚼障害を訴えれば固定を行う。歯髄壊死の症状が現れたら根管処置を行う。

(2) 挺出性脱臼・側方性脱臼

A．挺出性脱臼：歯冠側への明らかな歯の変位がみられるような歯周組織の障害。歯周組織と歯根は完全に離断していないが、根尖部での脈管は断裂している。

整復・固定と経過観察が基本的な治療方針となる。歯髄の治癒が期待できない場合、根管処置を行う必要がある。

B．側方性脱臼：唇側あるいは口蓋側（舌側）に歯の変位がみられるような歯周組織の障害で歯槽

骨の骨折を伴っている。歯周組織と歯根は完全に離断していないが、根尖部での脈管は断裂している。

整復・固定と経過観察が基本的な治療方針となる。歯髄の治癒が期待できない場合、根管処置を行う必要がある。

(3) 脱離

歯全体が支持組織（歯槽窩および歯肉）から完全に離れた状態。基本的にすべての症例で再植を試みる。ただし、脱離後すぐに再植した場合（即時型再植）と時間が経過してから再植した場合とでは治癒の形態が異なるので、それぞれを分けて考えておくことが必要である。

即時型再植では根管処置は行わず、まず再植することが優先される。遅延型再植では根管処置を口腔外で行い、いったん水酸化カルシウム製剤を充填してから再植する。遅延型再植では歯根膜は壊死していると考えられるが、ルートプレーニングを行わずに（根面の歯根膜繊維を除去せずに）再植した方が審美的によい結果が得られるように思われる。

＊即時型再植：脱離歯の歯根膜が生きていると考えられる場合の再植を指す。臨床的には45分以内の再植はこれに含める。脱離直後から牛乳や再植歯の保存液に保存されている場合は、一応24時間以内を即時型再植として取り扱う。

＊脱離歯の保存方法
- 牛乳
- 口腔内
- 市販の歯牙保存液（ネオ製薬）

(4) 埋入

歯の根尖側への脱臼、変位。通常、歯槽骨の粉砕や骨折を伴っている。一般的に提案されている治療方針は、埋入歯の矯正的挺出である。麻酔下にフラップを開け、埋入した歯をいったん脱臼させた後、ブラケットを装着する。矯正は外傷から約1か月後に開始する。

3）軟組織の裂傷と歯槽骨の骨折

(1) 軟組織（歯肉・歯槽粘膜）の裂傷

A．擦過傷：上皮組織をこすったり、ひっかいたりするときにできる表面的な傷。
B．挫傷：上皮組織の断裂を伴わない皮下組織の出血。通常、鈍な物体がぶつかって生じる。
C．裂傷：組織が引き裂かれることによってできる傷。通常、鋭い物体がぶつかって生じる。

裂傷以外は、洗浄と予後観察で済む場合が多い。裂傷では、大きさと深さにもよるが、速やかな一次治癒を得るべく、麻酔下で縫合を行うことが多い。

（2）歯槽骨・顎骨の骨折

A．歯槽骨の骨折：顎骨のうち、根尖より歯冠側に位置し、歯の支持に直接かかわっている部分、すなわち歯槽骨に生じた骨折を指す。通常、骨折線は歯槽窩を通過していることが多い。
　歯の変位と歯槽骨の変位を同時に整復し、歯を利用して固定する。固定は2～3か月後に除去する。

B．上顎あるいは下顎骨体の骨折：基底骨および下顎枝などのより大規模な骨折を指す。歯槽骨の骨折を併発している場合も多い。診断がついた時点で、大学病院などの専門医に紹介する。

付表

問診時診査用紙例／表　(© Osaka Univ. DID)

記入日：　年　月　日

MGカルテNo.		病院カルテNo.	
よみがな			
氏名		生年月日	年　月　日（　才）
よみがな			
住所			
電話番号	自宅	勤務先	
	携帯	e-mail	
	職業	会社名	
	学校名　　　　　　　　年	クラブ	

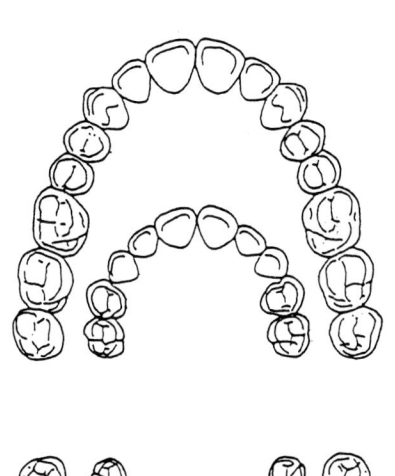

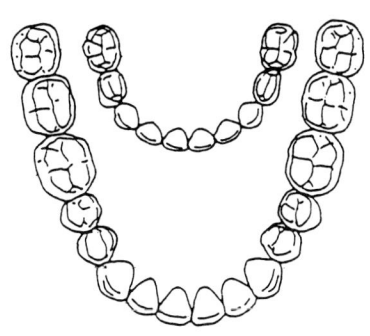

歯列不正　（なし・あり）	上図に矢印で記入のこと	
前歯被蓋　垂直（浅・中・深）　　　　over bite　mm		
水平（狭・中・広・逆）　　over jet　mm		
前歯部の補綴　　　（なし・あり（　　　　　　　　　　　　　　　　　　　））		
前歯部外傷の既往（なし・あり（　　　　　　　　　　　　　　　　　　　））		
矯正装置　（なし・あり（　　　　　　　　　　　　））	別紙に	
義歯　　　（なし・あり（　　　　　　　　　　　　））	記入のこと	

211

マウスガード	マウスガードの使用目的（外傷の軽減・顎関節の保護・運動能力向上・その他）	
	マウスガードの装着経験（あり・なし） 　　　　　　　　　　　（マウスフォームド・カスタムメイド・ストック） 　装着経験がある場合：装着時に困ったこと／気になったこと	
	色の希望　　　　（　　　　　　　　） ネーム入れの希望（　　　　　　　）　　その他挿入希望（　　　　　　　　　　） ストラップ　　（要・不要）	
スポーツ	マウスガードを使用するスポーツ　　（　　　　　　　　　　　） 　　　　　　　　　　　　　　ポジション（　　　　　　　　　）	
	しゃべる必要性　　　　　（重要・ふつう・あまりない・全くない） コンタクト　　　　　　　（かなり多い・多い・あまりない・ない） 主に　　　　　（動的運動・どちらかというと動的・どちらともいえない・ 　　　　　　　　　　　　　　　　　どちらかというと静的・静的運動）	
	静的運動時のクレンチング　　（あり・なし・わからない） 運動時のクレンチング　　　　（多い・少ない・ない）	
	マウスガードの装着義務　　　（あり・なし） 　　　マウスガードに関する規定（　　　　　　　　　　　　　　　） マウスガード以外の防具　　　（なし・ヘルメット・メンホー・その他）	
	外傷の既往 防ぎたい外傷	
その他	特記事項	

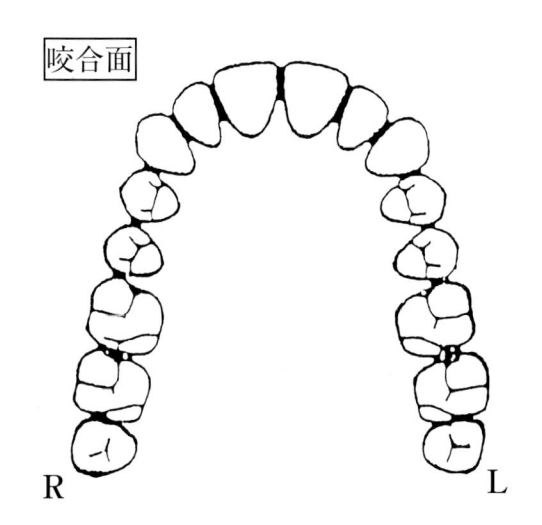

MG Set　　　　　病院 カルテ No.＿＿＿＿＿
　　　　　　　　　　　　　　M G カルテ No.＿＿＿＿＿
　　　　　　　　　　　　　　氏名＿＿＿＿＿＿＿

　　　　　　　　　　　　　　　　　　| 担当医 | |

装着日：　　　年　　月　　日

　　　　　　　　使用期間：〜　　年　　月（　年　ヶ月）

マウスガード装着の経験：□なし　□マウスフォームド　□カスタムメイド
　　　　　　　　　　　　　　　　　　　　（□他院　□当院）

製作方法：□Vacuum Former　□Vacufomat　□Erkoform
　　　　　□Durfomat　□Erkopress　□モルテノ　□その他（　　　）
　　　　　　＜□総診　□技工部　□その他（　　　）＞

シート　：厚さ　　mm
　　　　　色（　　　　）
　　　　　□Dentiform　□Durfosoft　□Erkoflex　□サンスター
　　　　　□その他（　　　）

咬合採得：□Exabite　□ワックス（咬合挙上　　mm・なし）
　　　　　□バイトアップリテーナー（　　mm）

ネーム入れ：（　　　　　　　　）□スタンプ　□埋め込み　□ラミネート

デザイン

咬合面

R　　　　　　　L

付表

セット時診査用紙例／表（© Osaka Univ. DID）

MG Set　　　　病院 カルテ No.＿＿＿＿＿

　　　　　　　　　　　　　　　　　　　　　M G カルテ No.＿＿＿＿＿

　　　　　　　　　　　　　　　　　　　　　氏名＿＿＿＿＿＿＿＿

顎関節症状

＜顎関節＞

自発痛	□既往あり（右・左）	□現症（右・左）	□なし
圧痛	□既往あり（右・左）	□現症（右・左）	□なし
運動時痛	□既往あり（右・左）	□現症（右・左）	□なし

（開・閉・前方・後方・右側方・左側方）

雑音(click)	□既往あり（右・左）	□現症（右・左）	□なし
雑音(crepitus)	□既往あり（右・左）	□現症（右・左）	□なし

＜筋＞

違和感・疲労感	□既往あり	□現症（部位：　　）	□なし
自発痛	□既往あり	□現症（部位：　　）	□なし
運動時痛	□既往あり	□現症（部位：　　）	□なし

（噛みしめ時・咀嚼時・スポーツ時・その他）

圧痛	□既往あり	□現症（部位：　　）	□なし

＜顎運動＞

開口障害	□既往あり	□現症（開口量：　　mm）	□なし

装着感

　　　　　　　　　　　　　　　　　　　　　コメント

異物感	なし ├────┼────┤ あり	
発音	問題なし ├────┼────┤ しにくい	
	発音しにくい音	
呼吸	問題なし ├────┼────┤ しにくい	
外れやすさ	問題なし ├────┼────┤ やすい	
その他		

MG Adj.　　　　病院 カルテ No.＿＿＿＿＿
　　　　　　　　　　MG カルテ No.＿＿＿＿＿
　　　　　　　　　　氏名＿＿＿＿＿＿＿

担当医

調整日：　　年　月　日

主訴：

問題点と調整部位

咬合面　　　　　　　　　内面

R　　　　　　L　　　　L　　　　　　R

前回～今回までの受傷　　□あり　□なし
　内容：
　頻度：

顎関節症状　　□もともとなし、変化なし　□もともとあり、変化なし
　　　　　　　□消失　　　　□出現
　（部位、症状：　　　　　　　　　　　　　　　　　　　　）

口腔内所見（新たな歯科治療部位、要治療部位など）

付表

調整時・メインテナンス時診査用紙例／裏 (© Osaka Univ. DID)

MG Adj.　　　　　　病院 カルテ No.＿＿＿＿＿
　　　　　　　　　　　　M G カルテ No.＿＿＿＿＿
　　　　　　　　　　　　　　　氏名＿＿＿＿＿＿＿＿

1. マウスガードの効果はありましたか？　（複数回答可）
　　　□ いいえ
　　　□ けがをしなくなった　□ けがが少なくなった
　　　□ 安心して競技できるようになった
　　　□ 競技能力が向上した
　　　□ アゴの関節の痛みがとれた
　　　□ 脳震盪が減った
　　　□ その他（　　　　　　　　　　　　　　）

2. 使用感について

異物感	なし ├─────┼─────┤ あり	
発音	問題なし ├─────┼─────┤ しにくい	
	発音しにくい音	
呼吸	問題なし ├─────┼─────┤	
外れやすさ	問題なし ├─────┼─────┤ やすい	
その他		

3. マウスガードの使用状況

前回から今回まで(期間：　　　　)の

	回数または頻度	MGの使用
練習		毎回・ときどき（　　　）・使用せず
試合		毎回・ときどき（　　　）・使用せず
その他		

216

マウスガード使用時の注意

- 使用時間、方法
    - ◆マウスガードは試合中だけではなく練習中から使用しましょう。
        練習中にも外傷は起こり得ます。また、試合で本来の力を発揮するためには装着感になれておくことが必要です。

    - ◆それ以上に長時間の装着はしない。
        無用に長時間の使用はアゴの関節、かみ合わせへの影響をひき起こす可能性があります。

    - ◆必要以上にかみしめない。

- 着脱方法
    - ◆マウスガードをはめるときは、前歯から入れます。
    - ◆マウスガードの取り外しは、両方の奥歯のところをつかんで行います。

- 洗浄、保管方法
    - ◆マウスガードを使用した後には必ず流水で汚れを洗い流します。
    - ◆高温の湯を使用しない。☞変形の原因となる。
    - ◆さらに洗浄剤（義歯用のもの）を使用してもよいでしょう。
    - ◆専用の容器に入れて保管します。

- 主治医に相談しましょう。
    - ◆歯ぐきが痛い、しゃべりにくい、呼吸しにくい、舌触りが悪い、などについては調整が可能です。

    - ◆口を開けると落ちてくる、ゆるい、かみ合わせの面に穴があいている、などについては、マウスガードの作り直しが必要なことがあります。

    - ◆マウスガード使用時にかむと痛みを感じる、マウスガード使用中あるいは使用後にあごがだるい、痛い、口が開かない、など異常を感じた時にはすぐに相談してください。

- お口の健康とマウスガードの点検のために、定期検診を受けましょう。

連絡先

さくいん

■あ
アーチェリー …………………………………………85
アイスホッケー ………………………………………82
アメリカンフットボール ……………………30、79
アンダーカット ………………………………………73
圧痕 ……………………………………………………76
圧迫感 ………………………………………………160
安静空隙 ……………………………………………164

■い
インプラント ………………………………………198
インラインホッケー …………………………………30
維持 …………………………………………………142
いびき ………………………………………………194
異物感 …………………………………………72、144
印象採得 ……………………………………………64

■う
ウェイトリフティング ………………………33、86
運動能力の向上 ………………………………62、186

■お
オリンピック …………………………………………27
嘔吐感 …………………………………………72、144
応力分布 ……………………………………………190
温水の作り方 ………………………………………171

■か
カスタムメイドタイプ ………………………39、42
加圧型シート成型器 …………………………43、45
外形線 …………………………………………115、142
外傷歯 …………………………………………201、206
外傷の予防 ……………………………………………30
改良吸引型シート成型器 ……………………………47
顎関節 …………………………………………………35
学齢期 …………………………………………………18
噛みしめ ……………………………………………163
空手 ……………………………………………31、85
顔面外傷 ……………………………………………201

■き
キックボクシング ……………………………30、83
義歯 ……………………………………………………91
基礎床 ………………………………………………198
吸引型シート成型器 …………………………43、45
競技スキー ……………………………………………33
矯正装置 ………………………………………90、196
緊急対応 ……………………………………………201
筋の疲労感 …………………………………………165

■く
クレンチング …………………………………63、163

■け
健康づくり ……………………………………………17
拳法 ……………………………………………………84
研磨 ……………………………………………73、104

■こ
コンタクトスポーツ …………………………………33
交換 ……………………………………………75、149
咬合 …………………………………………………145
咬合採得 ………………………………………………65
咬合床 ………………………………………………198
咬合調整 ………………………………………………72
咬合力 …………………………………………………20
高齢者軟組織傷害防止装置 ………………………195
呼吸 …………………………………………………144
刻印法 ………………………………………………179
個人トレー …………………………………………198
骨折 ……………………………………203、205、210
混合歯列 ………………………………………………88

■さ
サージカルステント ………………………………198
再製 …………………………………………………142
酢酸ビニル含有量（VA%） …………………………58
ざらつき ……………………………………………145

■し
シート圧接法 …………………………………43、116

219

さくいん

シートの硬さ …………………………………… 56
シェルライナータイプ ………………………… 41
シングルレイヤー ……………………… 75、116
仕上げ …………………………………………… 104
歯牙障害 ………………………………………… 11
自転車 …………………………………………… 33
歯肉 ……………………………………………… 143
柔道 ……………………………………………… 33
小児 ……………………………………………… 88
初心者 …………………………………………… 152
歯列の不正 ……………………………………… 78

■す
スキー …………………………………………… 85
スキューバダイビング ………………………… 87
ステップバイステップ法 ……………………… 154
ストックタイプ ………………………………… 39
ストラップ ……………………………………… 63
スプリングバック ……………………………… 128
スプリント ……………………………………… 34
スポーツ外傷 …………………………………… 23
スポーツ歯科医 ………………………… 27、201
スポーツ歯科医学 ……………………………… 17
スポーツ歯科医学会 …………………………… 38
スポーツ歯学 …………………………… 38、201
スリープスプリント …………………………… 194
水球 ……………………………………… 33、81
睡眠時無呼吸症候群 …………………………… 194
相撲 ……………………………………………… 33

■せ
セカンドレイヤー ……………………… 126、128
生活体力 ………………………………………… 21
正中離開 ………………………………………… 196
接着 ……………………………………………… 126
洗浄 ……………………………………………… 147

■そ
装着感 …………………………………………… 73
装着時間 ………………………………………… 145

■た
ダイナミック・ツース・ポジショナー ……… 196
第3大臼歯 ……………………………………… 72

■ち
着脱 ……………………………………………… 146

■つ
綱引き …………………………………………… 33

■て
テコンドー ……………………………………… 84
定期検査 ………………………………………… 147
適合 ……………………………………………… 142
適合性 …………………………………………… 41

■と
ドラッグデリバリー …………………………… 197
頭部外傷 ………………………………………… 203

■な
ナイトガード …………………………… 34、194

■に
日本拳法 ………………………………………… 84
日本体育・学校健康センター ………… 11、26

■ね
ネーム …………………………………… 77、179

■の
脳震盪 …………………………………………… 203
脳震盪の予防 …………………………………… 30

■は
バイトプレーン ………………………… 34、197
バスケットボール ……………………… 33、82
パラトグラム …………………………………… 161
パンフレット …………………………………… 174
発音 ……………………………………… 74、144
歯の痛み ………………………………………… 143
歯の脱臼 ………………………………………… 185
歯の破折 ………………………………………… 185

■ひ
表面処理 ………………………………………… 127

■ふ
ファーストレイヤー …………………… 121、126
フリースタイルスキー ………………………… 85

ブリーチング……………………………………197
ブロックアウト………………………………64、97
不快感……………………………………………144
副作用……………………………………………191
分離剤……………………………………………98

■へ
辺縁形態…………………………………………103

■ほ
ボクシング……………………………………30、83
ポスター…………………………………………174
ホッケー…………………………………………33
保管………………………………………………147

■ま
マウスガード装着義務…………………………30
マウスガードの定義……………………………34
マウスピース……………………………………34
マウスフォームドタイプ……………………39、40
マウスプロテクター……………………………34
摩耗………………………………………………152

■め
メインテナンス…………………………………152
メタルビーズ………………………………111、113

■も
模型の通気性……………………………………94
問診………………………………………………62

■ゆ
ゆるみ……………………………………………152

■ら
ライトコンタクト………………………………76
ライフル…………………………………………85

ラクロス………………………………………31、81
ラグビー………………………………………31、86
ラミネートマウスガード……………………45、121

■わ
ワックスアップ法……………………………39、132

■A
ADA（American Dental Association：
　　米国歯科医師会）………………………34、36
ASD（Academy for Sports Dentistry：
　　米国スポーツ歯科医学会）……………34、36

■B
Boil＆Biteタイプ………………………………40

■E
EVA樹脂
　　（エチレン酢酸ビニル共重合樹脂）……39、58

■K
K-1…………………………………………………30

■M
MGカンファレンス………………………………38
MORA（mandibular orthopedic
　　repositioning appliance）………………186

■Q
QOL（Quality of Life）…………………10、23

■T
TRD（Tounge Retaining Device）……………194

■V
VAS（Visual Analog Scale）……………………153

マウスガード製作マニュアル
－スポーツ歯学への誘い－

2001年3月10日　第1版第1刷発行
2007年1月10日　第1版第5刷発行

著　者　前田芳信　安井利一　米畑有理

発行人　佐々木一高

発　行　所　クインテッセンス出版株式会社
東京都文京区本郷3丁目2番6号　〒113-0033
クイントハウスビル　　　　電話(03)5842-2270

印刷・製本　サン美術印刷株式会社

Ⓒ 2001　クインテッセンス出版株式会社　　　　　　　　禁無断転載・複写
Printed in Japan　　　　　　　　　　　　　乱丁本・落丁本はお取り替えします。
　　　　　　　　　　　　　　　　　　　　　ISBN978-4-87417-680-1 C3047